白頭工女憶前塵

包珈——著

看戲、聽歌，郎雄貼身助理包珈
台前幕後的故事

致謝

本書得以順利出版，受到許多人的協助——承蒙蔡登山先生介紹、賈馨園學姊賜序，孫元坡夫人嚴莉華女士、呂憲光先生、陳協富先生提供照片，許秀咩女士、呂憲光先生提供資料，朱錦榮、朱克榮兄弟及北京包氏家人提供照片並協助確認人物資料，藍祖蔚先生慨允〈向包珈致敬〉一文收錄書中，王世綱夫人施正媚女士、湯以白導播、徐露女士、黃仲崑先生、張晨光先生協助確認文稿內容，以及封面照片的攝影者賴萬居先生、作者簡介照片的攝影者王燕陵女士等，在此一併致謝！

序

賈馨園

說起和包珈的戲緣和文字緣，也有些年月了。

在銘傳讀書時，包德明校長很重視平劇，每年校慶都會由學生社團演出。

第一次我們同台是《四郎探母》，指導老師是大鵬「戲包袱」馬元亮，可真是知人善任，知道包珈不擅唱，讓她來個守關的二國舅，而大國舅是當時以西洋歌曲風靡校園的黃曉寧擔綱。這兩個青春少艾的女孩，鼻子上抹了塊白粉，在台上一哼一哈，出場的一句「刀出鞘來弓上弦」，就把台下給逗得樂不可支。

再一回是演《鴻鸞禧》，她仍是和黃曉寧搭檔，飾演桿上的（ㄎㄞ丐），輕鬆逗趣就沒的說了。次日《華報》的戲評，讓這兩個叫花子占了一大半。

還有回演《宇宙鋒》，包珈飾女角身邊的啞奴，原本屬陪襯角色。此劇是由青衣祭酒秦慧芬老師指導。我們秦老師指點梅派青衣無數，還真沒教過這個啞奴的角色。包珈一旁算是附排。我們包大爺又煩請了大鵬花臉孫元坡加工整飾，孫老師不負眾望的教了些搶鏡頭的竅門。結果這個配角丫鬟，在場子上如穿花蝴蝶翩翩飛舞，把「趙女」的戲搶得快唱不下去了。

在早年平津的戲曲圈，包府絕對稱得上戲劇世家。打從包珈伯父包丹庭先生以來，其文武崑亂不擋的精湛藝術成就，就享譽一時。雖是在票界，可深得內外行的一致推崇。

包伯伯緝庭先生來台後，除了對當年富連成史實和人物的記述外，其時活躍在台灣舞台的演員身影，在他筆下也多有詳敘。而在劇評界，他的一支健筆更是權威。

一九五〇到八〇年間，那是台灣京劇鼎盛時期，由大鵬、海光、陸光、明駝、大宛等劇團在劇院輪番演出，次日報端就看得到包伯的精闢評論。在〈細說北京包家〉文中看出，大陸易幟後，留在北京的包家，在戲劇圈依然活躍。

包珈入中視後，導播生涯自然仍圍繞在戲劇圈子。她婚後，夫婿郎雄後來更是在國際上享譽盛名的影帝。我工作地點在仁愛路上，和中視近在咫尺，過道上偶會碰到。那時我正引進戲曲，又辦了以藝文戲曲為主的《大雅》雜誌，包珈的大作開始經常躍登其上。文字輕盈，內容又豐沛，文章一經登出一片叫好。

〈「華報菊壇」憶往〉中，當年活躍在戲曲文壇作家們的影蹤，均躍然於文字中。她更以側鋒角度來描繪舞台上的幾位名角，如孫元坡、孫元彬、馬元亮、胡少安等，融入了和他們之間那分無間的親情，筆下的演員哥哥們，都呈現了別然的靈動。

〈黃金三角〉更是引人入勝。郎雄、李安、徐立功，這堅硬的三角聯盟，台灣的電影因之躍上了世界舞台，更成就了李安這位台灣之光，國際奧斯卡大導的輝煌。而後郎雄的故去，她的哀傷，也一字一滴迷漫在《大雅》的文字中。

近年包珈更可愛了，宗教的洗禮，世事的閱歷，塑造了她成熟的人生。這些年常在FB上看她寫「中視」生動的往事，筆下輕健，兼帶無盡感懷，描繪著她記憶裡的豐沛點滴。

包珈，我們多幸運曾走過這麼美好的路程。願大家都「硬硬朗朗」，永遠光華蘊澤。

自序

包珈

上世紀中葉香港《大成雜誌》主編沈葦窗先生經丁秉鐩先生介紹，邀請　先父包緝庭先生在該雜誌寫稿。其中有一篇〈我的大哥包丹庭〉，頗為轟動。多年後我的銘傳學姊賈馨園女士創立《大雅雜誌》，找到我要轉載這篇文章。（當時沈伯伯、丁伯伯和　先父早已故世多年，《大成雜誌》業已絕版。按法律須經後人同意方可轉載。）這篇文稿登出後，讀者反應頗佳。賈姊隨即向我邀稿。我是個粗枝大葉，不通文墨的電視「女工」。哪會寫點什麼文稿？

賈姊說：「妳就寫妳這幾十年來在包伯伯身邊，經歷的人和事就好了！」

於是就有了〈北京包家〉和〈老伶工大英雄〉出現在《大雅雜誌》上。這兩篇都多多少少談到昔日上海、北平的一些人物，引起大陸讀者的好奇，銷路稍微增加了一點。賈主編一再來電，叫我在工作之餘，多寫幾篇……我兒時記憶，除了孫氏昆仲，只有《華報》那些位前輩叔叔伯伯。連寫了兩篇〈《華報》憶往〉，還讓馬芳踪叔叔補足我的不知！後來主編又要我寫寫現代的「李安、徐立功和郎雄」的故事，就這樣，幾年下來濫竽充數，也在《大雅雜誌》上補白好幾篇。

《大雅》「收工」後，又在老友殷葦婷部落格上塗鴉一陣。網路交通無界限暢通，也因而找到了當時分別了五十多年不見的小學同學。歡聚之餘，他們一定心裡暗笑：「這個當年班上最後一名的劣等生，還忝不知恥寫作文上雜誌！」哈哈哈！年紀大了，大夥都給我留面子，還一一鼓勵我，繼續筆耕。於是一直在FB上絮絮叨叨寫個不停，累積了更多「前塵」往事。

去年（二〇二二）文史大作家蔡登山先生為了編篡劉伯伯豁公先生出版的《國劇叢談》集冊，詢問我可有庫存舊籍？後又問我可有　先父文稿？我只有　先父經年累月攢存「自民國三十八九年到七十一年的國劇演出劇目戲單」，急於在我有生之年交付一個可傳千古的單位予以保存。蔡先生說：「我去找包先生的文章，妳同意後，我請出版社出版。庫存戲單也一併交出版社以電子檔案出版。妳意下如何？」有這種好事，我當然：「好！好！好！」一切水到渠成。

蔡先生當年也是《大雅》的讀者，知道我曾胡謅過一些文字，順便介紹給秀威資訊宋總經理政坤先生，承蒙不棄。特別請孟編輯人玉小姐為我編輯，修改錯字、潤飾語句。我的文稿都是我身邊個人記憶、經歷的事件，或許有些年代久遠，記憶力錯誤，敬請當事人或後代子女不吝指正為盼!!

為了出版，我特別又加了幾篇，如：談「中視小生」，原是要從我參與的連續劇——一九七二年《海燕》時代的梁修身，談到一九八一年《天涯赤子情》黃仲崑、一九八三年

《少年十五二十時》張晨光。可惜後來在梁修身成名後，我們沒有再多機會合作！他的「成功史」我不敢貿然記述，寫的驢唇不對馬嘴，錯誤百出反而不好。只好犧牲了中視第一代「培育出的小生代表人物」。（吳風演《情旅》、金滔演《春雷》，都是已成名後才進中視，關勇藝專畢業後演《心橋》，是我前輩劉之媛、王益秋、蘇倩金她們做的。那時候我還沒進導播組呢！）但是我永遠記得《海燕》錄影完工後，身材魁武的梁小生規規矩矩給我鞠躬，道謝：「謝謝您這段日子的照顧，希望有機會再受教……」當時我這菜鳥小ＡＤ都不知道該怎麼回答啦!!事隔幾十年後孀居的我，一日獨自在遠企地下室尋覓午餐。恍恍然只見一位高大英俊的帥哥走向我，又是深深一鞠躬：「好久不見！您好嗎？這是我的家人、我們在這兒吃飯。」哇！金鐘大導演、金馬影帝！頓時傴僂的老嫗忽然成了眾人注視的目標：「她是誰呀？梁大導演對她這麼尊敬！」這麼多年來，我一直以曾經和他合作過為榮！看到他在影視業上的成功；對唐冀導演執弟子之禮，生前死後禮敬師父。學習上世紀二〇年代「梨園行」中對前輩的禮數。我敬佩「梁小生」到「梁大導演」的敬業學習精神，他的成功是一分分耕耘、一步步努力得來的！是深深值得現在年輕人學習的典範。這次我雖沒有「專文」記錄梁修身，但在此序言特別向讀者介紹、報告這位優秀的表演藝術家不為人知的一面！

有關「餐飲吃食」部份，我的ＤＮＡ中有濃濃的「好吃」基因嗜好，小時候跟著先父吃遍台北北方小吃。後來又跟著　先義父母詹慧剛先生夫人到處光顧閩（福州）、粵、滬、湘館子。義母潘美娜女士更是廚藝高手，每天指導家中「張班長」燒菜。我聽到有家宴召喚，就早早赴府學習！

婚後　先夫郎雄兒時在揚州長大，伺候家翁每日「早上皮包水、下午水包皮」（上午吃早茶點心、下午泡澡堂，都是——在談「生意」），養成了他也非常熟悉江浙菜餚。可惜年輕時，有吃的本錢——身體好，卻因軍餉微薄很難吃上一回，後參演電視劇收入略顯豐腴，但缺少同好「食伴」。成家後，我們就到處去吃，回家就練習著操作——郎雄就是我餐飲的「人體實驗室」。電視上美食節目各位老師和大師傅們都是我的烹飪老師。我們窩居雖小，但是三不五時，賓客盈門。我按照我AD老師劉之媛女士——後嫁入歐府，當了外交官夫人——講述：宴客法則之一，需記錄下每次的宴客名單和菜餚，於是我就有了一篇〈談請客〉，並附上「包珈在家宴客菜單」。疫情前手腕受傷，加上舊傷頸椎間盤凸出，無力舉鍋動鏟後，也只能看看昔日菜單，回味一下過癮了。

我這輩子雖不是「叼著金湯匙」到人間，但父母一九二七年結婚，失產五次，一位僅活下來「小乖姐姐」，也在未滿四歲因流行病夭折。好不容易四十高齡才來了我這「討債精」，萬般寵愛在一身。來到台灣更是感謝老天爺——讓我受到良好教育，讀到當時一等一的學校。有幸和「懂吃懂穿」的「世家子弟」同學，受到一些薰陶。一九七〇年進了電視台後，我更是如魚得水。一輩子的黃金時刻三十四年在「聽聽歌、看看戲、罵罵人、拿薪水」電視「女工」生涯中度過。那時候，人生再大的憂愁、煩惱、病痛，我都認為是「生之旅」節目單上的一項必經之路，「Run Down」上的一個項目（Item）而已。直到離開了「中視溫室」，又在「大社會」上閒逛了七八年，方知「外製作人」的不易。

二〇一二年「癌君」來訪，我才真的從職場卸甲歸田。病後投入天主教聖堂「導覽志工」，學習許多宗教理論、歷史、建築、聖像、聖畫、禮儀、規範、梵諦岡神職組織……，增長許多平信徒（宗教術語，指一般普通信徒）不易深究的、天主教「大學問」。這才知道為什麼在電視上擅演土匪頭子、一代暴君的郎雄，得以那麼容忍我在家中的囂張跋扈——原來都是天主教義在護佑著我！審視他生病，我要負極大責任：吃得「太」好，濃油赤醬危害健康多多。我餵養他的不是「佳餚美宴」，而是點點滴滴的「毒素危餐」！怪不得二十一春秋過去了，我仍苟活於世——他在嫌我呀！

現年近八十，白髮蒼蒼、一個摩羯座「喜好工作」的老婦人，還能當「鍵盤俠」娓娓道些前塵往事，夫何可求？此生足矣！

二〇二三年五月

＊珈按：文稿中無特別「指名道姓」者，請勿「對號入座」，萬一坐到「雷區」，恕不負責。

目次

Contents

信仰是我的第二個家

舌尖嘴角抹不掉的餘香

與你攜手共度的日子

父親引我領略的梨園風華

①|②
③|④

① 包緝庭、包珈合影。
② 前排左二起莊嚴、包緝庭、林海音；後排左起張大夏、夏元瑜、丁秉鐩、夏承盈、陳紀瀅。
③ 1966年救國團國慶全國青年代表大會宣讀總統訓詞。
④ 1995年第一次回北京。

① ②

③ ④

① 包珈飾《鴻鸞禧》二桿。左起李熙、包珈、陳鴻年。
② 陳鴻年飾秦瓊。1962年4月贈予包珈。
③ 張蕙元（左）、陳鴻年（右）合影。
④ 1970年代國劇劇評人，左起楊執信、陳鴻年、包緝庭。

①	②
③	④
⑤	⑥

① 左起醉客馬桂甫、李浮生、包緝庭。
② 猜謎晚會，左起丁秉鐩、包緝庭、章遏雲、孫雪岩、申克常。
③ 左起王鳳娟、詹瑛、孫美美、吳蓮芳女士（孫雪岩夫人）、包珈、張蕙元、邵佩瑜，攝於1966年。
④ 左起趙原、王鳳娟、蘇盛軾、秦慧芬、劉鳴寶。
⑤、⑥青春的紀念——1965年大二參加金門戰鬥營。

①|②
③

① 1995年全國好人好事代表。
② 好人好事中山堂遊行出發，前排右一淺灰套裝者為包珈。
③ 行政院連戰院長召見，前排右四為包珈。

先父包緝庭先生

先父包緝庭先生乃包文正公第二十八代後裔，祖籍浙江紹興。　先曾祖衡甫公清咸豐年間赴京趕考，任職於工部衙門、後官拜工部員外郎；因洪楊事件，不克南返。多年後魚雁不通，斷了音訊；就與　先曾祖母北京章家小姐結為連理。省吃儉用買下和平門外、琉璃廠沙土園大安瀾營房產，　先祖輩六男二女、枝葉繁茂忝為京師一族。及後　先祖輩及先伯叔，我輩兄弟姊妹、子姪均在晚清、民國及現今政府機構任職公教。

先父譜名桂熙、字緝庭。族中排行十二、在京時：人稱「十二爺」來台後因髮色斑白，年齡又較友儕為長，故暱稱「緝老」。　先父生於一九〇五年（民國前六年）正月十四，卒於一九八三年農曆二月二十七。享壽八十！

先父幼時與眾兄弟就學於家中書房。延聘西席；學習國學文化。熟讀古文、唐詩。略研宋詞、元曲。及長入「北京法文學堂」習西學。弱冠大婚後出任北洋政府公職，後隨長官公差東北。一九四二年回北京，於市政府財政局供職總務科主管。一九四八年初，來台從商，歷任台北市當時著名「和興食品罐頭有限公司」、「亨達利鐘錶眼鏡公司」、「華懋貿易公司」經理、總經理。

筆者大爺爺榮星公號星三，夙喜戲劇，且豪於飲。清同光之季、西太后垂簾聽政，土木大興。　先曾祖適官工部、星三公隨侍在側，閒暇乘高車駕駿馬；倘佯於歌台酒肆，因得識當時名伶多人。不時邀之來舍下小聚。　先伯丹庭先生是星三公獨子，自幼年少多病，嘗侍席側，偶或試歌一曲、頗符節奏；何桂山先生見其瘦瘠，因勸從師習武、鍛鍊武功，藉可強身。拜在「紅眼王四」王福壽前輩門下（見　先父〈我的大哥包丹庭〉一文，收錄於包緝庭原著、蔡登山主編：《包緝庭談京劇——笑隱堂憶故》，二〇二二年由新銳文創（秀威資訊）出版）。　先祖父榮富公號理堂，亦為清廷州官。鼎革後在北洋政府續任公務。並經營大柵欄「大觀樓」戲院股東。公務之餘除了手戲麻雀外、即往戲院聽曲。肉市廣和樓為每週必去之所；因之與富社葉春善先生交往莫逆。　先父自幼亦依例隨　先祖聽戲。年方十歲即有幸聆聽「年逾花甲老伶工譚鑫培」演出（見　先父〈鬚生泰斗余叔岩〉一文，收錄於《包緝庭談京劇》），並每每到後台逛逛，與同年齡的富、盛兩科學生交友。如武場劉富溪、小生茹富蘭、武生蘇富恩、丑角馬富祿、老生李盛藻、貫盛習、葉家昆仲、武二花李盛佐、花臉裘盛戎、老生遲世恭、四小名旦李世芳、老生沙世鑫……交好。其中孫盛文、孫盛武兄弟二人，兒時竹馬之交；後結為通家之好。一九三一年後　先父入職場工作後，亦隨王連平先生編寫劇本多齣。並在北京《小實報》發表劇評（可惜主編蔡登山先生因疫情關係，無法進入中研院圖書室尋覓），富社大火後，王連平帶隊到東北演出；恰　先父任職於茲，公罷戲散與王等小聚於當地。苦中作樂不勝欣慰。返京後，正值富社糧盡援絕時期；舍下也因幾次政經改纂，大不如昔。一九四八年　先父經友人約聘南下台灣。後我母女也渡海定居台北。

至一九五〇年左右，大鵬劇團成立。首次在台北市中山堂公演。當時一票難求，座無虛席。散戲時下著大雨，　先父攜年僅五歲的我，到後台探班；看到富社子弟、榮春才俊、及戲曲學校棟樑；大家臉上都灑滿了「不知是雨水?!汗水?!還是淚水?!」（見本書〈武藝超群、精彩人生，話說孫元彬〉、〈老伶工大英雄　談台灣名淨孫元坡　〉二文。）

先父來台後為五斗米而折腰，在陌生台北市商業界「行銷」（珈按：罐頭食品及後鐘錶業）爭得一席之地，三口之家得以溫飽，但是他真正的興趣仍在戲曲。大鵬劇團多位富社子弟之長輩，與　先父舊識，喚起　先父聽戲的癮頭，並長期在觀劇後發表評論。始在《華報》，後《中央日報》、《大華晚報》、《中華日報》、《新生報》等各大報紙雜誌刊登，談論演員劇藝、戲劇結構、並作理論講座。也因此結識當時黨政軍要人：如王叔銘將軍等空軍多位長官，國會議員如吳延環、陳紀瑩，政界大老馬壽華、賈景德等人。而此時台北國劇劇評界即分南北兩派，北派以　先父為首，標榜京朝大戲，如：申克常、孫雪岩、陳鴻年、焦家駒、丁秉鐩、楊執信、蘇眴人，加上《華報》社長王爵，常在王將軍官邸神聊至深夜。而南派則以陳定山、李浮生、劉慕雲幾位前輩，倡導當年春申滬上流行的「海派」演法（動作比較火爆、面部表情較多、唱腔花俏）。李伯伯等的文章除《華報》外，更見於《攝影新聞》。當時大鵬藝員因多出自北京，就成北派演出的榜首。而顧劇團之顧正秋、張正芬、胡少安、周正榮、劉玉麟、高德松等為海派之風雲翹楚。一九五〇至一九七〇年代國劇演出媲美民初北京時代，而各大報紙「劇評文化」煙花四嗆，各有各的捧讚對象，一般都是讚多於貶。而　先父則認為「好就好、不好就是不好！」一筆下絕不留情，雖然獲得許多掌聲。但也因此得罪不少業界「自認為是菁英」的家長或本人。彼時偶有三四位家屬來舍下，尋求理論。很不幸他們來時，恰逢父親外出聽戲或工作；小女子「我」在家。我真「不是好惹的傢伙」，在校期間受救國團教導：深習「演講辯論技術」三言兩語……對方即鎩羽而歸……

先父在世筆耕多年，早年僅在台灣報章雜誌為文。後香港《大人》、《大成》、日本《讀賣新聞》也來索稿。被譽為「台灣京朝派京劇、劇評家第一把交椅」。　先父為文常用四六對句，引經據典；談古論今。個性耿介，主觀甚深。評論劇藝，臧否得失，落墨公允，不超世俗。

先父記力超凡，大鵬劇團演出許多骨子失傳老戲；均為　先父與蘇盛軾、孫元坡、馬元亮，攢薈默記，再重排而成的。如《全本白蛇傳》、《嫦娥奔月》、《梅玉配》、《胭脂虎》、《棋盤山》、《武十回》、《宋十回》、《黑驢告狀》、《九里山》、《大名府》、《贈綈袍》、《全本慶頂珠》、《全本雁門關》等。後來大陸的京劇錄音帶經香港來台，　先父又領導孫元坡重新整理《群英會》、《霸王別姬》、《將相和》、《除三害》等劇本。　先父對京劇藝術腹笥淵博，尤善武打套子。這些對台灣國劇振興貢獻良多。三軍藝工隊均聘任為顧問，教育部編制國劇劇本也約請列席指導。一九七四年張伯謹先生為中華文化復興委員會及國防部總政戰部編寫《國劇大成》共十五冊；亦請　先父為其校閱。當時在台除齊如山先生外，人稱　先父為國寶級的活字典！現回頭遙想當初：還不是　先父兒時在「廣和樓」薰陶所得，受教於王連平先生身教言教，孫盛文、盛武兄弟耳傳心授，與劉富溪交遊時無私傳承、耳濡目染，方有得之！

吾家世居北京，　先父對北京「東南西北城」大街小胡同，知之甚詳。昔日《中華雜誌》社和《中國時報》副刊，邀稿談：「故都風情」。在評戲之餘，也寫些故鄉飲食文化、生活習俗。與丁秉鐩、唐魯孫先生共憶故都舊夢。

一九八三年　先父駕鶴西去，富社在台只剩元字輩與運昇兄帶領大鵬、陸光學生參與殯葬禮儀。孫元彬親自送上山！二〇〇四年馬元亮兄因腎臟病過世，二〇〇五年　先母駕返瑤池，也是孫元彬大哥送上山。未料四、五年後、大哥也雲歸故里了！老一輩胡少安、劉玉麟、高德松、周正榮等表演藝術家，均在人生舞台上謝幕了。二〇一四年十二月三十一日元坡二哥隨之移居五指山國軍英雄公墓，殯葬日：馬榮祥、朱冠英（朱琴心先生賢公子）靈前弔唁，遺孀孫嚴莉華女士掩面痛哭不已！在台富社只餘蕭運昇兄一人。榮春子弟：馬榮祥與王永春兩位九十高齡唇齒相依。上一代劇評人（包括那些不入流的）均一一凋落。南北兩派筆戰大賽，生花妙語，不復再見矣！令人不勝唏噓！

細說北京包家

包珈是我大學學妹，她的尊人包緝庭先生，是已故知名京劇評論家，正如她文中說的，是書香門第、官宦人家，亦是戲曲世家。目前（一九九九年六月）包珈任職於電視台導播，她的夫婿為知名演員郎雄先生。

——賈馨園，本文原刊於《大雅》雜誌

拾金不昧的事件，一時在北京的南方人傳為佳話

我們包家在老北京人眼中，算不上是「老根人家」，但以我這個從事電視業的後生晚輩來看，卻是有一點傳奇。大約在清咸豐年間，我的曾祖父包式衡甫公由原籍浙江紹興府（《施公案》中的黃天霸先生，還與我是「老同鄉」呢，一笑）途經水旱兩路，長途跋涉三千四百多里來到京城，參加考試，求取功名。到京以後，借住在南城紹興會館，放榜前閒暇之餘，他老人家也靠我們紹興人祖傳行業——「師爺」，打打工，混碗飯吃。一日在街上不意拾到一個「褡褳」（古時候男用隨身包），內有銀錢帳冊。我那忠厚老實的曾祖父，傻傻地佇足原地，等候失主，直到傍晚時分，才有一個人神色匆匆，低頭尋尋覓覓，衡甫公就主動操著

南方口音問他：「儂找什麼？」原來此人是大柵欄某商號的伙計，問明褡褳內的銀兩物件內容，又陪同失者到店家，面見掌櫃，問明核實，把錢財帳本及原褡褳交給商家。而此拾金不昧的事件，一時在北京的南方人傳為佳話。不久，衡甫公就到清官府工部衙門上班了，後官拜「工部員外郎」。而此時洪楊之亂，紹興老家斷了音訊，就與曾祖母——北京章家小姐，結為連理。省吃儉用，買下了和平門外琉璃廠右側、沙土園大安瀾營十三號，三進正院，外加側院兩進的大四合院，堂號「經畬堂」。經畬的「經」是指社會人生持久不變的大道理，「畬」指農民辛勤耕耘土地，綜合其意為讀書要以「經」為田，日日耕作，以求豐收。所以，經畬堂的命名，昭示了希望包宅成為書香門第，子孫後代都能苦讀詩書，有所作為。

衡甫公夫婦共生育二女六男，兩位姑婆全嫁到了京城的官宦人家，六位爺爺中大爺爺包榮德（字星山），即 先父文中〈我的大哥包丹庭〉文中丹庭大伯之父，官至寧津縣知事、陸軍部錄事。清末張之洞做湖廣總督時，廢除了聘請師爺的城規，委任屬員負責各項公務，各級衙門紛紛效仿。另外四位爺爺，走科舉入仕之路，成為滿清政權最後一代官吏。我祖父行三榮富公，號理堂，曾任「蒙古托克托通判」、「任邱縣知事」等清官。民國以後，在北洋政府也做過一些事。大柵欄有一「大觀樓」戲院（現仍在「營業中」）擔任股東，一九二八年祖父中風三天逝世後，股份也隨之「入土為安」（被坑）；四爺爺榮康公，字晉侯，曾任山西過縣知事；六爺爺包庸，號潤生，除了繼承諸兄長做縣太爺外，還在京都協管紹興會館、湖廣會館、越中先賢祠（虎坊橋路口西南角）辦學；八祖父榮昌二十多歲，娶劉氏八祖母，生一女後少年早逝；九爺爺名榮第，字舒甲，因為晚生了幾年，未能由科舉晉升，而是入洋學堂，學法學，做了民國初年北京、直隸、奉天等高等法官，後任朝陽、燕京、中國等大學法律系教授，成為廢除帝制後，民國第一代法官，也是廢除科舉制度後，中國近代的第一批新知識分子。

大安瀾宅院這棟房子，還有一段有意思的經歷。當年衡甫公仕途通達，購置了這棟破舊四合院後，準備把所有房舍全部翻修一下。工程開始不久，第一進四合院尚未翻修完工，一位御史（諫官）從門前路過，御史看到工程不小，遂停車詢問：「這是誰的宅子」，僅此一問，就驚住了包宅上下。怕引起非議，再生枝節，衡甫公決定，立即停止後面幾進房子翻修，於是，這個三進的大四合院，就只有第一進院子經過了翻修。可以明顯地看出，第一進院子，房舍頗具規模，氣宇軒昂，其餘幾進房子，就較為簡陋。多年以後子孫約五六十人共居一院，直到一九五〇年代，才售屋分居北京市東西南北各區，仍然和樂融融，時有聚餐。

我的兩位姑婆，大排行二姑婆適清御使劉府，其公子承符先生（我稱劉八叔，見本書〈來台之後的親情溫暖——記八叔一家〉一文）北平交大畢業，隨政府遷南京、上海、重慶，最後來到台北任台灣省公路局業務處處長，退休後移民美國西雅圖。

大排行五的姑婆（我們稱他三姑婆）嫁到甘井胡同高家，也是紹興府人士，在戶部做師爺出身，文革期間因家大業大被鬥得很慘。據五家兄憶及我們四爺爺房中供有包氏祖宗牌位，四爺爺為包文正公的二十七世孫，到我這一輩應是二十九世孫，大安瀾營的經畬堂包家在清末民初北京城中應屬於書香門第、官宦人家啦！

到了　先父「桂」字輩及家兄「曾」字輩兩代，歷經了北洋、民國、日寇入侵，及現今政權統治，隨著時代潮流變遷。在司法界有二伯父桂振公，五伯父桂林公二位律師；軍警界，四伯父桂崇公畢業保定軍官學校一期，歷任平漢鐵路局警務職長；行政方面有大伯伯桂馥（丹庭）任禁菸局專員；九伯父桂清、十伯父桂春（於軌）均任祖傳師爺（祕書）工作。十伯父晚年經歷最為淒慘，因他是國民黨員，又任政府要職（主任祕書），四九年以後，雖因十伯父雅好書畫金石，當局仍請他在大學美術系授課，後被誣陷，鋃鐺入獄，與名詩人聶紺弩共一副手銬押解出京（見章詒和〈最後的貴族〉），故於山西稷山土牢；而當時其長子，我四兄包玫在南開大學任教也因而下放「土改」，到一九七八年才平反；我三姐（十伯父長女）協和醫院藥劑室副主任，亦受牽連，文革時上吊自殺。我八哥（十伯父次子）發配新疆，七六年平反後回東北吉林任工程師。惟十伯父次女（我五姐）在一九四九年前未考上大學，南下從軍，嫁湘人阿兵哥（八路軍），一九六一年任河南鄭州政委，一九九九年四月我們姐妹初次會面，我覺得她是非常忠黨的「紅五類」。我五哥包式曾是我們家後來官做得最大的——北京市委民政局局長等職，若不是因病住院，就升任副市長了。在藝術界除了大伯父包丹庭票戲外，我二哥包慶曾（式先）也是小時候就雅好京劇，曾問藝於蕭長華先生。大哥之次子包立，按輩分晚我一輩，但卻長我四歲（民國卅年，一九四一年生），自幼在「票友」家庭中長大，雖家道中落，但仍薰陶了他的「興趣」，從「閻慶林」先生習小生，他子包言後正式進入北京京劇學校習「小花臉」。

來台後第一次有家中人消息

一九九五年一月四日，外子郎雄初次犯「眩暈症」，當日立即由杜滿生君介紹到和平醫院楊怡祥大夫急診，穩住病情，經兩個多月調理痊癒，三月隨《飲食男女》一片，再次赴美國參加奧斯卡。六月底拍完《流浪舞台》後，由我陪同去大陸北京探親訪名醫，由此之便，我也探知了　先父文中所未及談到的一些「家事」。

大伯伯包丹庭在一九五一年曾受梅蘭芳邀約參加梅劇團，但沒答應。他說：「我入了劇團，就要聽『管事的』（珈按：類似經理人），讓我演什麼，我就得演什麼。」實際上此時已年逾六旬，體力不如前，後來經程硯秋推薦、文化部周揚批准，到北池子中國京劇院講課，此時授課內容是「總講」（珈按：總講內容包含整齣劇本中，每一個人物的造型、台詞、唱唸做打，包括內心戲表演等，類似總導演、總監製），各行各當的人都來聽課，每年給三百元車馬費，後來不講了也送來，直到他過世。

在一九五〇、六〇年代，有很多所謂「反共藝人」來台，如李湘芬、張語凡等。有一位由香港轉來的旦角叫「譚硯華」的， 先父承警察台惠群先生之約，訪問譚女士，在播出之後閒聊，譚告 先父：「我們天津劇團，有一位包式先唱丑，不知包緝老認得嗎？」那是來台後第一次有家中人消息。按二哥包式先，在上海多年，一九四五年以後，北上天津，落籍於茲。四九年後他是「無產階級」，專長一項就以「演京劇」為專業，奉派加入天津京劇團。書香門第官宦世家的闊少爺，仰仗著「文丑」行當養家活口，在台上嬉笑怒罵，下了台辛酸苦辣。二哥年輕時與茹富蕙（茹富蘭之弟，丑行）交好，從他那研習了不少戲曲。在上海時經羅壽山的徒弟孫履安老先生介紹，向蕭長華鞠躬，未磕頭拜師，因蕭當時年事已高不再收徒了。二哥拿手戲有《鳳還巢》朱千歲、《起解》崇公道、《法門寺》賈桂、《連昇店》店家等，其他如《夜審潘洪》的門子，在天津時代也為一絕。外子郎雄赴津拍攝《人間四月天》之便，我夫妻到二哥在和平區河沿街寓所，享用了一餐豐盛的午餐，二哥直說「今天是姑奶奶回娘家」。

我大哥（兆曾）之次子包立，自幼也愛玩票，改革開放後，他曾在北京票界露兩手。他與茹富蘭之子茹少泉、于連泉之孫于萬增、葉少蘭等人交好。娶妻祝釧，即我大伯伯徒弟祝寬大哥之女，祝氏為北京老根人家「米祝家」（清朝管控九門內米糧「糧食局」也）之後人，其大排行十七兄長祝諶與先生，為前清御醫施今默先生之高徒，一九五〇年代留學日本。文革期間雖也下放牛棚，但周恩來指示保護，凌峰在〈八千里路雲和月〉節目介紹：「北京四大名醫之一」，當時北京協和醫院鎮院之寶。一九九五年回京訪名醫，即請祝大夫為郎雄把脈調配中藥，回台後仁愛路二段一家中藥房吳老闆謂此方為脫胎於上海「五陽還魂湯」，因應外子體質增減藥劑，學問大了。包立之子包岩自幼也受影響，愛好京劇及崑曲，考入北京京劇學校，從名丑黃德華先生習小花臉。黃先生為　先父好友孫盛武之徒弟，現為國家一級演員。梅葆玖姐弟第一次來台在中山堂演出時，黃先生就以朱千歲、金祥瑞等劇，獻藝於台北觀眾。一九九九年六月二十日，包岩將隨黃師《畫龍點睛》等劇登陸台北。

先大伯丹庭先生於一九五四年十月逝世，享年六十五歲。　先父於二十一年後在香港《大成》雜誌，為文紀念兄弟之情，噓乎！彼時　先父仍不知　先伯已不在人間，　先父也在一九八三年四月十日在台北空軍總醫院因腦中風、糖尿病等九種老人病駕鶴西行，安葬在陽明山墓園。

我們包家到北京，已經一百多年了，白雲蒼狗、變化多端，由孑然一身貧苦來京，孜孜不休，掙下了大好家業。由於受社會、時局影響，各行各業，各奔前程，各顯神威！

＊珈按：本文參考北京家人所撰寫之包氏家譜及多次赴京，家叔、家兄等人口述之史實，惟年代久遠，恐偶有出入。

附記／舍弟包同曾撰寫先十三叔包桂濬先生參與馬王堆古物鑑定工做事略

一九七二年十一月十七日，正在北京昌平小寨村「下放勞動」的父親，接到通知：「回北京師大，接受重要任務。」國務院指名道姓地請他參加湖南長沙馬王堆漢墓發掘鑑定工作。

長沙市郊出土一座兩千一百多年前的古墓

接下馬王堆漢墓出土鳥類骨骼的任務後，父親詳細查看了由長沙帶回來的所有鳥類骨骼。由於在發掘馬王堆漢墓的工作人員中，沒有脊椎動物分類學方面的專家，所以，帶回北京的出土鳥類骨骼，並不是完整的一隻隻鳥的骨骼，只是從眾多骨骼碎塊中撿拾了幾塊，隨意性很大。父親雖能從中鑑定出鶴、鴨等幾種鳥類，但可以判定，馬王堆漢墓中的鳥類，絕不僅僅是被鑑定出的這幾種。而且，僅憑帶到北京的這幾塊零散的骨骼，無法進一步開展全面的鑑定。經考古所批准北京師大生物系由父親與科學院動物所的兩位同仁一道，於一九七二年十二月二十五日前往長沙，到馬王堆實地考察。

馬王堆一號漢墓裡，不僅隨葬了大量衣物、生活用具，還隨葬了許多食物。這些物品，大部分裝在竹笥裡，小部分放在陶器和漆器中。一號漢墓出土的漆器一百八十四件，陶器五十一件，竹笥四十八個。在四十八個竹笥中，有絲織品六笥，中藥草、香草八笥，名器笥笥，其餘三十笥均為食品。馬王堆出土的禽鳥類骨骼，就放在裝盛食品的那個竹笥中。另外，在一個漆器和兩個鼎中，有雉科類骨骼，可能是用於祭奠的。

馬王堆一號墓出土的竹笥，是一種用竹編成的方形器，用以盛裝飾品或衣物等，用麻繩捆扎。在打結的地方，按上了封泥匣，封泥上蓋由「軑侯家丞」的印記。父親和他的同事們，逐個將竹笥的鳥類骨胳清理出來，經過篩選，將需要進一步鑑定的骨骼包裝好，帶回北京。

在臨回北京的前一天下午，抽出時間給長沙博物館的工作人員做了一次講座，主要講脊椎動物型態（特別是骨骼）的一些常識，供他們在考古發掘、鑑定時參考。他們看到從北京來的幾位中，最不起眼的就是父親，穿一件洗得發白的滌卡中山裝上衣，一條深褐色的制服褲，一雙咖啡色船型皮鞋，寬寬的臉龐，戴一副深度近視鏡「老爹」。大家都沒想到，走上講台的，竟然就是這位衣著簡樸、貌不驚人的老者，但聽完他的講座以後，大家都服了。深入淺出的講解，一下子抓住了觀眾，在黑板上畫著簡單的示意圖、用姿勢助說話，還拿出事前解剖好的兩尾鯽魚讓大家觀摩。三個小時，一點也不覺得長，大家都說，畢竟是北京來的教授。

一九七三年一月六日晨，回到北京，立刻就到達考古所，商定下一步的鑑定計劃。

通常鳥類分類鑑定時，主要依靠外部形態特徵，如喙的形態和長短、跗跖與趾的特徵以及所被覆的鱗片形態和數目、飛羽（特別是初級飛羽）的數目和形態特徵、尾羽的數目和形態特徵、體型、各部的量度和特徵、各部的羽色和羽飾特徵、裸皮的顏色等。而在只有骨骼的情況下，完成一種鳥類的鑑定，確定他是什麼鳥，屬於哪一科、哪一屬，就只有從比較解剖學的角度，進行辨認、比對，最後得出結論。對於從馬王堆帶回的骨骼，首先需要找出屬於同一隻鳥的骨骼，然後再確定這一組湊起來的是什麼鳥（名稱、種屬）。如有疑問，還要與相關的鳥類骨骼標本或文獻資料上的鳥類骨骼進行比對，確鑿無疑了，才可以下結論。

識別出哪幾塊骨骼是同一隻鳥的，確認這一組湊起來的骨骼是什麼鳥，這對於父親來說，應當是得心應手的，因為他的專業特長就在於此。但是，作為一位學者，父親絲毫沒有掉以輕心，他每天都把自己關在中科院動物所的實驗室裡，埋頭於一個個從長沙帶回來的裝滿馬王堆鳥類骨骼的紙盒中。壹邊核查，比對著一塊又一塊的鳥類骨骼；一邊翻閱者各種資料；一邊記錄的最新的發現和心得。

經過五十三天的工作，馬王堆一號漢墓出土鳥類鑑定報告完成，共鑑定出鶴、黃鸝、喜鵲、白脖寒鴉、珠頸斑鳩、灰椋鳥（八哥）、雉雞、鷸、家雀、家雞、小鴞、鴛鴦、竹雞、火斑鳩、灰斑鳩、白額雁、野鴨、鷓鴣、鵪鶉和天鵝等二十種鳥類。這份鑑定報告，後來與馬王堆出土文物的各項鑑定報告一起，由中科院考古所結集出版。

瀕臨廿載一幀舊照

包緝庭

民國四十五年（一九五六）三月廿九日，在陽明山招待廳大門前，《華報》同好多人合攝了一張照片，屈指算來，已屬十九年前陳迹。參加的人數，連同攝影者在內，男女老少雖然祗有十八位，但是已有三分之一以上做了古人。今天檢出一觀，回想當時把酒言歡，盡情歌唱的情形，宛在目前，深感人世滄桑，不可無記，爰緬述曩日盛況，以存鴻爪。

那年三月底，《華報》發行人朱庭筠兄，藉青年節休假機會，邀請一向在該報撰寫有關國劇文稿的幾位同文，以及部分友好，準備同往陽明山，舉行一次小型聚餐，並作暮春郊遊。前一天，先由《華報》前任社長王冰庵（爵）以電話分別通知大家，約定廿九日上午十點半，到報館集合，一同前往。這到達最早的，是陳鴻年兄，隨後陸續到齊，我們共湊了十二個人，大約在十一點前後，分乘三輛小轎車（當時還沒有計程車），浩浩蕩蕩，直奔陽明山去了。

金門大粬款待佳賓

到陽明山招待所門前，劉慕耘兄已先在那裡，正在踱著方步等候我們，大家一同進入，就在臨街的一間大廳甫經坐定，則見新聞界前輩蕭三爺（同茲）和名票趙培鑫與名劇評家陳定山賢伉儷偕其孫女陳三小姐舜華，也都翩然蒞臨。經過一番寒暄，就山南海北暢談起來。

這時朱發行人指揮服務員，把兩張大圓桌面，拼湊在一處，朱二公子（衛國）從手提兜囊裡取出從台北帶來的三瓶金門大粬酒，據朱庭筠說，這三瓶酒在他家裡已經存了很久，其中有兩瓶是用美國葡萄乾浸泡的，另一瓶是以桂圓肉泡的，一面解說，一面就開瓶，分別斟入玻璃盃，酒呈現一種淺咖啡色。這時大家不賓分主紛紛入座，好在兩張圓桌已經拼成雙錢式樣，團團圍坐並不擁擠。先端上來八個冷葷兩桌分擺，酒香入鼻既芬芳而又醇厚，這天的菜肴也很豐盛，能喝酒的人約估半數以上，除了丁秉鐩、陳夫人（鄭十雲女士）和她孫女陳小姐都是滴酒不入口外，李浮生、趙培鑫、郭曉農、王冰庵、朱衛國五位只是淺嘗輒止，其餘十位放量豪飲，直到把這三瓶佳釀喝得涓滴不遺，纔算告一段落。

這一局中，以蕭三爺最為年長，這年他老人家是六十二歲，其次陳定公是那年舊曆冬月初五日為花甲華誕，餘者如李要比蕭、陳二公小六七歲，此外更不必論了。說到酒品和酒量，也是這兩位最好，尤其蕭三爺喝起酒來，不但談笑風生，穩健無比，而且絕不勸人多喝，自己卻不怯場，那一派來者不拒的風度、年高量雅的格調，至今思之，猶令人心存敬愛，懷念無已。

盛會難逢攝影留念

酒足飯飽之後，散座閒談，王冰庵因為身邊帶來一架攝影機，首先提議，以盛會空前，似應留影紀念，大家同意魚貫而出，恰好孫雪岩也帶來一個照像匣子，和冰庵分別先站好了距離，眾人也都在招待所門前石階上，分成四排列立。可能是雪岩所用的機件較為靈活，在他手急眼快的情形下，搶先拍好了一張，而王爵手裡的匣子尚在對光，所以雪岩把他自己的匣子放在地上，忙著上台階，加入我們的行列，因而這次孫、王二位各拍攝一張不盡相同的照片。去年（一九七五）十一月間出版，馮志翔先生所著的《蕭同茲傳》裡所刊載的，是當日孫雪岩先照的一幀，本文所附的是王冰庵後照的一幀，沒想到這兩張都成為遺作了。

這張照片中共有十七人，最前排左起第一人是郭曉農；第二位是陳定山夫人鄭十雲女士；第三位是陳三小姐，那時她還是小孩，現已出閣，遠嫁泰國了。第二排左起第一人為丁秉鐩；第二人是筆者；第三人蕭同茲；第四是蘇貺人；第五為孫雪岩，第六人李浮生。第三排左側，立於丁秉鐩之後者是王大川；第二人在筆者之後為陳定公；立於蕭三爺之後為劉慕耘；在孫雪岩之後為趙培鑫，李浮生之後為陳鴻年。最後一排中立者，是當天主人翁朱庭筠；立於陳定公之後的是朱衛國。這兩張照片之不同處，最顯著的，自是第二張多了一位孫雪岩，但第一張中大家都在笑，笑什麼呢？是笑孫先生已然快照好了而王先生還在調整光度，到了第二張中纔笑容漸歛；還有一點是鄭十雲夫人在照第一張時，曾低聲向陳小姐說：「站好了不要動。」及至拍第二張時，她已轉過臉來面向鏡頭了。

目前看到這張照片，屈指一數，除了照相的孫雪岩、王爵兩兄已經作古，照片裡的蕭三爺、趙培鑫、劉慕耘、蘇眗人、陳鴻年諸公也已作古，令人興無限傷感。

清唱消遣各顯神通

照完了像，一同回到餐廳，開始清唱消遣，由郭曉農兄操琴。首先由李浮生兄唱了〈失街亭〉的「兩國交鋒龍虎鬥」六句原板；繼之有人接唱了〈馬謖〉四句搖板；最後由劉慕耘兄接唱「先帝爺白帝城叮嚀就」四句搖板，算是結束了這一場〈坐帳〉。丁秉鐩兄站起來說：「我學幾句楊小樓，先唱兩句，再唱三句，然後唱四句。」胡琴拉起來，他這前兩句唱的是〈長坂坡〉中的「黑夜之間破曹陣，主公不見已天明。」隨後三句唱的是〈連環套〉「要把龍潭虎穴闖……」，最後是〈惡虎村〉的「嘆忠良被困虎穴裡……」四句流水板。唱完這段，由王大川兄起立接唱了一段〈盜宗金殿〉，老生張蒼所唱的「一見

王冰庵攝（包珈提供）。

陳平變了臉，倒教張蒼無話言，若淮河發人馬，一家大小難保全」，四句搖板，大川兄久在中製廠做事，沒想到這位一向服務電影界多年的先生，居然能消遣一段國劇，不但唱得很好，而且是一齣冷戲，這四句搖板似是無人灌過唱片流傳市面，更見其功力深厚，非比尋常了。接著由陳鴻年兄唱〈秦瓊賣馬〉的「家住在山東歷城縣……」搖板轉快板，一共八句連唱帶做，十分精彩。繼之為趙培鑫兄唱〈打漁殺家〉的「昨夜晚……」八句原板兩句二六，這是趙先生每遇酬酢場合，經常消遣的一段，因其工夫下得深，運腔較比熟，因之發音吐字無一不佳，清唱至此，漸漸步入高潮。

以下是由陳鄭十雲夫人，唱了一段〈洪羊洞〉的「為國家哪曾有半點閒空」四句二簧原板。陳夫人對老生戲，曾三折肱，但平素珍密，輕不一露。底氣足，閉起眼睛來聽，沒有一點坤生的味道，纔見其工夫之到家。

不速之客高歌一曲

唱到這裡，忽然由外面進來一位不速之客，就是上海名人杜月笙先生麾下一員福將，萬墨林先生，此公也是來此閒遊，走到招待所門前聽到裡面絃歌之聲大作，抱著好奇心理入內一觀，原來大部分都是熟人，陳夫人唱畢，萬先生見獵心喜，又經朱、王兩位主人一再邀請，便唱了黃金台中「聽樵樓打四更玉兔東上」的二簧，由倒板迴龍，下接四句原板。座中幾位北方人如雪岩、鴻年、煦人、秉鐩連同筆者，都與萬先生初見，當然以前沒聽他消遣過，深慶耳福不淺。可惜盛會不常，孫、陳、蘇三位都已作古，只餘丁先生和我，以後是否再有機緣能聽到萬老高歌一曲，實在不可知之數了。

接著就由孫雪岩和王大川兩兄分別各唱了一段狀元譜，孫唱的是「提起了爾爹娘就掌兒的嘴」四句搖板。王唱的是「老來無子甚悲慘」四句原板；蘇煦人兄唱了一段最膾炙人口的馬派〈甘露寺〉，也就是家喻戶曉的「勸千歲殺字休出口」那段原板轉流水。隨後是三爺和陳鴻年兄各唱了一段〈打漁殺家〉，十分巧合是他們二位雖分先後，卻都是唱「父女打魚在河下」那四句搖板。那天趙培鑫興致特別好，顯得越唱越高興，也許是因為郭曉農兄的胡琴托得好，墊得嚴，使唱的人既不費力而又舒服，所以他唱了一大段〈魚腸劍〉，就是從「一事無成兩鬢斑」起，原板轉快板。這二十來句，猶如長江大河沛然而下，若非遇到他十分高興，很難有此幸遇。十雲夫人聽完了這段，也就不甘示弱，接唱了一段〈捉放曹〉，從「聽他言……」的西皮慢板起，一直連貫下面的二六，唱到「……殺老丈是何根芽」為止。孫雪岩亦頗能湊趣，這時他似有意似無意地唱了兩段〈戰太平〉，先由「頭戴著紫金盔齊眉蓋頂」的倒板唱起，接下來唱完三句搖板，略一緩氣，唱了「接過夫人得勝飲」四句散板。趙培鑫兄見大家興趣甚濃，非遇滿座熟人，難得聆其雅奏。陳夫人剛剛唱完，定公乘興也消遣了四句小生唱腔，是〈黃鶴樓〉中周瑜登場的「水軍衝破長江浪」一段西皮搖板，這位花甲老翁一向喜唱小生，得過程四、姜六指點，專學徐小香、王桂官的腔調，此段雖已聽過多次，其韻味之佳，老而彌堅。接下來由孫雪岩唱了一段〈狀元譜〉，是「張公道三十五六子有靠」四句西皮原板。煦人唱了一段〈胭脂褶〉，是「適纔間離卻了皇宮內院」四句二簧四平調，孫、蘇二位，一是專學余大賢，是私淑馬扶風，各有心得，卻有是處。

名票名琴相得益彰

清唱進行至此，凡是能唱的幾位，差不多全唱過了，於是大家一致推請蕭三爺也隨便消遣一段。蕭先生的性格一向是不肯駁人面子的，在眾情難卻的情形下，毫不勉強，含笑站起，唱了一段二簧快三眼，是「恨薛剛小奴才不如禽獸」，乃〈法場換子〉中徐策向其夫人所唱，這又是一齣冷戲，因為在那年月來台的伶票，尚無人公演此劇，所以倍增新穎之感。蕭先生不僅年高德劭，而且嗓音蒼勁，腔調古樸，在這一局中無疑的占了「大軸子」地位。

這時郭曉農兄一隻手已拉了大小十四段之多，略微休息了一下，第二輪清唱於焉開始，首由《華報》已故社長王爵兄以半個主人身分，唱了一段開場戲，〈二進宮中〉楊波所唱「千歲爺進寒宮休要慌忙」二簧慢三眼，以他那樣瘦弱體格，竟能把這將近二十句唱得一氣呵成，實非易事，博得全場掌聲，他向大家微笑拱手退下。趙培鑫接唱了一段〈搜救孤〉，從「白虎大堂……」倒板起，接迴龍，轉原板，最後以一句二簧搖板收住，他這一段唱得淋漓盡致，腔調纖巧，尤其是「救孤兒，捨親生，……年邁蒼，受苦刑」和「將你打」的「打」字，以及「攀扯我好人」句，都是使人聽著最為過癮的地方。十雲夫人另起西皮倒板，唱〈大登殿〉的「長安城內把兵點」，接下來一段原板，直到「……宣蘇龍快把駕參」為止，唱得滿宮滿調，神也就接過來把〈戰太平〉的後一段，「大炮一響震天地」十句搖板一口氣唱完。此時賓主皆大喜，可是獨自操琴的郭曉農先生已經汗流浹背了。

盤桓竟日盡歡而散

最後又由秉鐩兄學楊小樓，念了一段連環套的〈拜山〉，從「寨主聽了，愚下保鏢路過馬蘭關口」起，直到送出寨門止，這段雖是白口居多，但其中也夾有唱，如「保鏢路過……」四句流水，和出寨後的「多蒙寨主……」四句散板，曉農兄還是照拉不誤，不過比前四段之不容喘息總強得多了。這時已近下午五時，大家向主人道謝後，盡歡而散。

這一次清唱，有三點較為特別的地方：第一是在這十幾位票友中，自以唱老生的為多，其次小生、武生、花臉都有，就是沒有唱青衣花衫的；第二郭曉農兄乃此間拉梅派腔調的聖手，這天竟致無從展其特長，想他一向參加這類聚會不少，似此「缺一門」者，恐尚初見；第三則為是日主人朱庭筠喬梓，和今日執筆作記的區區，都不會唱，也算是無獨有偶了。

「華報菊壇」憶往

空軍成立了大鵬國劇團，民間也由黃也白、朱庭筠、王爵三位先生成立了一個以報導京劇、話劇、電影，及旅台滬人生活、娛樂、消遣為主的小報，名曰《華報》。創報之初由王爵任社長，朱庭筠為發行人，黃也白則是一位「不管事的股東」。王社長負責「菊壇」版面、專談國劇，其他影劇、休閒則由香港來台的黃轉陶（筆名貓庵）擔綱，朱則以筆名「隨波」每天只須填寫一方「信手拈來」，與「何凡」（夏承楹）、「誓還」（吳延環）為台北方塊文章之始祖。報紙內容有點像現在的《民生》、《大成》娛樂報，但困於當時社會保守、經濟方起步，無論在行政、業務行銷、報導、內容等的格局，均無法和今日兩大報相比，但物以稀為貴，在當時戲迷、劇人心中已是一份不可多得的「心靈口糧」了！

由於黃、朱、王三人均未挾帶大量錢財跨海而來，亦無後台老闆暗中支撐，訂報讀者有限、廣告收入寥寥可數，所以編輯、記者、工友均由上述幾位先生「一腳踢」，外來稿件不發稿費，頂多資深投稿人每天送一份報紙為酬。《華報》成立時，社址在台北火車站附近，民眾服務社的一棟日式房舍內，連一張像樣的寫字桌都沒有。王社長、黃主編每日辛苦筆耕的桌案，只是一張和式矮桌，席地塌塌米而坐，冬天還好，到了炎炎夏日，台北蚊蟲多，王黃二人即一手握筆，一手執扇、揮汗趕蚊蠅，過了不到一年多，政府收回此屋，喬遷到開封街與漢口街之間博愛路的一條巷子裡，二樓小屋，環境稍見改善，裝了一支電話，每人也有一張正式的辦公桌了，一九五三、五四年，《華報》負管財務的發行人朱庭筠先生省吃儉用，孜孜經營之下，買了武昌街二段、昆明街一個大院子民房（此處現已成了台北市地王），地方大了，人氣也隨之愈來愈旺，無論菊壇、影劇、休閒文，各版稿源不斷，王社長再也不須邊吐血（肺病）邊補白了，當然稿費支出一欄，仍掛「零」。

而那幾年台灣在老總統領導下，政治安定、經濟好轉，人民生活衣食足，育樂之需求隨之而添。國劇在軍中與民間各級單位推動下，更趨蓬勃，劇人戲迷除了在劇院相見外，也愛在《華報》大院內搬把藤椅，泡杯熱茶，聚會聊天！影劇界前輩：王珏、魏平漢、李影、李子弋（李行導演令長兄），小童（生鑑忠），徐風（老導演，台省文化工作隊創辦人），女士有名影星焦鴻英、吳鶯鶯等；文藝界上海文人書畫雙絕陳定山、大實業家劉慕耘、片商丁伯駪、影評人黃仁、朱鏘鏘、黃少忠（宏恩醫院院長）；國劇界包括名票寒山樓主、伍稼青（也是旅遊專家）、空軍的醉客（馬桂甫）、胡蓉第、名琴師周長華，特別值得一提：在眾多外省人中有一位本省籍的戲劇專家——呂訴上教授（著有《臺灣電影戲劇史》一書，其公子憲光兄曾任中視導播）。還有很多專門為《華報》「菊壇」撰稿人，如年齡最長的上海名劇評家劉豁公、梅花館主鄭子褒、老爺叔李浮生、北平耆宿敖伯言老先生，山東梅蘭芳、王振祖（復興劇校創辦人）均三不五時聚會於此，天南地北，海闊天空「侃大山」。王社長一缺稿即站在玄關高台上一呼，這幾位文思泉湧，拔出「自來水筆」揮灑數十分鐘，即可補好版面。　先父緝庭公等北派（京朝派）劇評人，公餘之暇因愛好京劇，創辦之初也踏進了「上海人」辦的報紙，王社長心胸開闊，無地域念，特別禮遇他們這幾位北方佬。那時候　先父四十出頭，挾昔日在北平、東北撰寫劇評餘威，每晚觀畢戲曲，即健筆如飛，連夜成文，大鵬、富社、榮春子弟演出情況活靈活現，栩栩如生呈現於文字。（按：參見包緝庭原著、蔡登山主編之《包緝庭談京劇——笑隱堂憶故》一書，二〇二二年由新銳文創（秀威資訊）出版。）

而永樂戲院顧劇團的評介，則多由海派劇評人專屬，也就造成了二十多年後　先父喜愛大鵬，高於海陸二光。由於　先父每每多產，文體又常以四六對句，引經據典，談古道今，空軍副總司令老虎將軍禮賢下士，經姚全黎、羅紹蔭引介：王社長與　先父最先成為王將軍的「國劇顧問」。　先父個性耿介，剛正不阿，主見甚深，他認為惡者，眾口難鑠成金；他以為朱者，他人也難奪為紫。國軍康樂競賽，大鵬推出徐露掛帥之《花木蘭》，先父評為滿分，或有人不以為然；然現在再回想，是役也，似乎為多年來編、導、演卡司最完美的一次演出，縱是大鵬後期，郭小莊、王鳳雲等再次演出，亦無法比擬。徐露、哈元章、程景祥、馬榮祥等主角卯足全勁不談，就是番兵番將一場過場墊戲；孫氏昆仲破例跨刀；元坡之番將尚有一些白口，耍刀的舞蹈「秀」；而元彬大哥帶頭直呼直令地「巴得魯」（跑龍套），才是難得中的難得呀！按此二角論戲份，當時大鵬由趙榮來（武二花）、蔡松春（末），率小大鵬學生或武行即可應工，後來果由康炳全，朱錦榮等師兄弟擔綱。　先父當然並不是認為徐露每次都是一百分，《群英會》徐接手朱世友之周瑜，首次在八德路空軍介壽堂演罷時，曾昭六先生問　先父：「緝老您覺得如何？」　先父面容正色，嚴肅答道：「普通。」曾先生當時多麼希望能由　先父口中得到些許的讚美！（後又經朱世友叔指導改進，徐露再次登台果然進步神速。）由於王社長偏向京朝派，朱發行人笑謔他：「南人北向」。

一九五一年左右「攝影新聞」成立，李浮生、劉豁公、朱揆初等人另闢江山，「菊壇」也多為北派天下，此時大鵬對外公演機會不多，但除了到外地勞軍，每兩週一次在空軍總部中正堂，招待台北地區官兵國劇欣賞會。老虎將軍特令頒贈　先父招待券，時未滿一百六十公分的我，進空總大門時，必須穿一雙「矮子樂」，再踮起腳才勉強及格，而值勤的衛兵同志，一看「特權」招待券也就法外開恩放行，我在幼時看了很多好戲原因在此。老虎將軍、王社長大力奔走，鼓吹、領導之下京劇演出機會多了，愛好者——戲迷也更增加了。《華報》在每週六晚上，組織了「星期六票房」，眾望所歸由王社長為「房東」，日後票房聚會，公告事項也在「菊壇」刊出。

蘇煦人

一九五一年，在省政府基隆單位工作的蘇煦人先生，調到台北服務，也加入《華報》劇評行列。蘇氏伉儷一位是四十出頭，北平人士，任省府高級公務員，西裝革履，文質彬彬；一位是剛卸任的基隆市議員，南京佳麗，面貌姣美，活躍大方，儷影雙雙，堪稱當時劇評界一對璧人，蘇氏夫婦為當時的「頂客族」（Double Income No Kid），公餘除了看戲，常在家設宴諸請伶、票、評三界，如哈元章、朱世奎、季素貞夫婦、敖伯言、陳鴻年等，哈元章為天方教人（清真），蘇伯母還特為他另設素肴。蘇煦人文筆大方，有如大千居士的畫，揮灑自如，對一般藝人票友評論公正，但也看到關愛的眼神。後省府遷台中中興新村，蘇氏伉儷也隨旅中部。偶出差台北，定撥冗與《華報》老友小聚，大作則不再在「菊壇」呈現。一九五九年積勞成疾、病逝台中，蘇伯母攜女，在台北南昌街「十普寺」作了一場追悼佛事，《華報》眾家老友前往拜祭，不勝唏噓。那年我已初二，奉父母命在週日早上，特到蘇伯母旅居內江街一小旅邸致哀。蘇伯母灰衣素服、脂粉未施，神情非常憔悴；小妹妹雖年幼無知，也缺少童稚歡顏。我們三人正為蘇伯伯中年早逝而哀傷時，宋里昂（後為台視導播）、宋丹昂兄妹亦來探喪，陪蘇伯母哭了一會兒，告辭出來。一別四十年，未再拜見蘇伯母慈顏，算算年紀應已是白髮皤皤八十多的老婦人了，小妹妹也四十多歲，當家成業就。

陳鴻年

認識陳鴻年伯伯，可謂我兒時的一段「天真物語」。空軍舉行康樂大賽， 先父被聘為評審委員，承五處處長每天另贈送兩張招待券，最後一天是謝景莘先生的《鎮壇州》，先父特令我去觀賞。旁坐即為一位面色赤紅（極近黝黑了），嚴肅寡笑的陌生叔叔，我知道他一定是父親好友，但不知為哪一位，就主動向他請教一些「戲」的問題。開了話題好說話，我就問他貴姓，他大概也被我吵得不耐煩：「我姓陳。」小腦袋一轉……「您是大名鼎鼎陳鴻年，陳伯伯吧！」好話一說，風乾的橘子皮臉上有了笑容：「小妹妹妳怎麼知道我呀！」初生之犢「寶裡寶氣」自我推介：「我叫包珈，我父親是坐在前排的評審包緝庭，如果我沒有估錯，您這張票應是我父親送的。」吃人家嘴短，拿人家手軟，陳伯伯萬般無奈也只好一邊聽戲，一邊哄孩子，到了中場休息，　先父過來招呼時，我們「爺倆兒」已經成了好朋友。次日「菊壇」陳伯伯就拿我為題，作文章記錄這段「交友記」。

陳鴻年先生祖籍河南，世居北平，中國大學畢業，卅九年底經香港轉戰來台，後一直在台北市政府兵役科工作，為文詼諧，幽默且活潑，語句全取北平小市民口語——「大白話」在當時堪稱一絕，對藝人讚美鼓勵多於褒貶。後來小大鵬，復興劇校興起後，他喜歡的童伶如鈕方雨他暱稱「鈕丫頭」，楊丹麗、張復建二人的八大錘，葛復中（後已是名經紀人「葛炮」）、唐復雄等均被犒賞過「燒餅夾肉」。陳鴻年先生與　先父交情匪淺，陳伯伯隻身在台，每次看到我就想起與我「般長般大」留在故都的獨生女「小蓮」，家母也特以故鄉人待之，逢年過節來舍下與　先父小酌兩杯「金門大麯」。一九五九年後他找到在高雄開「都一處」的故友，就不在台北過年了，年初四回台北，一定來舍下拜年，吃些剩年菜，發我一包「壓歲錢」，多是「美金一元」，當時合台幣四十八，一般壓歲錢行情二十元相較，算是大紅包了。　先父在一九六〇年轉任貿易公司，晚上如無夜戲，就常常帶我一起去善導寺左側市府宿舍（違章建築，現已拆除），找陳伯伯聊天。陳鴻年先生除了劇評外，一九五九年以後也在《大華》、《中央》、《新生》、《民族》等報寫些散文小說，深得讀者好評，我中學同學好幾位是陳伯伯的忠實讀者，在公共汽車上見陳伯伯與我親切招呼，不勝羨慕。大一在銘傳陪賈馨園、孫碧波幾位學姐票戲，陳伯伯在後台看我扮像好玩，拉著照像，誰知那竟是他在世上最後的留影。一九六五年七月四日上午因肺炎病逝馬偕醫院，半月後出殯，靈前答謝的晚輩，由孫雪岩先生女公子美美及其弟乳名「小五」，「外行人」張樓蕙君女士之千金張蕙元和我代為答禮。輓聯中有「……十不全」者，引起眾怒氣得眾家好友群筆而攻之。按所「十全」（「十不全」暗諷施公外號「施不全」，身體殘疾也），乃《華報》「菊壇」北派興盛時，老虎將軍偶有雅興，約王社長、 先父緝庭公、陳鴻年、孫雪岩、申克常、焦家駒、丁秉鐩、楊執信諸位先生到濟南路官邸雅聚，再加上在台中的蘇煦人先生形成了一座銅牆鐵壁的十人大圈圈，不免遭其他人不滿，而陳過世時，王正在美任我駐聯合國軍事顧問。

孫雪岩、申克常

孫雪岩先生，天津人，筆名「雪公」，來台初期經商，後在光復大陸設計委員會工作。與夫人孫吳蓮華女士雅好余派老生，為「星期六票房」長期房客，育有三男二女，次女美美與我市立女中同校。先父與孫伯伯常在文章發表前，彼此先校閱，而美美與我即作郵差傳遞（此工作後來我在北二女與申克常伯伯長女佩芸同校時，再操舊業）。孫伯伯為燕趙慷慨悲歌之士，擇善而固之，雖千萬人吾往也！最有名的一次筆仗在《大華晚報》，與文化學院郭勇同學論：「國劇有多少齣戲」，後來張伯謹先生鉅著《國劇大成》，呈現於世時，果顯孫伯伯所言為實。但郭勇先生已早因酒後失足而亡，孫伯伯在一九七四年十二月過世。

申克常先生字體康，亦為天津人士，供職華南銀行一級主管，除擅寫劇評，腹笥淵博，並諳「音韻學」，曾在國立藝專、文化學院開班授課，申伯伯操琴也是個中高手，李淑嫻等名票曾問藝於申，中國小姐趙培譽就拜過申老師。一九七八年《中央日報》國劇社票聚，申伯伯因心臟病發，送台大醫院途中過世。

焦家駒

焦家駒先生山東聊城人，筆名「菊如」，早年為徵信新聞總編輯，除在《華報》發表評論外，並長期在《民族晚報》闢一方塊「粉墨箏琶」。

丁秉鐩

丁秉鐩先生是眾所熟悉的「明星」劇評人。北平人，燕京大學畢業，筆名「燕京散人」，一九五〇至六〇年為其黃金時代，曾在美國新聞處工作，後因中廣公司由節目部主任邱楠先生（後為新聞局長）製作的「猜謎晚會」任主持人崛起，開了燕京傳播公司，又主辦國劇公演，其著作晚年積集成書，行銷海峽兩岸三地。一九七八年因心臟病發過世於宏恩醫院。長公子介民兄、佳婿冼立國、長女丁瑩、三女丁琪、四女丁琬均為當今俊彥，頭角崢嶸。

楊執信

楊執信先生為最後一位加入的十全者。楊伯伯湖南長沙人，一九五五年經羅湖大橋步行到香港，輾轉來台，在中國廣播公司服務，筆名「憶蘭室主」，曾製作中廣國劇節目。湖南省在抗戰前後也是平劇集散地，楊府家大業大，歐陽予倩、梅蘭芳等名伶蒞湘演出均須到楊家拜碼頭。楊伯伯天時地利人和集大成，再加上勉而好學，雖未去過平津，但和其他九老談起「京朝派」精華，並無「跳針」之失，一九八五年過世後，楊伯母將多年所收集國劇書籍，捐給國立復興劇校。

王爵

至於王爵社長，係上海人，抗戰時期為軍統局幹員，早歲以「藝華公司」（電影公司）作場記為身分掩飾，不幸被捕，在「七十六號」下水牢，後由周佛海派人暗助送重慶，但身體內傷已深，《華報》早期王伯伯為了趕稿，常常抱著痰盂吐血仍執筆耕耘，一九六〇年因肺病（癌）在宏恩醫院開刀不治過世。

《華報》在王社長病重時，朱發行人即聘林望梅先生擔任「菊壇」主編，而「林」主要工作也就是穩住王社長原打下的天下，在「無稿費」下與眾大報爭長短，記得當時林先生騎一摩托車四處取稿，曉風夜露、倍至辛苦。林先生去職後由敖伯言老先生公子敖鳳翔先生接手，鳳翔先生家學淵源，空軍軍官退役，與當時王元富先生均為《華報》青年才俊。王元富先生，山東青島人士，一九二七年生，警界服務，台北三（中山）、六（南港）、七分局均有元富先生公務上光榮的紀錄，筆名「富翁」，一九五四年起在《華報》撰文，時年僅二十七歲，一九五七年大放異彩，一九六〇年開疆擅拓《中央》、《大華》均刊大作，台視國劇社成立，惠群導播禮聘，整理諸多失傳老戲如〈雁門關〉、〈贈綈袍〉、十二本《包公傳》，九本《薛家將》，四本《太真外傳》等，為國劇貢獻良多，敖、王二人為現在「菊壇」京朝派僅存的二支健筆，元富先生雖已七十二高齡，每週仍在《青年日報》報導三台國劇節目。

《華報》「菊壇」除上述諸前老先生，另外如李熙（一度任復興劇校祕書，後移民壇島，已故）、王濤生（工專教授）、孫克雲（攝影新聞主筆，《申報》主編）。女中豪傑有前述之「外行人」張樓蕙君女士，多作報導式介紹，以「外行人」自居，無批評就無是非，其實蕙君前輩為一崑曲專家，唱作唸均佳。國大代表，建國中學老師——張大夏先生，允文允武，坐而評，起而演，能人所不能，趙雲一角媲美內行，昔日亦為「菊壇」「大帥哥」。五年前偶遇東門夜宵店，張叔叔英挺如昔，《大雅》再拜讀鉅著，不由得心中高呼：「張叔叔好棒！加油，再加油，多寫些！」現在常在報章評介京劇的馬芳踪先生，一九六〇年代任萬企第一酒店總經理時，常為《華報》休閒版，以「柳上惠」為筆名，寫「身邊遊戲文章」，嬉稱女性同胞為「長頭髮」。

《華報》當年總攬劇評界菁英，雖無稿費，但經篩選，王社長選稿甚嚴，文章一經刊登，即如資格審定及格，如長期撰寫者，則成方家之言，亦為當時海內外各大報章雜誌約稿的對象。

「星期六票房」在王社長過世前搬家了，楊執信先生安排下駐進了新公園中廣大發音室，房客（票友）增加了許多，如打鼓佬王有熊、老生名票兼小鑼崔少鶴、蒙古公主張瑪莉、梅派名票我的義母潘美娜、小生名票李景嵐、高戈平，PX工作的羅崙女史、《馨園》主編高堂二老、孫若蘭夫婦、空軍花臉「活張飛」張廉先生等眾星雲集，好不熱鬧。俟中廣搬回仁愛路前，星期六票房又遷新址，聽說一度設籍於影星楊惠珊復興南路寓所（楊父愛好國劇）。

《華報》在一九七八年報禁開放之前，經黃也白先生，及王社長遺孀王陶燕君女士同意，由朱發行人經手（朱伯伯年事已高，兩位公子學有所專，無法繼續經營），賣與《聯合》報系。惕吾先生責成甫由法國學成歸國的效蘭女士，創辦《民生報》，從此結束了近卅年的《華報》；枝葉繁茂的「菊壇」也隨之夷為平地。朱庭筠先生在《民族晚報》，續寫了一陣「信手拈來」，一九八六年左右移民加拿大，據說卅冊《華報》合訂本，送到某公立圖書館，供讀者查閱。

＊本文經王珏、王元富二位叔父提示，特此致謝。

一九九九年十二月

再憶「華報菊壇」

拙作〈「華報菊壇」憶往〉刊出後，不少舊雨新知紛紛賜教，有幾位談到文中之錯字，馬芳踪叔叔還特別為文續之，筆者除當面致謝外，在此須向世伯李浮生先生在天之靈致歉，按李伯伯為光復後第一代國劇劇評人，與梅花館主鄭子褒、陳定山、劉豁公、劉慕耘等，均為海派劇評領導人。鄭伯伯單身在台，一九五六年左右在台北梅林酒家，與一酒客言語衝突，失足墜樓逝世，後經法律調解，無目擊者作證，該酒客為之披麻戴孝，但此事造成國劇界一大損失。陳定山先生擅長詩、畫，並在一九五〇年代編寫小說、雜文，集結成冊，如《春申舊聞》、《黃金世界》、《一代人豪》、《龍爭虎鬥》等，一時洛陽紙貴，暢銷於市。劉豁公老伯除劇評外也出過有關國劇典故、理論的書籍，主編《國劇叢刊》，而李浮生伯伯編寫整理劇本是他的長才，如大鵬得獎的名劇：《吳漢殺妻》（哈元章的〈紅生〉，吳漢、嚴蘭靜的〈吳妻〉）即出自李伯伯整理編寫。

追憶　先父

先父談京戲，雖以京朝派為圭臬，但與海派劇評大家，私誼甚篤，陳、劉等均為通家之好，思路或有不同，評論不無出入，有時不免筆戰數回，但多年友誼愈陳愈香，陳伯伯每年壽誕聚餐， 先父必為座上客。克言大哥令千金（即 先父〈瀕臨廿載一幀舊照〉陽明山春遊照片中之稚齡女娃兒），一九七四年參加中視公司電視劇「票戲」，恰逢該劇由筆者參與導播製作Team，小妹妹亭亭玉立，落落大方，雖是一兩集配角，但也中規中矩，後來聽克言大哥說她結婚後移居外國，算算年紀也四十出頭，與我並列「歐巴桑」隊伍矣！舍下來台兩件大事：一九七六年筆者與外子郎雄結婚，陳伯伯與十雲夫人著當時最「炫」的「牛仔裝」出席，與李浮生伯伯、高華伯母等同桌，並贈「竹畫」一幀，高懸舍下客廳之壁，匆匆已渡二十四年。一九八三年， 先父殯葬，李浮生、朱庭筠二位世伯，連袂行禮，三鞠躬後，李伯伯取帕拭淚，事後告同好曰：「緝老一走，打筆仗都沒對手了！」

先父生前在台，大概有兩次登台「跑龍套」。第一次為賑水災，全國各界義演，反串〈大八腊廟〉，程派名票高華伯伯反串黃天霸，王棟、王槃由周長華與 先父擔任，不久周即不幸逝世，後又與梅花館主及王爵社長兩次跑過〈四郎探母〉之韃官等，後鄭、王二人亦駕鶴西去。陳定山伯伯即在《華報》笑謔 先父「命宮太硬」，敬告諸好友千萬不可再與之同台，然他自己甘冒不諱，願與 先父合作演出，以〈紅鸞喜〉為指定劇目，陳扮莫稽，讓 先父速拜朱琴心為師，梳大頭、足踩蹻，演〈金玉奴〉。當然這是他們老兄弟間的玩笑話， 先父浸淫舞榭歌台，評戲論劇一生，但卻五音不全、不擅唱作，否陳、包二老掛牌，台北好戲者，必為此噱頭演出而空巷——看看兩個「周伯通」（老頑童）出洋相！

王鳳娟

馬叔叔文中談及王爵伯伯的千金鳳娟，筆誤鳳雲（鳳雲為小大鵬七科，後為繼徐露之後，文武崑亂不擋，鐵嗓剛喉梅派青衣，並擅花旦小戲，唯身材稍顯吃虧。婚後生子，現已退出氍毹，任台灣戲專教職）。鳳娟與筆者同年，幼時乃通家之好，常與孫美美（孫雪岩之次女）、丁瑩（丁秉鐩之長女）、張蕙元（「外行人」之女）眾家姐妹一同嬉戲，好不熱鬧。後鳳娟入小大鵬三科，因名父之女、身分特殊，王老虎將軍特別交代好生照顧，劉鳴寶師傅開蒙，第一次在今八德路空軍新生社介壽堂登台，劇目《查頭關》，配戲小花臉是同科夏元增。那時我已進入少年叛逆期不愛聽京戲、不聽大人話， 先父還以新台幣十元之誘，僱我去給鳳娟姐捧場。王伯伯故世後，雖《華報》的叔叔伯伯仍對鳳娟愛護有加，然鳳娟在小大鵬「一鍋旦」中，上壓程派古愛蓮，下頂張派嚴蘭靜，一九六五年大鵬過年反串〈打漁殺家〉，鈕方雨的主角蕭恩，她只能演了「丁郎兒」。一九六七年左右又拜秦慧芬為師。有一陣子她很熱衷由越劇改編的〈盤夫索夫〉，外行人樓阿姨對她疼愛有加，找人編曲（唱腔）、譜詞（劇本）、排練身段，她希望小生由高蕙蘭跨刀，後來這戲唱了沒有，我已不太記得了！不久她又拍電影，劇名《秦雪梅》，賣座難與王復蓉、沈雪珍的《王寶釧》抗衡，草草下片。翌年，認識了一位在中央黨部供職的某君，王伯母陶燕君女士非常不同意，但母親拗不過女兒，終於嫁了，婚後不久，某君病逝。搬回娘家，戲也沒得唱，蒙其亡夫老長官谷鳳翔先生（時任中視公司董事長）安插到中視業務部工作，鳳娟自幼在小大鵬學藝，對商業數字實非所專，痛苦不堪。後又由楊執信伯伯說項，改調大門口詢問台，三四月後又調三台「電視協會」幹事，工作輕鬆，薪水也調高一點。到了一九七五年經人介紹一美國華僑，開啟了她的第二春，移民遠行，二十五年沒再接到她的片紙隻字，竹馬之交，不知張蕙元有無鳳娟消息？王伯伯二小姐入復興劇校，排名王復玲，畢業後與周復嬌同去西班牙，後來傳說也去美國了。

馬芳踪

最後談到馬芳踪叔叔，他是　先父老朋友中的「小朋友」，二人年紀相差約二十年，其夫人盛阿姨是上海名門、清代名臣盛宣懷之後，以「穎若館主」為藝名。在光復之初，冠領群芳，大概一九五三、五四年曾在永樂戲院，表演〈碧玉簪〉，是日也，樓上樓下一票難求，連素不進戲院的家母也與圍棋國手吳滌生先生（吳清源之兄）夫人一起觀賞。

我真正聆教馬氏叔嬸訓誨，是因　先義父母詹慧剛先生、潘美娜女士定居台北後，詹、馬二府來往甚密，　先義父原供職高雄西子灣「要塞」，任康樂隊長，中視早期名藝人周仲廉、金彬均為其屬下，後蒙經國先生賞識，調國防部，任三軍軍官俱樂部及國軍文藝中心管理組長。而當時馬叔在第一酒店任總經理，深受萬企集團大老闆重用，長袖善舞，與當時統一（菲律賓莊家）、中央（聯邦夏維堂、張九蔭掌權）等夜總會鼎足而立。時值我國經濟由開發期進入起飛時，馬叔不但提攜了許多本土藝人，更引進了許多國外知名明星人士來台。一九六〇年代一般軍民豐衣足食後，進而追求育、樂，馬叔在民間， 先義父在軍中即撐起娛樂槳舵，在大台北萬浪波濤中，不時掀起狂風暴雨。未久馬叔即為香港邵氏公司六老闆邵逸夫先生挖角，納為邵氏在台「總領導」直到一九九〇年代邵氏停止拍片，馬叔退休，然現在邵老闆來台，仍由馬叔接待。

筆者一九六七年初入社會，公暇之餘常侍 先義母與諸長輩交往，或走票房，或應酬戲約，或家中設宴，三五老友小聚，盛阿姨與 先義母為閨中好友，亦為詹府常客。記得暮秋初冬之日，隨義母赴同安街馬府手談，晚餐時，盛阿姨備了一桌子上海佳肴，真正的「本幫菜」，美味之極，但因客人多，採「立食」，此一作風為生在北方家庭的筆者，卻是「第一回」站著吃，有一味「嗆蟹」，也是「京朝派」父母一向不准我「進口」之「生冷食品」。然是日高華夫人挾給我，不得不勉強而食之，哎呀！一嚼一嘸之後，才知「天下還有這麼好吃的東西！」從此更弦易轍，棄重鹽的北方口味而取江浙菜，隨年紀增加，由學吃學喝，到嗜吃嗜喝，今日永福樓、復興園早成舍下小廚房矣！一九九八年滬上之行（隨外子拍《春風得意梅龍鎮》電影），筆者迷戀春中美味已入膏肓，而三十多年前「馬府佳肴」，無心插柳，柳成蔭！是為之記！

一把價值連城的扇子

在冷氣、電扇未發明之前，無論中外，仕女在夏天幾乎人手一把扇子。歐美各國喜歡用羽毛、蕾絲、西洋畫為扇面。而我們東方人則喜歡以文字、國畫為扇面。一般的人能擁有一把名人書法、大家水墨、無不引以為傳家之寶、持物傲眾，而我們包家確曾擁有過一把「物超所值」的寶扇。這把扇子是　先大伯丹庭公（參見　先父〈我的大哥包丹庭〉及愚作〈細說北京包家〉二文）在當時憑著他自己的藝術成就、學識修養、世家身分、社會地位：禮賢下士，與梨園界交友。於一九三〇年大伯伯四十歲整生日，由王瑤卿先生發起：請當時炙手可熱十六位梨園名角，集繪寫錄了一把當時為瑰寶、現在價值連城的扇了。作為生日禮物送給大伯伯。這把扇子真跡我小時候，夏天看過大伯伯「手不離扇。扇不離手」。幾十年後回大陸，第一次看到影印本是在四家兄譜名慰曾、學名包玫先生石家莊居處。他這份是黑白影印版，我和五哥式曾先生觀看時，已嘖嘖稱奇了。後來又聽家七姐（名曲藝家包慧坤女士）談起：她有原底片，透過現在電腦技術、可以更清晰。所以我就不客氣煩她代勞，精製了一份以饗讀者。又透過舍侄包立訪查，才知許多失傳老藝人身世生平。

當我每每目睹影印本時，心中激動地幾乎潸然淚下；看到的不僅僅是扇面平平的無聲、無生、無息、無吸的色紙彩繪而已；我看到了前輩藝術家謙卑為懷、恭敬禮讓、不計名利、不爭排名，及業精於勤、學有餘力。未為荒於嬉、修習文墨、書法、繪畫。在此我不但看到十六位京劇大師栩栩如生，活躍在紅氍之上，聽到他們雅致、清晰有力、名家風範、金聲玉鐸。我更偷偷地回到童髫：站在他們家居生活的後台邊幕旁、眼巴巴地窺視他們是如何地自我節制、安詳而規矩、對中華文化承先啟後的身教言教，這都是這把扇子給我無形的珍寶啟示。

這把扇子骨竹，為當時名貴的湘西南竹。除上下兩側外鑲寬竹板面，其他每股上端劈成兩片以夾紙，股竹上方刻有梅花一、三角星四、X字型二、及一「王」字。當時為純手工所製，更可見其精緻。扇面分正反兩面、八股、十六款，以下分述之：

正面第一款：

繪「菊花」數朵，落款人為姜妙香。

姜妙香先生（一八九〇—一九七二）名紋，字慧波，河北獻縣人。幼年從田寶琳習青衣，出師後與王鳳卿、賈洪林同台，後因病嗓轉音，拜馮惠林、陸杏林改習小生。演戲認真、一絲不苟；《探母》宗保娃娃調為姜先生所創，姜恪守成規、堅持唱完整段，後演唱者也相仿效，而不唱兩句搖板，匆匆而過。據葉盛蘭先生對學生說：「姜先生這一段太好了，所有葉氏門生均不可更動。」

姜先生長期為梅蘭芳配戲：《紅樓》之賈寶玉、《玉堂春》之王金龍、《白蛇傳》許仙等，為梅之得力助手。姜先生是跨世紀清末、民初到現代中國的表演藝術家，姜派小生創造者，學生徒弟甚多。表演戲曲之餘：愛好繪畫，善繪牡丹；而此扇則特繪「菊」以示與平素不同，更顯尊貴。

正面第二款：

「梨花院落溶溶月，柳絮池塘淡淡風。」宋人晏殊的詩句，是朱素雲先生書寫。朱素雲先生（一八七二—一九三〇）名澐，號紉秋，北京人，原籍蘇州。朱先生之父朱小元是武旦演員，與徐小香為師兄弟。故素雲先生拜四喜班小生鮑福山先生，後又得徐小香教益，是一位文武小生前輩，出道比程繼先（一八七四—一九四二）還早。

朱素雲先生扮相英俊瀟灑、嗓音醇厚，擅演靠把小生戲，曾為晚清「內廷供奉」，以演《轅門射戟》、《岳家莊》、《虹霓關》、《黃鶴樓》等劇目聞名——尤以《虹霓關》、《穆柯寨》中的「對槍」為人稱道，與名旦王瑤卿、楊小朵並稱為「三美」。他戲路寬廣，腹笥淵博，一九二〇年代後，經常與梅蘭芳、尚小雲、程硯秋等名家配戲，是當時同行「擄葉子」（偷學習）的對象！

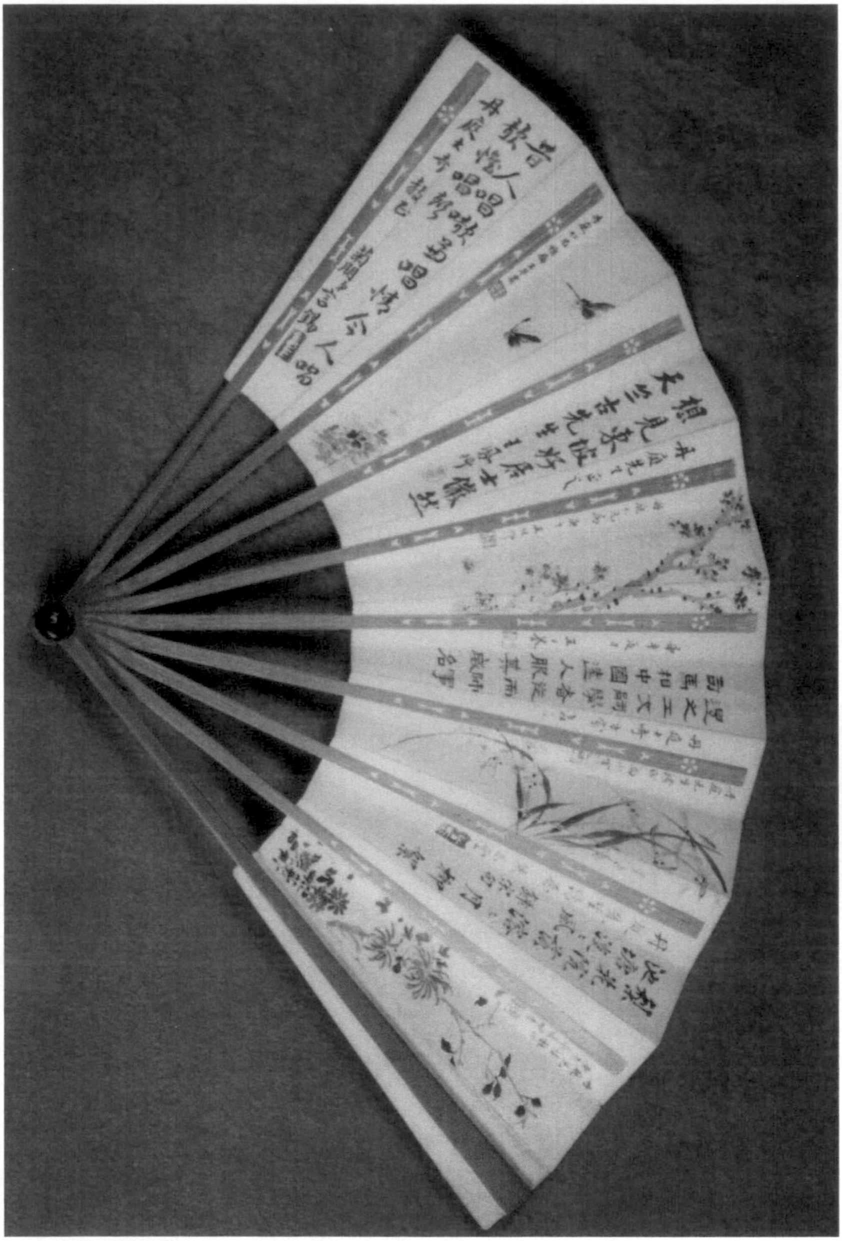

正面八款，由右至左依序為姜妙香、朱素雲、尚小雲、王又荃、王瑤卿、王鳳卿、王琴農、言菊朋等八位名家親繪題贈。

反面八款，由右至左依序由王麗卿、余叔岩、荀慧生、程硯秋、王蕙芳、姚玉芙、梅蘭芳、時慧寶等八位名家親繪題贈。

正面第三款：

為尚小雲畫的蘭花。

尚先生（一九〇〇—一九七六）名德泉，字綺霞，河北人，四大名旦之一。初習武生，後改老生、再改青衣，與楊小樓、譚小培、荀慧生同台。他工底深厚，兼演刀馬旦，嗓音寬亮，唱法師承陳德霖。以剛勁見長，世稱「尚派」。中年以後不但編演新戲，而且創辦「榮春社」。幼子長榮先生，多次來台演出。筆者有幸曾與合作（參見本書〈胡少安在「中視」〉一文），長公子尚長春曾在　先伯門下習藝。

正面第四款：

「退之工文嗣，學者從而師事；司馬相中國，遠人服其威名。」王又荃先生筆墨。

（編按：出自晚清・俞樾贈曾國藩聯。）

王又荃先生（一八九二—一九四三）也是唱小生，傍過（京劇術語，陪伴演出）程硯秋。他是程繼先之後，葉盛蘭前的一位小生。一九二八、二九年在「鳴和社」、「鳴盛社」搭班。在上海演唱多年！

正面第五款：

是通天教主王瑤卿畫的「梅花」。

王瑤卿先生（一八八一—一九五四）名瑞臻，號菊癡，江蘇淮陰人，生於北京。幼學武旦，加入「福壽班」唱青衣，也是清「內廷供奉」。清末民初與譚鑫培同台，後來他別出新意、突破成規，融合青衣、花旦、刀馬旦形成「花衫」。尤擅「旗裝戲」能表達滿族貴族婦女平日生活情態——慵懶而透著精明。四十歲以後因敗嗓，不再演出，以授徒為業。四大名旦均曾授業。因藝術博大精深、桃李滿天下，被譽為「通天教主」。

正面第六款：

「想見東坡好居士，儼然天竺古先生。」是王鳳卿寫的字。（編按：前句化用宋・黃庭堅〈雙井茶送子瞻〉詩；後句出自唐・王維〈過乘如禪師蕭居士嵩丘蘭若〉詩。）

據家兄包玫先生的解釋：是王先生讚美　先伯的一句話，把他比作東坡先生不算，還更媲美印度古佛。王先生（一八八三—一九五六）是王瑤卿先生的弟弟，名祥臻。初習武生，後從賈麗川、李順亭習老生，又得汪桂芬指導。長期與梅蘭芳合作。王先生性格沉毅，人品極高。善書法、精鑑賞文物，也是一代名師。他認為：「有了結實的功底，還要懂得戲理、戲情，老師口傳心授，還要自己琢磨。從書本、良師、益友得到好處千萬不可放過。想辦法把別人的好東西學到手。」

正面第七款：

是王琴農先生的一幅「蝶戀花圖」。

王琴農是富連城弟子王世續之父，四大徽班四喜班（清代戲曲班社，為北京「四大徽班」之一）之後人，與王惠芳（一八九一—一九五四）同為陳德霖的弟子。在一九一三年舉行狀元大賽，王琴農是狀元、王惠芳榜眼、梅蘭芳探花。在四大名旦之前成名，年齡與梅差不多，較尚、程、荀為長。後下海。

正面第八款：

「昔人唱歌並唱情，今人唱歌惟唱聲。」是言菊朋先生撰寫。（編按：出自唐・白居易〈問楊瓊〉詩。）

言先生（一八九〇—一九四二）原名「錫」，故此幀具款為「菊朋弟言錫」是非常客氣的。

言氏為蒙族，北京人，原參加清音雅集、春陽友會等票房，早年觀摩譚鑫培演出，師從陳彥衡，後又向紅豆館主、錢金福、王長林問藝。一九二三年在梅蘭芳鼓勵下海，自創「言派」——以「譚」為基礎，吸收了其他行當及京韻大鼓，唱念婉轉跌宕、細緻精巧，獨擅《臥龍弔孝》、《讓徐州》，深為世人所推崇。其令孫言興朋先生在台北國家戲劇院演出《秀色江山》多爾袞一角（女主角為嚴蘭靜女士）。我有幸參加錄影任導播工作。據說他曾經就學於美國茱利亞音樂學院，受過正式聲樂訓練。

反面第一款：

翻過來第一款也是一幅蘭花，屬名「麗卿」者，是王瑤卿先生的堂弟、姚玉芙的小舅子，較梅蘭芳稍早的一位青衣前輩。因 先伯與王家交好，故而王瑤卿先生託他落筆。蘭花為其所長！

反面第二款：

「像顯可徵，雖愚不惑；形潛莫睹，在智猶迷。」由余叔岩先生書寫。（編按：出自《聖教序》。）

余叔岩先生（一八九〇—一九四三）字第祺，湖北羅田人，余三勝之孫、余紫雲之子。自幼宗譚，初以「小小余三勝」藝名在天津演出，後正式拜在「譚」門下。以《打棍出箱》為名劇。譚故世後，成為傳人。後又為人尊為「余派」，以《問樵鬧府》、《盜宗卷》、《戰太平》、《定軍山》等劇為著名。

反面第三款：

為荀慧生先生畫的勁松、草亭、山水。

荀先生（一九二〇—一九六八）名詞，字秉彝，號留香，早年藝名白牡丹，河北東光人，四大名旦之一。原學梆子，出科後改習皮黃；是王瑤卿的弟子，並經楊小樓、余叔岩等人指導，以扮演天真、活潑、熱情少女見長。代表作有《全本玉堂春》、《大英傑烈》、《紅樓二尤》、《紅娘》、《金玉奴》、《荀灌娘》、《霍小玉》、《杜十娘》。人稱「荀派」。

反面第四款：

「人各有所好，物故無常宜。誰謂爾能舞，不如閒立時。」為程硯秋先生所書，特別是程先生用的「豔」字，為早期所用。「庚午夏日」算下來正是一九三〇年（民國十九年）！（編按：所書為唐・白居易〈鶴〉詩。）

程先生（一九〇四—一九五八）原名豔秋，字玉霜，滿族北京人。幼年從榮蝶仙學戲，後受教梅蘭芳、王瑤卿。四大名旦之一，人稱「程派」。根據他自己的特有音色，而創出種特別幽怨哀婉的念白與唱腔，他也編創許多新戲，如：《青霜淚》、《荒山淚》、《春閨夢》。程派在台灣影響力僅次於梅，代表人物除高華伯伯（早年台北市重慶南路國際照相館東家「老闆」）外，早期還有周長華、穎若館主，一九五一年以後來台的章遏雲女士，及後來她的學生古愛蓮、吳陸芳等。

反面第五款：

「天竹花葉」，為王蕙芳先生所繪。亦為一青衣前輩！

王蕙芳（一八九一—一九五四）字湘蒲，號若蘭，出生於北京梨園世家，幼從父親練功，後師事吳菱仙、朱霞芬、秦稚芬等人，曾和楊小樓、劉鴻聲、王鳳卿等名家合作演出，幼年因面貌俊秀、音色甜美，曾嘯傲舞台。民國初年與梅蘭芳一同師事陳德霖，嘗與梅蘭芳同台，時有「蘭蕙齊芳」之稱。他擅繪蘭草、喜愛珍禽。

反面第六款：

「秦會之人尊為聖相，韓平原人尊之為師王，二名可作對。」是姚玉芙先生筆墨。

（編按：出自清・梁紹壬《兩般秋雨盦隨筆》。）

姚先生（一八九六—一九六六）別號冷紅龕主人，是陳德霖六大弟子之一，梅蘭芳與楊小樓合組崇林社時，和劉硯芳共同擔任經理，亦曾任富連城社顧問。是李世芳的岳父。

反面第七款：

這款就特別的珍稀了，是梅蘭芳先生畫的「古佛」。按梅先生為人作畫多為梅花、蘭花，頂多也就是竹、石，古佛這類可屬稀少者也。

梅先生（一八九四—一九六二）名瀾，字畹華，江蘇泰州人，四大名旦之首，並為京劇代表人物！出身京劇世家：祖父梅巧玲（十三絕之一）；伯父梅雨田為一著名琴師，並為譚鑫培先生操琴多年；父親梅竹芬；外祖父楊隆壽先生，即富連成武生楊盛春之父。

梅先生曾拜陳德霖為師，青衣、花旦、刀馬旦，均為他擅長。與王瑤卿把三者表演藝術融唯一體，形成「花衫」。梅先生文武崑亂兼長、唱腔念白、舞蹈音樂、化妝梳妝各方面都不斷的創造改進，世人尊為「梅派」。二〇年代訪美國，榮獲贈與榮譽博士。代表作不勝枚舉，如：《霸王別姬》、《宇宙鋒》、《鳳還巢》、《奇雙會》、《貴妃醉酒》、《遊園驚夢》、《天女散花》等，無不扮像大方，唱腔華麗，連不懂戲劇的愚夫愚婦都能佇足欣賞。

反面第八款：

「構仁智以棲神，玉樓千仞，鄙崑閬之非奇。落月低於桂筵，流星起於珠樹。」為時慧寶先生墨寶。（編按：原文出自唐太宗〈晉祠銘〉。）

時慧寶先生（一八八一—一九四三），字炳文，號智儂。時小福先生之子，習老生，為孫菊仙老生傳人，不拘泥規範，故時人稱為「名士派」。曾與王鳳卿、余叔岩並稱「青年老生三傑」！光緒年間熱心京劇改良，《戲迷傳》一劇，不但自拉自唱，還當場書寫大字，博得觀眾喝采！書法宗魏碑和黃庭堅，筆力遒勁，為梨園界書法家。先生以孫派起家，兼採別家。長期在上海演唱，具有南派風格。擅長劇目有《上天台》、《逍遙津》、《柴桑口》、《硃砂痣》、《馬鞍山》、《戲迷傳》等。

此扇雖名貴，但在暑夏從不離　先伯之手。使用多年，紙張難免殘舊，然無損其質。

先伯於一九五四年過世，此扇仍由繼大伯母（汝惟女士）收藏。及至大伯母駕返瑤池，因無所嗣，族人收拾遺物方將此扇贈與其義女（照顧二老多年）、吾輩兄姐稱楊三姐者保存。越十數年三姐又亡，現為其子擁有。諸家人告誡再三：此物價值匪淺，萬不可因貪戀金錢，而易物出手。雖敝帚自珍，但今有此電子影印技術，仍不免野人獻曝就教於方家。

此扇固可由眾戲曲名伶親繪、題贈　先伯丹庭先生，而價值連城。然其歷史意義更在：凸顯平日流傳於昔日市井：「為戲子者均無知無識，大字不認得幾個」之穢名，殊不知昔日一位在舞台上為人所欣賞的偶像人物，閒暇之時亦必自修自增其他學識、藝術修養。

＊珈按：本文參考《戲曲曲藝辭典》、《齊如山文選》（台灣出版）、《京劇伶人傳記》（台灣商業出版社），及今在京、在台的京劇前輩指正，並經編輯孟人玉小姐補足詩詞出處，在此一併感謝！

來台之後的親情溫暖——記八叔一家

在我成長的歲月裡，除了父母外，八叔、八嬸是呵護我最多、關心我最親的血緣長輩。一九四八年隨父母東渡來台，雖然那年我只有四歲，但是已感到陌生環境諸多的不習慣。譬如在北京，我們是大家庭，親戚多、傭人多，到了這兒什麼都沒有了！經常來往的幾家朋友，也就是張九爺、吳伯母、杜乾爹和本地的鄒家，他們差不多都是父親在東北的老同事、老長官，按於當時局勢、政治形態，他們這一群人是不太適合曝光太多，而我們家那段日子好像就依附著張九爺過生活。

張家的日常生活也很奇怪，九爺每天起的倒是很早，吃完早餐，唸一兩小時英文就出去！九太太不到中午，她不會起床。起床後有杜乾媽照顧著她盥洗、化妝，下午兩點多出房門時，也是她一天的開始。五點多陸續有些他們的朋友來訪，九太太熱情地招呼他們：好茶好酒奉上。不一會兒，這些客人都坐下來摸麻將或推牌九。八九點才開晚飯，母親就負責指導台籍小女工燒菜。夜晚照例還有一頓宵夜，我和杜姐姐通常吃完晚餐，我們就睡覺，所以從來不知九爺何時回家，他們夫婦會見面嗎？不過最好奇的是：他們家怎麼有這麼多客人！直到有一天半夜我被警察吵醒，張家才不再夜夜「夜宴」，九爺晚上也會和杜乾爹、父親聊聊天。

過了不久，鄒伯伯就安排我們住到他的製作紙盒工廠裡，父親也在他的食品行上班！吳伯伯靠著下圍棋也找到工作，只有杜乾爹還是靠張家過日子。而張家的日子看得出來越來越緊，母親三不五時燒些拿手小菜，送去給九太太打打牙祭。搬到工廠以後，日子由絢爛歸於平淡。父親中飯是趁工人們去店裡午餐之便，帶一個便當送去，晚上倒是可以回來享用。雖然日子很苦，但一家人在工人散去後，借用工作桌，品嚐母親做的清茶淡飯，也覺得美味的很……

記得有一天晚飯後，母親為我換了一套出客衣服，一家人浩浩蕩蕩去看台灣唯一的親戚——一九四九年一月，我第一次拜見八叔八嬸。他們家不同於我熟悉的張家，他們家雖然也是日本式的房子，但是好小、好小，只有小小的三間，餐廳還是後廊子接出來的。他們家也沒有女傭，八嬸雖然也穿和吳伯母、杜乾媽一式的旗袍，但布料、花樣卻差了很多。他們家有兩位與我同齡的女孩及一位大哥哥。八叔雖然慈眉善目，但他不同於父親的朋友們，他好像有一股懾人的正氣，和我在北京的六伯伯非常神似。八叔、八嬸看見父母非常歡喜，母親也脫去多日來「虛偽應酬外衣」，跟在北京一樣閒話家常，我可以看得出來大人們有多快樂！

以後的歲月裡，八叔、八嬸常常在晚餐後到工廠來訪，和父母聊聊天，大概是當時彼此間最好的消遣。日子一天一天地過去，我們姐妹們都上小學，我和吳海一起進入女師附小，表姐志蓉（乳名妹妹）、表妹志明（乳名娃娃）唸國民小學。直到大概小二吧，學校教授寫信，每一個人都要寫一封信給表姐（哥），我才正式地與她們姐妹交往，一定是血濃於水，我們很快地就變成好朋友，而且幾十年來從來沒不愉快過。我們愈長愈大，大人們也放心我們自己搭公車互訪，到劉家的次數愈多，也就愈瞭解劉家。

他們家是真的與張家、杜家不同，八叔是父親的嫡親姑媽的兒子，自幼生在一個書香傳家的家庭。刻苦讀書，北京師大附中畢業後，考入交通大學卒業立即分發交通單位工作，從最基層辦事員開始，一步一腳印往上爬。隨著政府一路從南京、成都、廣州、香港，到台灣時已經官拜省公路局業務處科長。八叔為人一如他治學，嚴謹、慎重，公務員的薪津雖足以養家，但絕談不上寬裕。八叔在業務處可以稱為「肥缺」，他一點都不動心，公路局當年有名的「黃豆案」，多少同仁因而捲入，八叔則不動如山！即使有一年全國公務員無年終獎金，家無餘糧，八嬸巧婦難為無米之炊，只燉了一鍋紅燒肉，讓全家解解饞，就算過年了！八叔都不曾貪取一絲一毫非分之物。

相反的，八叔對工作卻非常認真賣力，他雖然準時上、下班，但是常常帶公事回家「加班」。我在劉家打攪的時候，晚飯後八叔帶著我們三人各據一方，我們作功課，八叔則埋首批閱公文。有一次，妹妹的鉛筆用完了，想要用八叔公家的筆，我那守正不阿八叔二話不說，就把她罵了一頓！其實八叔是很疼愛子女的，記得有一回八叔出差回來，就拿出一些學用品，分給我們。那天我有幸也沾光，回家母親就說：「這是妳八叔在外面省吃儉用才買回來的，妳怎麼可以分一杯羹！」

小學四年級，我家搬到離劉家近在咫尺的晉江街，我去八叔家的機會也就更多了。我們姐妹三人也一起吃、玩、作功課，甚至同榻而眠，八嬸和母親親如姐妹，所以我們兩家之間一點距離都沒有。我也習慣了安貧樂道的日子，更享受著兄友弟恭、家庭和樂的歡喜。

在劉家最盼望的時刻，莫過於新年假期，因為八叔生日是大年正月初三，按照北京習俗吃大滷麵、吃春餅，晚飯後八叔帶著我們孩子們一起放花炮，有時候大我們十幾歲的王二哥和陳大姐一家也加入。放完炮，大夥還圍著一個大海碗擲骰子！大人孩子們盡情嬉鬧直達深夜。通常那夜我是住在劉家，但第二天（初四）一切就大不同了，吃完早餐就催著我回家，他們三兄妹就恢復往常日規！

十年、二十年過去，志哥軍校畢業，派到美國受訓，我們家也買了自己的房子，我們三姐妹分別進入大專院校。父親在他酷愛的「國劇評論界」終於闖出了一片天地，在大台北生活圈也算得小有名氣，工作亦轉任鐘錶貿易公司，也可以朝九晚五。吳伯伯以日本大學畢業生找到很好的工作；吳伯母長袖善舞，打牌、應酬，搬東牆遷西牆，買賣自用房屋，日子過得很好，她和母親依然是非常好的好朋友。父親常常有國劇戲票，吳伯母、劉八叔總是第一優先享用。父親每次拿戲單請八叔挑選時，不知羨慕死多少同室戲迷呢！

杜乾爹、張九爺兩家就沒這麼幸運，杜家兩口子離婚，乾爹一度吃飯都成問題，最後在一律師事務所做些抄寫工作。張家最困難時隨著女兒去了香港，幾年後找到翻譯工作，蝸居台中。只有八叔一家平平安安，吃公務員糧餉、住公家宿舍。八叔一輩子不求人，唯一次打電話給父親請求幫助，是為了志哥在南部，因公積勞成疾、胃大量出血，送回台北空軍總醫院，並未得到很好的照顧，才由父親請託空軍總部醫務處處長李旭初伯伯費心，指示醫官詳加檢查才起死回生。在八叔來說，好像欠了多大的恩情，其實多年來，八叔家對我們家的付出，豈是可用「打個電話請李伯伯出面」這事較量？我小時候八叔配給一個分期付款電扇，八叔立即將此物轉給我們，每月由八叔薪水裡扣，父親總是要特別記得：給八叔送錢去。印象最深刻的是，某一個天氣酷熱的五月午後，八叔抱著一個電扇，利用午休時間，走了好遠的路程，送到我們家不及休息，又趕回去上班。「電鍋」開始用時，八叔、八嬸也是先借給我們試用，母親覺得不錯，家裡才添置。諸如此類太多太多了！

我們學校畢業以後，我選擇就業；娃娃和因病退役的志哥連袂赴美攻讀，妹妹也留在台北，承歡膝下。我開始在國泰人壽工作，八叔並沒有說好，或說不好，只有在我發年終獎金時，替我高興、替父母減輕負擔而高興。後來我轉到中視，八叔、八嬸更不曾表示過什麼，據我猜想：八叔是不會喜歡我這種工作的。第一，和藝人們一起工作、生活，這對八叔來說，是一件匪夷所思的事；第二，工作時間不定、日夜晨昏顛倒，對一個女孩兒更為不宜。但我們家一直在興頭上，八叔也就不說什麼了！當時他們家也有一些煩惱事，譬如志蓉（乳名妹妹）的婚姻。八嬸不愉快時，就跑來找母親聊聊天、吐吐氣，但這時大家環境已非昔日窘困，每次八嬸來總要帶點好吃的菜餚：蔥燒排骨、紅燒肘子、粉蒸肉都是八嬸拿手菜，有時也拿志明他們寄來的舶來貨與我們分享。大概一九七三年左右，八嬸因為三酸甘油酯、膽固醇過高，引起心臟病發。志明他們覺得把父母放在萬里之外，是一件非常危險的事，也就一再提出請八叔、八嬸移民美國。起初八叔是非常不願意的，有一次在我們家還為了去不去美國，與來訪的吳伯母爭辯。第一次旅美歸來，即向父母抱怨：「一星期看不到人，只有到了禮拜天他們（志哥夫婦）開車去7-11，買一些青菜呀、日常生活用品，真是不方便！您八妹她喜歡美國，我還是喜歡待在台北，拜拜佛、聽聽戲多好!!」我母親總是勸他接受孩子們的一番心意。

一九七六年九月我結婚，談起我的戀愛、感情生涯，也著實讓八叔及好幾位長輩，陪著我父母傷透了腦筋。起初我還真擔心演過《秦始皇》的郎雄，不被他們接受，結果不知是郎雄的演技太好了，還是老實、憨厚的他，真矇騙這幾位大人的心！我們去看八叔時，八叔和他談「六祖慧能及虛雲法師」，郎雄大概剛演完一部《六祖》電影，所以也能胡言亂語瞎謅一陣。那天以後，八叔就更看重這位好心收留他表姪女的北方漢子了。我結婚後沒多久，志明回來一次，我在家請她吃飯，四位長輩同在，雖然是家常菜，但是歡樂的時刻永留記憶。

一九七八年，八叔八嬸終於移民了！父母在送走吳伯伯、吳伯母之後，再一次更顯得形單影隻，接著父親生病，一九八三年終於客死台灣。翌年，張九爺車禍不治，九太太傷慟之餘，亦隨子孫移民美國。不久張家母子二人，連續因病蒙主恩召。鄒家第二代，老大、老四相繼凋零後，鄒伯母也在九〇年代初，西去禮佛。吳家二老也是歷經吳海與長孫英年早逝，悲痛過度，溘然謝世。母親歷經了這些變故，身體愈來愈差，在她九十歲以後就天天盼大去。雖然這時兩岸已能通信、通話，甚至一九九五年以後，我每年都回一趟北京。禿哥等家人平安的消息，三不五時我都報導給她，但她也總是淡淡一笑，我知道她懷念的仍然是東北和台北早期那段苦中作樂的日子。禿哥是她最愛的子姪，到台灣就移情到志哥身上。所以每次接到八叔的信，母親總要問：「有沒有提到志信身體怎樣了？他可不能累，那麼大的人只剩那麼點兒的胃，現在又有妻、兒、老小，他好辛苦呀！」母親對志明的創業成功非常欣喜，她都認為是八叔教育有方，八叔每次來信常會附幾張照片，母親仔細端詳、好好保存。八叔旅美以後，似乎也融入美國生活，特別是遷居西雅圖，住宿老人公寓、讀英文、唸佛經、寫文章、出書。誠如志明所言：「他快樂得不得了！」

八叔禮佛日久，研習甚深，在台退休後，一度在一佛學出版社當編輯義工，那是他輩子最希求的退休生活。到美國後發行好幾本著作，那才是見真章。讀宗教系的小女，在交「佛學概論」報告時，不免參考八外公的宏論，獲得高分。指導老師是一位女尼，她就問小女是何處覓得此一文章？小女俱實以告：「作者為舍下近親。」女法師驚呼：「妳家有福報！阿彌陀佛！阿彌陀佛！」小女則默念：「萬福聖母瑪麗亞，我能平安過關！」我將此事報告八叔，老人家愛屋及烏寄了大量書籍，可惜小女只修初級佛學，無法窺視堂奧之妙。兩三年前我在《大雅》寫些有關戲曲的短文，偶有談及北京包家的家世、家人，八叔對兒時親戚相聚，特別思念。去年（一九九九）北京禿哥整理舊相片，特別給八叔寄去，八叔高興得很！這也是我們能為老人家最後做的事。我那次還與八叔通電話聊了好久！

二〇〇〇年全世界不景氣，台灣更加一等，我隨時都在「失業的危機」下生存，再加上一家四口三人生病，實在壓得我喘不過氣，近來也就疏於問安，甚至七月為銀行瑣事赴舊金山、洛杉磯匆匆而歸，未撥冗、繞道探視八叔、八嬸，誰知竟造成不可彌補的遺憾！

嘆！人生無常，憶：昔日承歡膝下。

悲！長者驟逝，願：溫文、慈愛永照後輩。

身在電視界的黃金歲月

①②
③④

① 《海燕》出外景在公司車旁。
② 1976年亞太電視大會參觀中視。左立一為當時中視總經理董彭年先生，戴耳機者為名導播白國嘉。
③ 1972金門拍《海燕》。前排左起：攝影助理小陳、攝影師劉國林（拍《戰國風雲》時心臟病發殉職）、製作人姜龍召、金滔、導播史俊明、美術指導連錦源、製作助理白仁貴。後排左起第六位穿淺色外套者為助理導播包珈、藍毓莉，右起第五位張俐敏。
④ 後排左一拿手提包者為白仁貴、前排左二起邵曉鈴、史俊明、張俐敏、藍毓莉，最右站立淺色外套者為包珈。

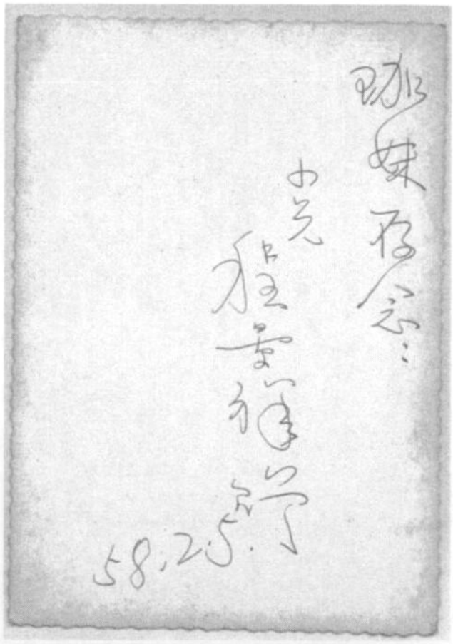

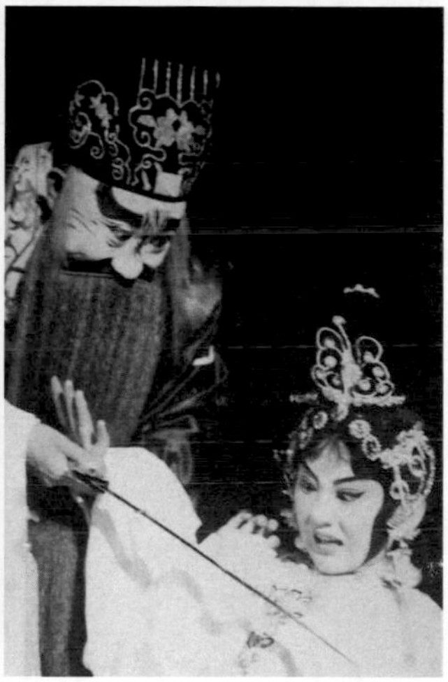

①②
③④

①、② 程景祥贈與包珈的照片，背面手書：「珈妹存念：小兄程景祥贈。58.2.5（1969年2月5日）」。

③ 嚴潤華、孫元彬婚體。

④ 孫元坡、徐露演出《紅梅閣》。

①
②

① 前坐左起史文華、劉鳴寶、王永春、朱少龍、朱夫人、孫元坡。後立左起秦德海、文正齋、馬榮祥、蔡松春、董俊、孫克雲、陳元正、郭同永、嚴莉華、李澤浩、朱錦榮。

② 京戲大花臉孫元坡應邀參與李天祿80大壽，與李天祿談合作並與李天祿女洋徒弟合影。合作「外江布袋戲」事，後來並未成真。（攝於1988年12月31日，延平北路陳悅記祖厝。）

①
②|③

① 前排左起孫元坡、楊秋玲、嚴莉華、馬元亮。後排左起張宏達、袁國林、李嘉林（楊秋玲的先生）孫元意、旁（武淨，姓名不詳）、朱錦榮。
② 包珈、史俊明合影。
③ 包珈與綜藝教父黃義雄合影。

①②
③④

① 歡送李鼎倫回香港。前排左起李渝、李花崗、李鼎倫、劉應鐘、李蓉蓉。後排左起白國嘉、張玲惠、黃蕊、宋秀蘭、謝蔓莉。
② 小帥梁，我以此文「讀你」——憶梁弘志。
③ 左起梁弘志、郎雄、張詠詠、蔣維民、李哲修神父、饒志誠神父。野聲宣道團為天主教「福傳」。
④ 左起蔣維民、包珈、蔣媽媽、王世綱、王淑娟，攝於包珈寓中，牆上掛著郎雄《推手》海報。

①|②
③

① 廣播電視工作30年獲新聞局頒贈資深人員代表。

② 前排左起：洪濤、唐冀、岱明。後排左起：金永祥、鐵孟秋、邵曉鈴、劉引商、吳風、郎雄、王昌熾、朱磊、劉明。

③ 後排左起黃永光、張國棟、高振鵬、許玉蘭、孟元、王昌熾、張素珠（化妝師）、朱磊。前排左起劉明、關毅、魏先生、陳慧樓、佚名、郎雄、吳桓（編劇、導演、演員，也是《昨夜星辰》的編劇）。

①
②

① 前排左起洪濤、趙玉崗（編劇）、周瓊雪、孫景瑎、金永祥、陳慧樓、王瑞、劉明、涂台鳳、郎雄。後排左起丁國勝（打領帶者）、張國棟、于家安、王昌熾、沈毓立導演、張仕玉、余秉中導播。

② 後排左起陳協富（中視職員）、高振鵬、張永華、劉引商、邱淑宜、包珈、鄧容禎（中視職員）；前排左起易虹、李景光、馬之秦、李慧慧（第一部連續劇《晶晶》女主角）、張國棟。

①
②

① 黃仲崑和包珈合影（2019年街頭偶遇）。
② 甄秀珍、張晨光、郎雄《情在天涯》拍攝現場。

皇親貴冑　雋逸儒雅
台灣第一位電視國劇導播——惠群先生

一九四八年我年方四歲隨父母來台，年紀雖小但輩分不低。很多同齡小朋友稱叔叔、阿姨者，我卻叫哥哥、姐姐。譬如本文主角惠先生夫婦長我二十歲，我直呼直令叫了他們五十多年「惠大哥、惠大嫂」，他們亦客氣地尊稱　先父為「老伯」。其原因無它，因為我們兩家是世交。

惠大哥的父親惠公孝同先生與　先父在東北時代同事，惠伯伯不僅是一位古玩鑑賞收藏家，年輕時就因家學淵源，精於書畫，曾參加「湖社畫會」，他們那個團體還要排「字、號」，惠伯伯取名「惠石湖」。勝利後，惠大哥的叔叔又再次與　先父在北京財政局同事。惠大哥自中學時代就與小他一歲的四家兄包玫交往甚密；他們並不是同校同學，而是因為少年時代，參加北平廣播電台主辦的「京劇學會」，先由雷喜福先生給他們這群青少年啟蒙，學了幾齣戲以後，就由周正榮先生的師傅陳秀華老師繼續教導，一直到高中畢業，家兄赴天津讀南開大學，才只能在寒暑假再相聚。彼時北京流行「扮戲粧、穿行頭」照相；有一天他們哥倆兒就在老師指導下，拍了一張「家兄扮四郎、惠大哥演六郎」的相片，過過乾癮。可惜物換星移，兩家都找不到這張寶貝的寫真集了，是為之憾！

雖然是世交，但在那個時代惠大哥的家世，比我們包家高太多了，他們府上是屬「清朝、滿族、正紅旗的皇親國戚」，姓伊爾根覺羅，「覺羅」是滿文皇室宗親之意。惠大哥的曾祖父誠勳公曾在承德講學威名遠播，連熱河法政學堂的官師都來交流相互研討（法政學堂是光緒年間培養官員的名校）。祖父耆齡公在同、光、宣三代任職內務府，光緒年間升任內務府總理大臣。惠大哥的母親唐梅太夫人又是珍妃、瑾妃（光緒帝大行後封為端康皇太妃）的嫡親姪女。故名美食作家唐魯孫先生為惠大哥之表兄，前國大代表、有「國大之花」之稱的唐舜君女士是惠大哥的五姨，而他嫡親的十姨唐石霞女士是由瑾妃作主，許配溥傑的原配夫人。後來滿州國時代困於日本軍方的淫威，不得以才將這位十姨除名，改娶日籍女子嵯峨浩為妻。一九四五年以後，唐石霞女士遷居香港，直到溥傑得到平反回到北京，夫妻才再有聯絡。但是她一直和台灣的親戚三不五時魚雁往返。

惠大哥學名伊涵，藝名「群」，所以一般觀（聽）眾只知道「惠群導播」、「惠群主持」，只有親朋好友才稱他「惠伊涵」。他是土生土長的北京人，老宅在東城無量大人胡同（也有說法是「馬大人胡同」），前後三進的大宅門。生於一九二五年陰曆九月初八，中小學都是在北京育英唸的，台北相聲名師吳兆南先生是他中、小學同座位同學，大學遵父命進了華北大學主修政治系，名表演藝術家高明與他大學同班。枯燥的政論法制實非惠大哥所好，雖然拿到畢業證書，但唸得「實在食之無味，棄之可惜。」所以他自己常說這輩子最大的遺憾，就是小時候沒進富連成！

一九四九年惠大哥與戲曲學校畢業生、青衣名旦，他的新婚夫人趙玉菁女士，比翼雙飛來到台北。不多時，憑著一口標準京味國語、優美的音色，就考進中廣公司。開始當然從「讀稿播音員」做起，在周長華先生過世後，長官發現惠大哥對國劇腹笥淵博、能拉會唱，即請他負責國劇節目。而在這時，惠大嫂也因姜淑雲女士嫁羅紹蔭大隊長而辭班，大鵬沒有正工青衣的情形下，加入空軍藝工大隊。先父緝庭公也正好在《華報》寫劇評，惠大哥偶有工作上的小問題，就會問卷於「老伯」。惠大嫂沾了「惠家少奶奶」的光，先父筆下當然也是「上天言好事，回宮降吉祥。」每年過年一定是儷影雙雙來舍下拜年，由於惠大嫂真的努力以赴，成為大鵬台柱女主角，王老虎任空軍總司令特別安排臨沂街的宿舍，讓他們居有定所。由於惠大哥在中廣收聽率很高，深得聽眾好評，名聲大噪，引起警察廣播電台高薪挖角，而中廣那時上有李荊蓀副總、楊執信主任指導，並培養出宋丹昂等，加上主播徐謙女士常拿出老太爺徐炎之先生和夫家蔣倬民先生私藏名貴唱片播出，惠大哥的離去並沒造成很大的波瀾。

那段時間他們小夫妻倆，真是快樂得不得了！惠大哥去了警廣後更加如鳥翔空，因為長官挺他、聽眾喜他，節目也愈做愈活；他不但播放好聽的戲碼，還導逃這戲「好聽的地方」在哪裡——他不僅在引導聽眾聽戲，還教育聽眾怎麼聽戲。就如同音樂老師不只教學生唱歌，還應該給他們講樂理。不過談到音樂，惠大哥在警廣曾經出了一次大洋相。事情是這樣的：那時候在警廣，節目人員也要幫同事兼做工程音控工作，有一次羅蘭女士在節目播放一曲交響樂，精研國劇的惠大哥一點都不懂西樂，怎麼辦呢？他就按照規定，看「Audio聲控表」來調整聲音的大小。沒想到下了節目，羅蘭女士氣得不得了：「哎呀！你怎麼搞的，該強音的時候播出小得不得了，該弱音的時候你又加音量。你聽過交響樂沒有？」其實惠大哥少年時代除了迷戲劇外，他還喜歡玩機器；家裡的收音機、鬧鐘、小家電，無一倖免都被他和姐姐拆卸、再拼裝回去。有一次不小心，他就把姐姐給電到，嚇得他不得了！

他在警廣主持國劇，開了幾個先例。譬如說前面談的說戲、評戲，他還常邀請一些名伶、名票來電台錄音、訪問，甚至用聊天方式談戲。還有一次膽大包天的行為是：有一位朋友從香港帶來了一卷杜近芳的《全本白蛇傳》，朋友問他敢不敢播出？他說：「你拿來，我就播。」好了！這麼一來台灣的聽眾可有耳福了，於是乎各台都相仿效尤，《大八義圖》、《野豬林》、全本的《群英會》、《將相和》、《除三害》、甚至《紅梅閣》、《玉簪計》……好多老戲都一一登台（不過他們很聰明的不報演員姓名，只稱梅派青衣或裘派花臉）。這下子可害苦了「老伯」——因為一向好學的孫元坡，就第一個跑到舍下找他「包大爺」，研究當初老師教授的身段、作工，還搬著好重好重的大錄音機，聽戲詞、編纂劇本。有的對岸藝人唸了白字， 先父還翻字典校正。大鵬劇團隨之推出了一連串叫好叫座的戲碼，孫二哥本來就是老虎將軍的愛將，這樣一來就更加紅火了。

惠大哥此後在廣播界亦愈來愈有名望，警政署成立「民防電台」特別調派他去當主管的工作。當時招考了許多新人如李聖文、熊湘泉（多年後在台視反而成為他的上司），這是一九六〇年左右的事，彼時台灣電視業已經在默默地鋤地翻土了，求新求變的惠大哥就直接和署長談條件：「我現在怎麼辛苦都是應該的，我會盡其所能。但是有一天電視台成立，我要走，您可別攔阻我！」於是一九六一年台視公司籌劃期間，他就在關慕愚先生的保薦下，成為第一批導播培訓人員，台視也為他們這群新兵加強入伍集訓，請了日本ＮＨＫ和富士電視台資深專業節目、工程、新聞、甚至業務人員，來給他們上課。那時候能進電視台真是「人人有來頭，各個有看頭。」新聞播報方面有大官的子弟，但是也得是新聞系畢業生，如梁興國；或是廣播老兵，如潘啟元。攝影師須真的會用機器、能拍出美麗畫面，如莊靈、余如季。節目部導播很多是電影或舞台劇導演轉行，如趙振秋。而惠大哥呢？他早已是廣播界的明星，又懂得工程機器，小時在北京唸過日文，很容易跟日籍老師溝通，偶爾他還幫同學（事）翻譯呢！

電視台草創時代一個棚只有兩部攝影機，而且還要轉換鏡頭。所以一個當導播的不但要指揮攝影師鏡頭取得準，還要替攝影師算好：「他由『寬鏡』轉變成『特寫』搬動鏡頭及對準焦距的時間，還不能耽誤下一個鏡頭取鏡的時間。」一般來說我們都是導演（戲劇指導）先排戲，讓演員先知道哪句詞、走到哪個地位，然後請導播、攝影師、燈光師、音訊師看戲。導播也就在這時分鏡，按照一般導播組的規矩都是三人一組。但是台視當時沒有「助理導播」這個編制；如果導播有需要，就從節目製作費開支。助理導播其實是非常重要的，因為導播不可能一下子把所有地位、台詞及分鏡表，都記載在腦袋裡，必須要有一位助理在每一句、每一個動作之前，先提示並透過耳機讓棚內的攝影師和同在副控室的燈光、音訊、音效早作準備。助導是臨時人員就傳出很多八卦（後來中視就把助導納入編制）。台視開播後，惠大哥專任國劇節目導播，每星期六播出。由於他對京劇太熟悉了，他既不請工程組來看排，更不請助導，還自己疊印字卡。什麼戲他都現場Cue！即使演員出了錯，他都能運用鏡頭立刻掩飾過去，輕輕鬆鬆就播出！

因為當時播出國劇節目時，總統　蔣公每週必要觀賞，所以總經理周天翔先生也就督促惠大哥組織了「國劇研究社」，招募了許多軍中和民間的一等藝人，簽為基本演員，還發展電視佈景戲（這點倒不是很成功的，京劇講究的到底是抽象藝術）。台視第一次攝影棚改建後，就有了舞台及觀眾席，攝影機也增加為三部，而且不必再換鏡頭，可以直接Zoom In、Zoom Out方便了不少。何況他把二號機架在二樓，很多團體舞蹈或武打大場面都可以用Top Shot來拍攝，更豐富了畫面的美感。也因為有了觀眾席，每週六台視攝影棚也成了達官貴人聚會的場所，更是周總經理作公關最佳的招待所。惠大哥在台視的地位越來越受長官重視，國劇社預算也越來越多，不僅再次簽下國寶級戴綺霞、章遏雲，還有當紅的徐露，更加強劇本的編纂、研修。當時除了申克常、李浮生及　先父為特約按件計酬，另禮聘王元富、敖鳳翔、邵鳴皋幾位為專案總幹事。因而《八本雁門關》、《贈綈袍》等失傳老戲一一呈獻給廣大的觀眾。

惠大哥對電視觀眾最大的貢獻，應屬他創立了字幕。台視開播後，所有節目都是現場播出，難免有的演員緊張忘詞或臨場改詞，所以沒有字幕制度。但是國劇一句慢板唱了幾分鐘，或是一段快板、跺板「西哩花啦」就唱完了！不是每一位觀眾都能聽得懂的，有觀眾來信希望先在《電視週刊》登錄戲詞。聰明又處處為觀眾著想的惠導播認為：「與其先記載在週刊上，為什麼不乾脆疊印在電視畫面上？」於是他在副控又多了一個大包袱，人只有兩隻手，實在忙不過來，才請別人專打字幕。開始時聽得懂的、反應不夠跟不上。反應快的、又常常聽不懂。（特別是演員出錯時，看著劇本都找不到他們唱到哪裡了！）幾經換人後，由小大鵬出身名老旦拜慈靄接任，一直工作到她去美國為止。老拜不但字幕打得好，行政辦事公關能力也極強，真幫了惠大哥很多忙。由於國劇節目加了字幕反應很好，盲啞協會希望一般的電視劇也加上字幕，以利聾啞同胞看電視的權益。現在所有的節目都有字幕！

惠大哥進台視沒多久，惠大嫂也就離開大鵬，搬到永吉路。有一天大颱風雨水過膝，一般公務員可以休颱風假，但我們大眾傳播業可沒那清福好享！於是惠大哥就穿著一條短褲、雨靴、雨衣、頭頂著一個鋁盆、盆底下頭上還頂著用塑膠袋包好的乾衣服，一步一步蹚著水，到公司才換上乾淨的衣服，沒帶鞋子，就打赤腳上了一天班。後來朋友說：「恭喜呀！你們住在永吉路就是永遠吉祥。」惠大嫂則答覆：「什麼永遠吉祥，永遠著急！」以致於後來我進中視，母親找房子一定要離公司越近越好。

我進中視前後，惠大哥特別讓我到副控去見習了幾次。哇！惠大哥段術之高，對板眼拿捏尺寸之準，真是比內行還內行。日後我作戲曲節目，也學會了胡琴過門、開打武戲，絕對不可以用我們作「綜藝、歌唱」方式前奏、間奏、尾奏都用碼表計算秒數。一定要用耳朵聽、用心靈來反應，才能抓住那個「跳鏡頭」的準頭。

惠大哥在台視早期是非常快樂的，後來長官一換再換，像他這種韓信、張良之輩，當然無法容身於新朝，有一次新總經理下條子：叫他錄某坤伶的某劇，因為他覺得那根本不是他所認識的京劇！他就請假，由首席電視劇導播代理。這下大家都慘了，看排就看了好幾天，彼此又求好心切，還用機器排練（Camera Rehearsal），把所有的文武場、演員和工作人員都累得半死。到正式錄影的時候，又卡接來、卡接去（那時候電視台用2吋帶錄影，還沒有剪接過帶），一齣戲錄了十二個小時。後來他們講給惠大哥聽的時候，他也就淡淡的一笑。過了沒多久惠大哥就請辭「提前退休」，國劇導播的工作由比他稍微資淺一點點的廖煥之導播接任，廖導由於長期在惠大哥的薰陶下，又是北平人，傘兵出身對京劇亦頗有心得，再加上一些老藝人、老朋友如李明德導演在旁協助，錄製的頗有「惠派」精髓。後來科技越來越進步，國劇也加進電視特技，譬如說《烏盆計》就把老生Key在盆裡。後來我和曾慶普錄葉復潤的戲，我們也試用過。

惠大哥在離開台視前後，就常聽說他們夫婦雖然生了兩個可愛的兒子，但是個性差異夫妻感情常出現齟齬，有一天就真辦了手續！但是沒有對外公開、兩口子還住在一個屋簷下，直到一九八三年某日，惠大哥很鄭重地向惠大嫂說：他真的要搬出去，預備和張素貞小姐結婚。惠大嫂趙玉菁女士於是帶著兩個孩子遠走美國。就在那年， 先父中風住院，有一個晚上惠大哥和一位朋友去醫院探視，但時間已過了，空總衛兵先生不讓他們進去。沒兩三天 先父就溘然長逝。而出殯的那一天，未見到惠家兄嫂來祭拜，我不免覺得怪異；後來孫二哥特別告訴我這件事，我也因瞭解「白不見紅」的規矩而釋然。過了一陣子，聽說婚後的惠大哥應中廣時代老友毛威之邀，去新加坡電視台發展。過了幾年又回台北，再次憑著他的京片子，在大學教授外籍學生語文。 先父過逝後，我們哥倆就很少見面。最後一次是孫二哥娶兒媳婦，我們同桌。他老雖老了一點，但是仍然風度翩翩、風采依舊。那天我向他報告在大陸四家兄的近況，而且還問他是否願意和家兄通信？他當時就很大方的找了一個酒瓶盒子，寫下他信義路的地址。據家兄告訴我：他們分別五十幾年，再通魚雁，確實是人生一大樂也！

又過了一兩年，我在國家劇院錄影，遠遠地見到惠大嫂趙玉菁女士，她坐在第二排。休息時我又有公事在身，沒來得及打招呼。當年青春貌美的第一女主角，也已然是銀髮一族了！

最近朱錦榮告訴我，惠大哥將於九月二十五出殯的消息，震驚之餘，立刻求證於孫二哥。次日賈姐來電，我就自告奮勇地表示我要寫一篇紀念的文字。賈姐立即邀約新寡的張素貞女士，詳述了一些我所不知的事項；並且告訴我前惠大嫂的近況，還有惠大哥病了以後他們相處的情形，以及她為惠大哥兩位公子寄錄影帶、父子先團聚。後來惠大嫂也寬恕了惠大哥年輕氣盛時的一些瑣事，更接納了她，待她就如同另一個孩子，彼此相處得像一家人一樣。最重要的是，惠大哥在生病以後，忽然感覺人生苦短，在燈油滅盡之前，一定要找到一個宗教信仰。她正好有一基督教浸信會的好友，於是乎這位姐妹就安排一些弟兄姐妹到病房唱詩、禱告，並請牧師為惠大哥講解《聖經》。最後病人接受了洗禮，臨終聖事於二〇〇四年九月十二日晚上十一點四十三分榮歸天家。

＊珈按：這篇文稿二〇〇四年十月在《大雅》雜誌刊登後，我忽然接到一封由雜誌社轉來的香港來信。原來是惠大哥在港親弟弟惠伊深先生寫給我的，內容詳述惠大哥他們兄弟分手多年，在港相會往事。以及惠府在北平易主時，他們家發生的點點滴滴。後來我也和這位惠二哥通了幾封信函。

一代名導演——唐冀

一九七〇年我剛進中視時，父親一日告訴我他新認識了一位導演唐冀先生。是中視的新貴、戲劇界的當朝顯要，叫我見面時應以禮視之！

工作的關係，和導演接觸機會愈來愈多了，我也隨著一般年輕同事稱他「爸爸唐」；他們四十歲左右的「老先生」、「老太太」（周仲廉、關毅），則戲稱他為「泡泡糖」或「導演」；公司上下幾乎沒有人直呼其名的。那時候二十幾歲的我這個小姑娘覺得：他好老呦！但是好有威嚴呀！公司一級的戲劇節目《長白山上》、《萬古流芳》、《心橋》才能由他執導。我那時在做《金曲獎》、《歡樂假期》、《家家唱》綜藝節目的助理導播，工作上是和他沾不上邊的。但是我很好學、常常利用餘暇到別的Team去偷學前輩的戲劇工作經驗。旁觀了好幾個劇組，就以一個學徒的身分感覺「導演」一職，就是該像爸爸唐這樣，像一個老師、一個指揮官、一個刑警、一座貫通兩山間的大橋。他的嗓門不大，但是每一個人都須專心聽從他的指派。任何人做的不合他的理想，他就會一而再、再而三地教導，很有耐心地、很細膩地指導很細微的動作。他很會講戲，常常會和一些沒有慧根的「棒槌花瓶」（漂亮臉蛋笨頭腦）解釋劇中人內心是怎麼想的，甚至ＯＳ（畫外音）是什麼意思。一個眼神、一個腳步，他都不會疏忽。他不罵人，只要用眼睛瞪你一下，就夠你難過很久了！他不會讓製作人花不該花的錢，傷不該傷的腦筋。他非常有權威地指揮全場的演職員，也很客氣地向導播Team解釋他的理念、他想表現的是什麼。我當時就下定決心：有一天時候到了，我也當如是也！

幾年過去了，我終於也分到參與「爸爸唐的戲劇」節目Team《苦情花》。女主角新娘邵曉鈴，新郎谷名倫只有一兩集戲，早逝。娘家媽媽是關毅、婆婆盧碧雲、公公陳又新，關勇演「長工」，他暗戀「邵」的小姑后儀，生下一個兒子是當時的童星鄔裕康，家中老媽子劉引商、同宗惡嫂子柳鶯、村子鄰近的山賊郎雄，另外還有鐵夢秋（後改名鐵孟秋）、金彬，和很多當時的基本演員。這個戲雖然已經是外製，製作人程大衡仍然請求公司指派唐導演，原因沒有別的：「戲交給他，長官和廣告客戶都可以放心了！」那個時候是棚內搭景三機作業，我們進棚前一天上午九點在地下排練場，排戲、走地位。我們導播組三四人（導播、助理導播、現場導播、音效）都坐在面對場景的長桌後，劇務小助理用特製的木箱，按照美術指導繪製的佈景圖比例擺設，導演依據劇本、帶著演員走位。一般成熟藝人多半都能自己揣摩感情、走入劇中人，有一些新人或是「活動道具」就要導演「先演出來」，不要說哭了，連笑、走路、手放在哪裡，都沒訓練過，就要請導演教。很多「缺根筋」的一次、兩次、三次都教不會；那時導演就會「搬手搬腳」的使出全身解術，也要把他們給教會！

通常導演第一次拉地位時，我們導播Team和演員就記載在每人的劇本上，有的導演是先在家裡作功課，劇本上劃的密密麻麻。也有像唐導演劇本乾乾淨淨，所有的符號都印在他腦海裡。誰都會錯，只有他不會錯。第二次走位就是為導播Team看機器位置。到了第三次還須要再排熟練一點時，導演才有機會坐一下。一般六十分鐘連續劇一天錄兩集，通常排練就要排一天。導演全神貫注，幾乎也站了多半一天。第二天進棚，導演初排還是會關注一下。他只利用我們正式錄影時，在化粧間看次日要排的劇本。所幸那時我們的制度好，製作人盯得緊，編劇都準時交本。偶爾戲中一定須拍外景，導演也得帶隊到野外。我們導播Team雖然跟著去，但是不掌鏡。一九七二、七三年還是用十六釐米影片，外景白天燈光更是簡陋，有個手燈、幾片反光板，就不錯了！所以「搶陽光」是非常重要的，而且底片很貴，還要沖洗、剪接，時間緊湊、經費緊縮，導演只有趕、趕、趕、儘量不ＮＧ！

導演也不是天天ＯＫ的。有一天我們也聽說爸爸唐心臟病掛急診。次日我和白汝珊去探視，看到他躺在醫院走廊的行動床等病房。我們真的不捨，害得我們也快得心臟病了！

一九七六年初郎雄和我交往，他的一幫好哥兒們開始也幫著他「起鬨駕秧子」，三不五時約著去吃頓涮羊肉、打打保齡球或者喝咖啡，爸爸唐也常參加。直到結婚後，我們家住在中視後面，郎雄就定出一個規矩：每年正月初四公司團拜結束後，他的朋友們到我們家小聚。我會端上一桌子他們喜歡的菜，拿出家裡最好的酒，酒足飯飽後，幾個大男人就像小孩般地玩起一把五塊錢的拱豬。驚天價響！那個時候唐導演也放下導演的威嚴，有時候還開玩笑：「郎太太給我加點茶。」不過我還是稱他「爸爸唐」（雖然他才比我大十一歲）。

中影張佩成導演《密密相思林》（香港女星李菁和梁修身主演，配角有田野、唐芯、郎雄、鄔裕康等），唐導演也利用休假，去過了幾天戲癮。那個時候我覺得他是非常享受他的工作的——寓工作於娛樂！

中視第二次大地震是董彭年先生退休，由中影公司梅總接任。沒多久爸爸唐就離職了，我不清楚詳細原因。幾部年度大戲《戰國風雲》、《大漢天威》、《天涯赤子情》、《一代女皇》都沒有唐導演參與。雖然戲感和口碑仍然是不錯，但是演員的倫理就越來越差，我記得有一位女主角，居然對盧碧雲大姐說：「阿姨呀！妳下一場台詞不熟嗎？要不然為什麼導演要『放飯』，害我晚上一個應酬都給回了！」有時為了一位女演員改個髮型，全體演職員空棚等她一兩個小時，錄影時還要為她打特別光……

爸爸唐離開中視，就被周遊姐請去當總經理。那時候周姐還沒有後來的氣勢，爸爸唐大手大腳慣了，龍游淺水終究好來好散。但是他和關勇也為周姐訂立導演制的觀念，以致後來聘請李嘉、李泉溪、李朝永，更培育何東興、馮興華、楊玹及其公子馮凱。（馮凱是二〇〇六年金鐘獎得主。他們母子上台，我好替他高興。不免想起當年周姐講的一句名言：「豬當久了，也會是一隻豬精了吧。」凱兒子終究能成龍稱雄。周姐功不可沒！）

王世綱和邱偉航成立雷電華傳播公司，找了爸爸唐帶著青年才俊俞凱爾經營。唐負責戲劇、俞負責綜藝，分別在中視開了《後街》和《觀眾怕怕》。聰明的俞凱爾很快地把握住當時流行的ＭＴＶ風，導演、拍攝、剪接一腳踢，成功的拿下金鐘獎。而唐導演這邊也找了劉立立導演帶著一群沒有明星光環的老中青苦哈哈走民初路線，繼《後街》之後，

《長巷》、《挑夫》也贏得了不少叫好又叫座的掌聲。這時候不知是誰的意思，到台視開了《無名小子》，男主角是花蓮來的新人林瑞陽，帥是很帥、演技青澀，最糟糕的是他一口「台灣國語」，還大舌頭。沒多久賠慘了！連接著王世綱回中視當節目部經理，邱偉航和俞凱爾另組公司專作綜藝節目《黃金拍檔》。而那個「無名小子」自己力爭上游勤練國語，終於時來運轉，成了林柏川「創作劇坊」、郭建宏「黃金劇場」和魏約翰「花系列」爭相奪取的一線男主角，過了些年又脫胎為上海商業鉅子……

時間到了一九八〇年代後期，電影人周令剛在北京順義成立片場。爸爸唐和鐵孟秋、于恆、許文泉一票人飄洋過海，在那兒拍了好幾部大戲。一九九六年夏日我返鄉探親，趁舉辦家宴之便，也邀請了唐、許二位故交。那天爸爸唐穿著一件暗紅色襯衫、白長褲，與在座的大陸藝人林連坤、蘇民（濮存昕之父，《鴉片戰爭》演皇帝）、于萬增（京劇一級小生、小翠花的孫子）相比，爸爸唐還是挺帥的。很有藝人的異味！（珈按：化用張小燕名言「藝人者異人也。」）

中視搬到南港以後，我們家「仍然維持一把5元新台幣的『初四賭場』」還是照樣開著。幾位老哥兒們隨著時代變遷、國語戲劇消滅，很多人一年演不到幾集戲。人員變數也很多，孟元、許文泉相繼去世。其他幾位頭髮不是漸漸禿頂就是滿頭華髮。除了嗓門依舊宏亮，食量、動作都不如前！二〇〇二年五月郎雄蒙主恩召後，我們就很少見面了，去年（二〇〇六）十月參加演藝人員「老友會」，突然看到他，我急忙上去打招呼，爸爸唐老了、瘦了、炯炯有神的眼光沒了、整個「導演」的氣勢也沒了！

「您好不好？」

「還好！」

「身體怎麼樣？」

「還活著！」

很勉強地擠出了一絲絲笑容，這是我最後一次見到導演！

最近初九開市了我去銀行繳款，遇到洪老伯（洪濤）：「唐冀初三死了！」與演藝協會的幹事趙先生聯絡，問他為什麼不見電子媒體、報章雜誌也一字未報？

「我們打電話，人家記者小姐們沒聽說過他這個人；人家還問我他導過什麼戲?!」

我真是感慨萬分，現在的小朋友不用功，上網去查查也會發現：除了中視，台視、華視開播的電視劇《重回懷抱》、《郭子儀》導演都是唐冀。現在台面上的中老藝人劉林、李滔、梁修身、寇世勳、張晨光、崔浩然、馬之秦、劉明、歸亞蕾、陳莎莉，那一個不是經唐導演掰弄出來的。我們在悼念馬兆駿（我也作過他的節目）的空檔，是不是可以分一點點隙縫給「台灣電視開台」的先驅!!!

二〇〇七年三月

＊珈按：二〇二〇年吧！在FB上得知唐導演的女兒名製作人唐蔚芸也過世了！唐媽媽帶著外孫們度日……

武藝超群、精采人生，話說孫元彬

為了要寫「談孫元彬」（我暱稱他孫大哥）可是花費了我好大的一番心血，也幸虧是我，別人他還不接受「約談」呢！大概從二〇一六年我們哥倆就約了好幾次，結果不是他身體不好、就是我忙。前兩天我實在憋不住了，他才答應準確的時間。我買了他愛吃的「同慶樓」燻腸、「信遠齋」燻雞，搭捷運、轉公車，千里迢迢的跑一趟汐止。午飯後我們足足談了四個多小時，詳詳細細把他的家世、師承及他精采的一生，娓娓道來……

要談孫元彬這個奇人，必須先從他的家世說起：

前清年間在河北河間府有一家客棧老闆姓孫，年近四十，不甘一輩子窩在鄉下，結束不很賺錢的生意，率妻子赴京城尋更好的「頭祿」。一到北京就落腳在「韓家潭」。這家有三個兒子名曰棣棠、振生、棣珊，這哥仨兒在鄉下時均拜過師傅，練過拳腳功夫，也學過一些京戲。到了北京後，三弟選擇以京劇為終生職業，他就是日後闖蕩上海「大舞台」的名武旦「雲中鳳」，二爺是比較沒什麼成就的一位，只在台上跑龍套、來點零碎活兒幹幹，養家活口。至於大爺就不得了了！不但戲唱得好：藝名「藕香」，工旦角、曾任「斌慶社」社長，還在稍有積蓄後在「大柵欄」開一家叫「桂香村」專營水果罐頭、蜜餞、糕點的食品店。慢慢地生活條件就越來越好了，這時引起住在附近的「武生泰斗」俞菊笙的賞識，沒多久就將女兒許配給這位孫棣棠。

提起俞菊笙（一八三八—一九一四）在當時那可是「非凡人也」，他原名光耀，學名玉生，因性格爽快、急躁，人多呼為「俞毛包」，他本是揚州人，避洪楊之亂，上一代遷居北京，幼年在忠恕堂張二奎門下學藝，初學武旦，後因身材魁梧改習武生。掌春台班多年，在俞之前的武生，均以激烈的跌打翻撲為標榜，不講究造型，更沒有內心戲。而俞則注重氣派、精悍，《鐵龍山》的姜維和《挑華車》的高寵，雖都是大將軍、揚名沙場的武將，但是彼此的盛氣、勇猛，卻各有各的風範。也就是俞除了武生的技藝表演外，還附加角色的生命力，使得演員在舞台上，如同劇中人魂靈附體。這樣活靈活現的演出，才能扣住觀眾的專注力；這就是俄國「史坦尼斯拉夫斯基」由內而外的演法。俞為了豐富自己的演出，更吸收花臉的工架、身段；創造了武生勾臉戲如《拿高登》、《金錢豹》豹精，《狀元印》常玉春（原都為武淨），因為俞的大量改革，作出了成績，提高了武生的地位。往後一般人也稱俞為「武生泰斗」。而當時有一個傳說：俞與楊月樓友善，兩家內眷亦頗親密。某年同時懷喜，俞對楊說：「我們是刎頸之交，如果生一男一女，必指腹為婚、結秦晉之好。若均男或均女，咱們互相交換、易子而養。」楊月樓老生唱多了，也就老老實實欣然地答應。後來生下的就是俞振庭和楊小樓；到了兩個孩子稍長，小樓聰穎聽話，振庭桀驁不馴、不易駕馭。菊笙漸有悔意，又不能食言。而天倫至親難棄，於是盡出其技授予小樓，對振庭則不免冷淡。故菊笙武戲小樓得十之七八，而振庭僅二三。然振庭的脾氣與菊笙完全類似（外號叫小毛包），長相等神似乃父。故此乃傳說之言爾！

話說俞氏嫁入孫家後，更是旺夫之命。棣棠爺就嫌原住的房子不夠氣派，乃托延少白（其子延玉哲戲曲學校學生，與傅德威同在北京中央公園水榭拜楊小樓為師。後德威仍走尚和玉的路子，而玉哲改行來台任華南銀行科長。此乃楊小樓「粉絲」周伯伯志輔最嘔的事了！）買了宣武區「賈家胡同」原是煤球廠約兩千坪的土地，蓋了四合院。後育下元彬之父孫毓堃，人稱「孫大爺」，乳名群柱、原名斌恒，七八歲入舅父俞振庭辦的斌慶社，一入科就學武生，並由俞振庭親自開蒙、說戲。因他很有天賦又勤學苦練，十三四歲就為斌慶社領銜主演。早年《戲報》上登名為「筱振庭」。常演的戲有《四平山》、《金錢豹》、《狀元印》、《豔陽樓》、《長坂坡》、《飛叉陣》、《連環套》、《霸王別姬》……這些戲也是俞家看家的戲目。出科以後並不自滿，經振庭引薦，又拜楊小樓為師。

楊小樓念在俞菊笙是孫毓堃的外祖父，而孫又為可造之材，聰穎伶俐、少負盛名，即傾囊相授。楊小樓講究武戲文唱，在唱念上都有獨創，在人物內心戲表演更是突破。（這點在孫元坡詮釋曹操、張飛、周處、廉頗等腳色時，在他們每個不同時期、不同心情、不同境界，所表現出不同的面貌，最為傳神，也最為劇評界及觀眾欣賞。）楊小樓又覺得孫毓堃扮相與己酷似，故更格外器重，且視為接班人，親自給他改名為「毓堃」。帶著他冬練三九、夏練三伏。《蘆花蕩》、《嫁妹》、《麒麟閣》、《鐵龍山》及一些原來在科裡就學過的戲，通通為他再整理、焠煉。後來楊去世後，「楊」的班底對孫大爺心服口服，聘請他挑班主演。吉祥、華樂、廣德樓、開明等劇場掛出「楊派武生」孫毓堃，立刻盛況空前、場場客滿。就在這時候北京出現了三位女坤伶，她們是玉鼎臣先生的女兒（珈按：玉鼎臣為「正黃旗」的清末文人，好戲曲，編著過劇本《取桂陽》、《回荊州》，編劇雖不多，然筆法清新，不落俗套，構思奇巧，台詞活潑），名曰「富氏三友」：富竹友、富菊友、富蘭友，還有一位最小的妹妹富蓮友（一九四九年隨先生來台居住在新竹）。她們有的唱旦角，有的唱老生、小生。因為與孫毓堃是同行，又都是掛頭牌的角兒，二小姐經媒妁之言、父母之命，六禮成親。生下一女三男，女兒及娉之時，許配四小名旦之一的宋德珠，他也是以武戲出名的乾旦。現在北京國家一級演員宋丹菊就是孫毓堃的嫡親外孫女。三男即元彬、元坡、元春。

一九一九年，棣珊（雲中鳳）夫婦驟然在上海病故雙亡，留下五個嗷嗷待哺的幼兒，及一位五、六十歲手無縛雞之力的老外婆。孫大爺得到消息，立刻托李喜斌接回北京，住在家裡。那時孫宅的桂香村已經頂出去，家用、應酬只靠孫大爺的「包銀」和棣棠爺早年的積蓄，在支撐場面、擺闊氣。忽然一下子又多了好幾張嘴，只好將八歲和五歲的兩個堂弟，送到「富連成」科班學戲。倖得蕭長華先生特別垂憐、教導，日後終成了國劇界棟樑「孫盛文」、「孫盛武」。一位是名架子花臉也是名教師（袁世海出科後仍多次問藝），一位是文武崑亂不擋的名丑，現在北京許多國家一級演員都以立雪孫門為榮。（他們兩位是　先父緝庭公的竹馬之交，莫逆刎頸。文化大革命之後，孫元意兄赴香港演出，看到《大成雜誌》載　先父之文。回京後報與尊大人：「包大爺還在台北寫劇評……」盛文先生〔我稱孫三叔〕喜極而泣。一九八二年由香港傳來孫三叔亡故的消息，

卻沒有人敢告訴　先父。）

孫元彬是一九二五年陰曆七月初八出生，兒時家中環境看起來富裕；除了前面說的四合院外，老媽子、男傭人成群，還有兩輛大馬車。八歲家道完全中落，僕役散盡。母親在萬般無奈下，找到葉盛蘭引介，一九三三時年九歲進富社，那時他還沒有正式的名字，就用乳名「二洪」進科。原來要把他歸在「世」字輩，後來因為他年紀太小，而入「元」字（他屬「大元」字輩，元坡、元亮屬「小元」字輩）。談到他取名字的軼事又是一段趣聞，那時候富社為學生命名，大多是由王連平先生先決定，再報上面定案。最早為他取了一個叫「元X」好像犯了上輩的名諱，就改叫「元斌」，戲班裡一向講究尊卑長上，孫三叔可不願意了！斗膽向王先生說：「這個『斌』字也不好吧，把我們哥倆給拴進去了。」王先生一想「也對呀！」遂改叫「元彬」。（差一點與香港武俠明星同名！）

進了科班前半年，他們並沒有機會學戲，不分科不練功，每天早晨起來，就蹲在牆邊看著師兄們練、唱、打、排。孫元彬的啟蒙師父是劉喜益，劉也是梨園世家，喜連成（富連成前身）第一科學藝，從羅燕臣習武二花，出科後葉社長以其學識技廣，人品尤佳，乃聘為教師。凡學武戲者均由劉喜益開蒙，後元彬又在「九陣風」閻嵐秋（一八八二—一九三九）堂下問藝，閻嵐秋為譽滿全國的武旦，晚年執教富社及戲曲學校。孫元彬入科一兩年後才上台，開始當然是跑龍套、打上下手，《泗州城》來個「金吒」、「銀吒」，後來學了《打焦贊》、《白水灘》、《洗浮山》、《惡虎村》等戲。劉老師教戲不看本子，教了很多妖怪戲：《無底洞》、《黑沙洞》。梅蘭芳由上海回北京，與王鳳卿唱《汾河灣》，孫元彬奉命飾演娃娃生薛丁山，跟兩位天王巨星同台，他一點都沒有怯場；這就是科班學生自幼天天上台、面對觀眾，產生了無懼心態。武花臉的戲全是閻老師教的，十二歲時學會了《飛波島》紀曉棠、《通天犀》、《戰合肥》、《殷家堡》，此時正逢教師王連平在李盛藻畢業後，帶著他們赴上海演出。「蜀中無大將」，孫元彬這些「大元」字學生就有機會演大武戲，甚至能唱大軸子了！可是好景不常，原來在志興成（富社富字輩幾個出科學生組織的科班，沒兩年就結束）的黃元慶進了富社，王連平由上海回來，再被聘為西席時，就覺得大兩歲的黃元慶比孫元彬條件好，也就多費心力在黃身上；而黃也真的很爭氣，他在北京廣和樓演出，上海報紙都有他的消息，以致南方戲迷坐火車來看戲，頓時黃就越演越火，而孫元彬也就好一段時間坐冷板凳。後來葉盛璋帶黃元慶去東北，茹元俊、李元瑞倒倉了，孫元彬的機會才又來了。天津天寶戲院約富社時，孫元彬就專唱大軸子《長坂坡》、《安天會》，群戲《正宗溪皇莊》（不同於十美跑車）褚彪，也學了《懷安府》（拿蔡天化）等所有八大拿的戲，及《四杰村》、《戰馬超》、《賈家樓》、《奪錦標》、《雁翎甲》。

富連成在「世」字輩就開始教授國語、常識、算數學科，教育班主任傅佩之（本是吉祥戲園經理）對元彬、元坡讀書寫字甚為鼓勵，所以在科班就讀了《水滸傳》、《三國演義》、《彭公案》、《施公案》。而元坡特別喜歡《三國》，到五十幾歲每天還聽完了股票，就看《三國》。我就奇怪他那麼愛「書」，怎麼總是穩賺不「輸」?!（而元彬就不同了，他在股票市場可是見過大風大浪，最高紀錄賺過幾千萬；最後仍是兩袖清風回家吃自己！）元彬出科後，孫三叔在家裡為他請了一位楊老師，再給他補習。但是他天生火爆脾氣，書是讀了很多，字可沒有像胡少安先生寫得那麼端正漂亮了。

一九四二年農曆七月富社推出《天河配》，上座極強，連演一個多月。葉龍章（葉春善長子，當時富社社長）興奮之餘，立刻督促王連平趕排《廣寒宮》，還特添購行頭、切末，存放在「華樂」後台。《戲報》一登，戲票已經賣到一個月以後了。就在這戲演出前幾天，忽然華樂隔壁長春堂藥店失火，短短三小時華樂園全毀，並把富社全部新舊行頭、戲箱、彩頭、大小切末、三十年慘澹經營舞台上的必須用品，一下子都化為灰燼！遇此危機，富社上下沉著處理，沒有收入、悠悠眾口，吃飯都成了問題！先把學生們送回家，教師和其他人員薪水就暫時緩一緩（留職停薪）。葉家兄弟一邊跟長春堂打官司，一邊到處找錢。過後就由王連平領軍到東北長春、瀋陽幾個都市「跑碼頭」，賺點錢貼補開支。這時候孫元彬屬於大師哥級的人物，孫三叔覺得這個侄子還有學習的空間，動了私心，好好教了他幾齣「有身分、有地位」的大戲如《戰宛城》、《霸王別姬》，接著再去上海，他的《霸王別姬》就貼出來了。抗戰勝利時、也是孫元彬的畢業日，回到家孫大爺第一句對他說的話是：「往後的路你要自己走，不能靠我的老面子。去搭班人家要你在台上的表演、觀眾的叫好……」

一九四五年搭葉盛章「金聲社」班，在北新華街中央戲院演《三盜九龍杯》，葉盛章飾楊香武、孫元彬飾計全。當時的「武行頭兒」（負責所有武戲的排練，有點像電影武術指導，但是京劇的武打有一定的「套子」，不可隨意編拳套招的）是蘇雨卿的兒子蘇富旭，有一回劇團到天津演出《巴駱和》、《酸棗嶺》，排練那天蘇身體不適，現場就沒有一個人能替他，大家你一言我一語，亂成一團，葉盛章臉拉下來了：「這戲怎麼沒人會？」頓時大家都安靜了，初進班子的「幼齒」孫元彬搭碴兒：「我試試！」果然他就按照科班教的，一場一場的給排好了。葉很得意地說：「元字輩也有人出來了。」好了！這下得到葉盛章的肯定，應該從此平步青雲，不到幾年的功夫又出一個小「小振庭」甚至小小「小樓」。可惜就壞在他遺傳了俞家「毛包」的脾氣！事情是這樣的：當時大家都認為孫元彬是個後起之秀，舞台上可以贏得觀眾掌聲時，李少春與藍月春鬧翻了，需要一個搭配接替的武生。經勵科（經紀人）孫盛德透過蘇富旭找到孫盛武孫四叔，陪著到家裡談「公事」，元彬說：「在北京就是這個價錢，外地再說啦！」第一天戲碼《三氣周瑜》，李少春的周瑜、孫元彬的趙雲，台下好評如雷。檔期一結束就帶他去天津，貼出來第一天夜戲《戰馬超》，李的馬超、孫的張飛。（多有面子！）大夥下了火車到旅館分配房間，發現他不見了！原來他不滿孫盛德沒跟他談外地演出的加碼，覺得不被尊重，就坐原車回家。心想當晚夜戲一定有人頂替。這下李少春還沒說話，孫盛德可急了！又請蘇富旭陪著見孫盛文。這種「臨場推諉」按梨園規約是「革除梨園、永不敘用」！三叔正在不知如何答辯時，四叔回來了，唱小花臉的腦筋動的快，一句「那你一定對孩子不公平，要不然孫家的孩子不會犯這個錯！」堵得孫盛德沒話說。一場天大地大風波，就此打住。可是平津兩地元彬短時間也沒法混了，正好新一軍在秦皇島臨時要組京劇團，他就報名參加了。一兩個月後移防東北，到了長春，政局很亂。他一想「我可不要流落在舉目無親的地方！」裝病回北京。這是他第二次「落跑」。又過幾個月徐蚌會戰開打，降落傘部隊在北京招考新兵，他有武生的根底、那些招數對他是小case。這次入伍朋友可多了，有親弟弟孫元坡、富社師兄朱世友，及其他科班的馬榮利、蔡松春、張鳴福、王鳴詠，還有台視導播廖煥之。在北京鼓樓後大街受完訓，開拔到南京學跳傘，再到上海時哈元章、馬元亮也隨之加入，駐在浦東北蔡倫路（目前是大科學園區），為了連絡與當地老百姓感情，他們這群有特殊技藝的阿兵哥就擔起「軍勞」任務。團長看他們演的真在水準之上，就通令他們在出操之餘，成立了一個劇團。後轉進廈門，他們還到鼓浪嶼、海滄、角尾、吉美演出。

一九四九年他們這群十幾二十歲的大孩子阿兵哥（元彬二十四歲、元坡十九歲）被安排駐防岡山。團長除了管理每天的軍事訓練不得疏忽，另外還盯著他們專業技藝，規定每天要喊嗓子、練工。他們也為團隊作「公關」，開始真正的「勞軍」工作。南部的空軍訓練部、官校、通訊學校、機械學校……所有的晚會都由他們包了。還有一些票友過癮，也找上他們。有一次桃園有一位高官夫人約他們當班底，這是孫元彬第一次有機會北上，他「落跑」的老毛病又犯了！他拉上李金和就溜到台北，煩姜鑫萍、鄭鐵珊，引見空總部三組組長王金銘。第二天下午兩點副總司令王叔銘將軍，在總部介壽堂餐廳召見他們。王將軍山東人，從小就喜愛京劇。勝利後赴北京看過侯喜瑞、孫毓堃的《連環套》，知道富連成是京劇中的「北大」，戲曲學校相當「清華、交大」，而孫元彬又系出名門，應該是一塊瑰寶。於是情商永樂戲院顧劇團，安排兩天夜戲：一齣《戰馬超》（李金和的張飛）、一齣《白水灘》（李金和的徐世英），老虎將軍非常的滿意。這時傘兵部隊也查到他們開小差開到總部了！就派人（非憲兵）洽談：「人是一定要帶回去的，但是會酌情從寬（不會槍斃的）。」回去以後，班長、排長震怒；先把他倆關在一間寬窄不到一坪、高不及肩、暗無天日、肥料便池旁（臭的要死！）的老舊工寮。一關就二十幾天，他們倆抱著見過王老虎的「餘暉」也不覺得受罪，渾天黑地還壓腿、劈叉，活動筋骨呢。過了一兩個月，果然總部就下了派令叫他們這群演員阿兵哥，帶藝到台北。——這是一九五〇年初，五月一日「大鵬劇團」就正式掛牌成立啦！首次公演在中山堂，第一天特請「嘯雲館主」王振祖（復興劇校創辦人，有山東梅蘭芳之稱，陶喆之外祖父。）主演《生死恨》，第二天就是《戰宛城》戴綺霞的鄒氏、哈元章的張繡、孫元坡的曹操、孫元彬的典韋，這份名單除了鄒氏由戴綺霞到姜慧芸、程景祥、紐方雨旦角一直換，其他人員幾乎沒變過。也就是這一天， 先父帶著我看完戲到後台去找他們，是我第一次見到他們，忽然多了這麼多梨園行的哥哥，也為我平凡的童年添加許多不凡的色彩！

到了台北他們真是如魚得水！每天除了演戲，不必整理內務、出操。住的地方也好多了——是中山北路一段一間日式的大屋子（因為是凶宅，空在那兒沒人敢住，後來是空總醫務處處長李旭初將軍宿舍）。「大鵬」在「老虎」的鼇護下，越來越旺盛，幾乎所有北部的國劇菁英均聚集於此。其中富社子弟、榮春才俊、戲曲畢業生較受重視，而孫氏昆仲更如掌上之珠，深得長官們、劇評界及廣大觀眾的喜歡。在這時，青春年華的孫元彬在舞台終於嶄露了許多富社的名劇，如《三國志》、《神亭嶺》、《落馬湖》、《鐵龍山》、《英雄會》、《三叉口》、《水簾洞》、《鬧地獄》、《安天會》、《狀元印》、《探莊》、《夜奔》、《武松打虎》、《翠屏山》……。

一九五六年冬，大鵬在台灣的演出已經傳播海外，應政府規劃：赴菲律賓、泰國、越南宣慰僑胞。次年七月到韓國漢城，八月下旬以「中國國劇團」的名義，飛歐洲周遊列國，歷時半載，載譽歸國後，電台、記者、親友、戲迷爭相邀約。鋒頭之健有如日後「少棒歸國」一般！其實出國期間，不知吃了多少苦。國劇團出國不是觀光旅遊，帶多少戲箱、大小道具，連舞台用的桌椅都要攜帶，出門在外沒有誰是大小牌，都要互相幫忙、上下飛機、汽車，年輕的男生都是「紅帽子、捆工」。而且他們是一國接一國的跑，那時的飛機還是螺旋槳的，光由台北飛倫敦就飛了六十小時，大夥累得跟什麼似的，著陸時兩條腿幾乎都不能動彈。法國到摩洛哥有一段海邊山路，比蘇花公路驚險十倍「恐怖的不得了！」何況只有英國、法國，讓他們住正式旅館，其他很多地方都是住「民宿」，每天食物太「西化」根本吃不飽，上台仍要表現的精神抖擻、神采奕奕。我問他：「這麼苦，你怎麼沒溜回台北呀？」「唉呀！一沒錢買機票，二言語不通，三這是代表國家，我不能讓我的國家丟臉。」

一九五八年以後，大鵬越來越受到觀眾喜愛，聽京戲變成了台北社交圈不可少的一環。孫元彬又推出不少好看的戲：《英雄義》、《賈家樓》、《連環陣》、《通天犀》、《葭萌關》的張飛、《殷家堡》、《獅子樓》、《豔陽樓》、群戲《大名府》更是每貼必滿還加場。演出《金錢豹》，大鵬應他要求，新製全套的服裝、桌圍椅披。一九六四年國劇在台灣進入黃金世紀，群雄併起。首先台灣電視公司開播「電視國劇」，陸光、海光、大宛、明駝、復興、龍吟及一些軍團隊的小劇隊一一嶄露頭角。很多大鵬團員在演出之餘，到處兼差教戲。孫元彬就不玩這種遊戲，甚至台視高酬請他客串，他還是看在惠伊涵導播的面子才答應。直到有一年生病，非得到陸軍總醫院治療，他弟弟元坡出面，請求洪濤大隊長幫忙安排，他才在病好了隨元坡、元亮到小陸光教了幾年。一九六五年文化學院五專成立戲劇科，應主任劉碩夫邀請，與梁秀娟合作，把京劇弄得有頭有臉，與話劇平起平坐，氣得幾位不屑國劇的當代話劇大師怒髮衝冠！這時候他的身體常生病，有一年嗓子裡長了一個疙瘩，空總醫師李蒼說「手術成功率只有50％」。托天之幸「疙瘩被神醫夾出來」，只是休息半年再上台，就沒有以前那種氣勢。

我看過孫大哥的很多戲，他在台上的確有一種別人沒有的「英氣」，有大牌明星的「型」，扮相很帥，也曾經是一位師奶殺手！而且「他演誰，他就是誰」。譬如《翠屏山》短打扮相石秀一出場，向楊雄問安後受到屈辱，「雙手一攤」一個反應動作，就能引起觀眾任定他是一個好人，因而支持他、喜歡他！使得海和尚沒亮相，就已經被定罪了。《長坂坡》長靠英雄趙雲，大義凜然、忠心護主，那種威武、那種豪氣，他演的就跟別人不一樣！他的好真的不是一般會打、會翻的「武師」可以比擬的！

從大鵬退休後，在「台北藝術季」連演兩次。第一年《嫁妹》，演出前在耕莘文教院演講，特別介紹鍾馗的「非神非鬼」的臉譜，並將鍾馗紅袍內穿的「胖襖」、竹架製作的「假胸」、「假臀」一一秀給觀眾看仔細。第二年演出《猴王》，特請元坡演出天王，為了宣傳還請我幫他安排上《黃金拍擋》與張菲、倪敏然同台。京劇進京兩百年，應大陸主辦單位邀請，演出《戰宛城》；元坡的曹操、他的張繡、鄒氏則是外甥女宋丹菊、典韋則由當地的馬玉璋飾演。從那年（二〇〇一年）以後，孫元彬就息影紅氍。

孫元彬的藝術真正的傳人，他只承認陳玉俠和趙振華兩個學生。其他不管科班也好、學校也罷，他都把他們當成在他廟裡掛單的和尚。他的夫人嚴潤華女士是名青衣嚴蘭靜的大姐，自一九五七年嫁入孫氏後與　先母結為忘年之交、感情莫逆；在我記憶中：孫大嫂是一位非常能幹的賢妻良母，精通女紅、善烹飪、家中整理的窗明几淨；不幸於一九七六年九月英年早逝。育有二男一女，均未再繼承祖業。

＊珈按：本文除孫元彬口述外，亦參考：《中國伶人血緣之研究》、《中國京劇史》、《富連成三十年史》、《京劇談往》、《楊小樓評傳》（周志輔手抄

本）、《梨園二百年概況》、《大鵬十年》、《淨門師魂——回憶我的父親孫盛文》及大鵬歷年演出劇目資料。

＊又按：這篇文字是二〇一七年十月十九日寫的，那時候孫大哥身體還行。到二〇一八年九月　先父所著《國劇的搖籃——富連成》一書，由山西出版社印刷完成，寄來台北時；我送到孫大哥手上，那天他就住在陽明醫院病房。又過了沒多久，二〇一九年剛過完春節，就接到孫元彬先生的訃聞了……

老伶工大英雄——談台灣名淨孫元坡

十幾二十歲的梨園子弟，總喜歡聚在一塊吊吊嗓子，翻翻跟斗

舉凡光復後在台灣待過的國劇愛好者，無人不為孫元坡的技藝豎起大拇指，他是富連成「元」字輩畢業的淨行高材生，父親為楊派武生孫毓堃，母親是旗伶「富氏三友」二姐富菊友女士，三叔是候喜瑞弟子、架子花臉孫盛文先生，也是元坡的業師，四叔孫盛武為當今文丑行，繼蕭長華之後，第二代宗師。一九四九年他們幾個剛出科的師兄弟在上海演出，不幸遇到徐蚌會戰（淮海戰役），南北交通失聯，有家歸不得，滬上又非久居之所，一伙人就投筆（彩筆）從戎了，編入空軍傘兵部隊，轉戰台灣。白天勤加操練軍術兵技，夜暮低垂，十幾二十歲的梨園子弟，總喜歡聚在一塊吊吊嗓子，翻翻跟斗、踢踢腿。外行袍澤也喜歡看著他們「不著裝地乾排」，甚至連一些喜好京戲的長官，也常圍成圈圈欣賞。不久，這事就傳到總司令周至柔將軍耳中，周總司令即責成副總司令王叔銘將軍，不可埋沒這些民族遺珠、文化國粹。（以上是孫元坡說的，與元彬說的稍有不同，但都是他們自己對我說的。）

老虎將軍王叔銘，山東人士，雅好京劇，得知傘兵臥虎藏龍有此瑰寶，虎心大悅，立即交屬下姚全黎、馬桂甫成立了「大鵬劇團」，以勞軍為主，偶爾也在節日對外公開表

演，軍民聯歡。當時大鵬人才濟濟，以富連成的蘇盛軾、董盛村、朱世友、朱世奎、朱世業、哈元章、孫元彬、馬元亮、孫元坡；榮春社（尚小雲科班）的趙榮來、馬榮祥、馬榮利、王永春、蔡松春、張世春；北平戲曲學校的李金和；鳴春社的劉鳴寶、王鳴兆等，諸科班出身為主幹，外加姜鑫萍、姜少萍父子、熊寶森、李漢卿、張國安、少校票友醉客（馬桂甫）等。旦角早期有戴綺霞、段承潤、姜慧芸，後來青衣多年都由趙玉菁領銜；武旦季素貞；文武場由朱少龍、鄭鐵珊領導。後來成立了小大鵬，徐露嶄露頭角後，才開啟台灣國劇幼苗。大鵬第一次在台北對外演出時，一票難求，座無虛席，散場時，下著大雨，先嚴緝庭公，帶著幼小的我，到中山堂後台探班，看到熟識的富社子弟、榮春才俊，大家臉上都灑滿了不知是雨水，汗水，還是淚水。

大鵬劇團雖隸屬空軍，但團員俱是藝人出身，他們的「營區」開始在中山北路一座日式房舍，後來才搬到中正路（現八德路、新生北路口）空軍新生社後面大院。管理方面當然無法比照一般軍隊：早上沒有起床號，晚上不必夜點名，內務更無須摺豆干塊，白天也可以隨興出去走走。孫氏昆仲的叔父盛文、盛武與　先父為總角之交，二人出科後，　先父也學校畢業，甫出社會，便成了無話不談的知己，閒暇之餘一起在王連平先生領導下，編排了許多劇本，三人成家後，更成了通家之好。偽滿期間，舍下祖產租金收不到，生活窘迫，而溫文儒雅、舉止有方的盛文兄弟，多次為舍下介紹名醫，助我家人避過惡難，深受先祖母、　先六伯父等家先輩禮遇，尊稱孫三爺、孫四爺。（　先伯丹庭先生，成年後與伶票交甚密，即自置什剎海後海一座洋式小房，而不敢宴設於大安瀾營，見　先父所撰〈我的大哥包丹庭〉（收錄在包緝庭原著；蔡登山主編《包緝庭談京劇——笑隱堂憶故》，新銳文創出版）。極少有伶人到舍下進出！）也因這層關係，元彬、元坡兄弟（我暱稱為孫大哥、孫二哥）到台北，也視舍下如親叔嬸家一般，特別是剛滿二十歲的孫二哥。那時我們生活雖拮据，家母也常加副碗筷、盛碗綠豆湯，利用晚飯時間和老人家聊聊天，讓他解解鄉愁。直到後來，張喜海老先生出現，他才有了另一個「娘」一家。元坡兄生性聰慧，勤學用功，每天按時練功、吊嗓子，很快就成為劇團中的棟樑，老虎將軍特別關愛，當然也有些許的「特權」！

瘦小斯文男士，操著上海口音在那大聲嚷嚷

一九五一年，一個下小雨的晚上，劇團有夜戲，散了戲後未跟大伙一起搭車回宿舍，孫二哥自己一個人散步回營，反正沒事，慢慢壓馬路，不覺時間就很晚了。那時台北車少，一般人也睡得早，等他走到今日八德路段、松江路口、光華橋時（那時候還是鐵路呢！），就在平交道上，一陣人車喊叫，年輕力壯的元坡兄，一個箭步就跑過去，只見平交道柵欄放了一半，一輛大黑頭轎車停在那兒，一位身材不高，瘦小斯文男士，操著上海口音在那大聲嚷嚷，走近一看可不得了啦，一位中年婦人，頭歪腦斜，一位胖小姐一身是血，還有一位老夫人，昏迷不醒。從車子的外型看來，好像被火車撞了以後，原地打了好

幾個轉，車上另兩位男士也受些輕傷。在那個年代，不要說現在人手一支手機，就是公用電話，方圓十里都不見一個；夜深人靜，也叫不到三輪車。元坡兄一看這個情形，三腳兩步「急急風」地跑到近在咫尺的大鵬劇團，叫醒駕駛兵同袍，開了一輛中型軍車，將傷者送醫為當急之務。無奈這三位小姐夫人身受重傷，均無法自行爬上高大的軍車，急中生智孫元坡脫下雨衣當成臨時擔架，幾個輕傷男士幫忙，通力合作，好費了一番力氣，終於把傷者一一抬上「救護車」。軍中駕駛戰士問孫元坡：「送哪個醫院？」「台大呀！」那個小瘦子頭搖得像波浪鼓似的：「%@$#*」，兩個阿兵哥聽不懂他的上海話，孫元坡可真急了，拿出他唱《長坂坡》當陽橋上一聲吼的本事：「嗳！你會不會說國語？」小瘦子立刻字正腔圓地：「中心診所。」送到該處，自有醫護人員照應，孫元坡和駕駛兵自顧自地打道回劇團。

忙了一夜，第二天快中午才起來，吃完午飯，換了兩班公車，又跑到廣州街中心診所，去關心一下「下回分解」（純粹好奇心作祟、絕不是去表功）。到了病房，糟糕！他又回到黃浦灘頭了，滿屋子都是上海人，小瘦子忙進忙出，一眼看見孫元坡：「就是他，他就是那個如來佛祖」，原來昨夜安頓好了，正要答謝這位恩人時，才發現人車俱已不在！正想傷者稍微穩定，再赴出事地附近的軍區去打聽，沒想到直不愣瞪的孫元坡，竟自己送上門來。

有名有姓的上海人全來了

過了些日子，軍中長官讚許他的義行，轉達被救的苦主要答謝他、請他吃飯，老虎將軍令：「一定要出席，穿便服。」這件大事孫二哥當然找他「包大爺」商量商量，由頭到腳，他一件「行頭」也沒有，包大爺的衣服他穿著太瘦，軍中弟兄一樣苦哈哈。研究了好幾天借了大隊長的皮鞋、某票友的西褲，找了一件弟兄中最體面的襯衫，再煩家母用漂白水洗洗、漿燙，好不容易打扮得像「新郎倌」似的準時赴宴。一進門主人及陪客全先到了，二話不說非請元坡兄坐首席，大病初癒的老夫人福福氣氣地坐在主人位。小瘦子也不說吳儂軟語，標準國語一一為他引介，元坡心中不由得又「哇哇哇」大叫起來：「有名有姓的上海人全來了！」——老太太是上海名人杜月笙夫人姚谷香（玉蘭）女士；小瘦子是杜氏門人，上海黃金舞台開幕站台五虎將中大弟子趙培鑫先生；還有國大代表萬墨林先生、中央銀行總裁徐柏園的夫人；那天輕傷者台銀李嘉友先生、趙培鑫夫人、杜氏兩位小姐等。這時孫元坡才知道，那天這些上海聞人應徐柏園先生晚宴，又手戲八圈，因天公不作美下起雨來，即由徐府大黑頭轎車，一一送客回府，不料過平交道時柵欄工疏失，運煤火車撞上轎車車尾，轎車幾經翻轉，幸好名牌歐洲車，禁得起，包住乘客雖傷無亡。杜夫人昏迷五天，有如神蹟般地甦醒；趙夫人頭骨破裂、杜小姐則骨盤破傷，均經中心診所醫生，急救成功，當然他們感謝老天爺及時碰上了一個愛散步的孫元坡，不然就耽誤了送醫時辰。酒過三巡，菜過五味，杜夫人問過孫元坡出身、家世、學經歷，笑嘻嘻地說：「你母親是我年輕時習藝的手帕交，既是故人之子，有空常來家裡白相。」當日杜夫人送上一個「三千元」的大紅包（彼時孫元坡一個阿兵哥月薪約二十多元），又「賠」了一件托人從香港帶來、美國貨雨衣。孫元坡這次義行，當選該年度國軍英雄楷模。

馬桶中的黃金（糖果）刷到我面前

從此在台灣，孫元坡有了第三個「娘」家，有事沒事也常往杜府串門子，聰明的他，不但學會了南方上流社會應對、進退的禮數；跟著杜夫人在藝事上更融會貫通；受萬墨林代表等人薰陶也有了商業觀念，學會理財之道。杜夫人是老生、老旦「兩門抱」，能戲很多，不但指點元坡，連他師兄弟，哈元章、馬元亮、好友程景祥，都受惠良多。一九五六年元旦，趙培鑫戲癮大發，特煩大鵬劇團在台北三軍托兒所（今新生國小），陪他消遣「失、空、斬」，哈元章王平、孫元坡馬謖、張世春司馬懿、王鳴兆和張國安二老軍。那時我雖年幼，不通音律，但〈斬謖話別〉那場戲是我第一次看過最感動的心肺演出，軍令如山，生死一線，托老母，存歿均感，嚴絲合縫，餘音繚繞，久久不能忘懷。是日壓軸（倒數第二齣戲），為《閨房樂》馬世昌的趙孟頫、趙玉菁的管仲姬，配角丫環是徐露、老媽子是醉客（馬桂甫）。有一段老媽子刷馬桶的戲，馬伯伯向台下一看，看到坐在第一排的我，就特別把馬桶中的黃金（糖果）刷到我面前，年甫十一歲的我馬上跑去接收，劇評家陳鴻年、蘇煦人兩位伯伯率眾拍手鼓掌，恭喜我新年有此好彩頭！

一九六一年後，杜夫人也在大鵬劇團搭配下，露了幾齣拿手好戲，如《三進士》、《四郎探母》、《岳母刺字》……等。甚至還到我們仁愛路中視六號鐵皮攝影棚錄影（我只記得是王克圖操琴）……。杜夫人於八〇年代因病在台北逝世，兩位千金均適名門，婚姻幸福幸滿，美如大姐未因骨盤受傷有任何影響，育有兩位公子，現就讀大學。

孫元坡多年來，努力不懈，在舞台上享譽港台，足跡遍於亞、歐、美三洲，「徽班進京兩百年」，大陸還特請孫氏昆仲與嫡親外甥女宋丹菊（宋德珠之女）合演《大戰宛城》，由〈馬踏青苗〉起，到〈刺嬸〉止，曹操是他拿手戲，猛張飛之粗中帶細獨步全台。一九六一年後經　先父提示，聰慧如他，還把自幼學習過，多年不演的《將相和》、《除三害》、《橫槊賦詩》、《紅梅閣》、《贈綈袍》、《五人義》等老戲，重現紅氍，均帶給當時觀眾豐富的視聽享受。國立藝專、文化學院國劇科成立，他都擔任淨行教師，後來經教育部核試審定，為國劇藝人中少數有「證書」的「副教授」。一九九〇年，花甲之日，自請退休，現在台、美兩地含飴弄孫，頤享天倫。

＊珈按：孫元坡先生於二〇一四年十二月三十一日棄世。

十項全能・台灣梅蘭芳——100分的徐露

徐露的一生真是一部比連續劇還傳奇的故事!!

上個月底（二〇二二年十一月）徐姐收到　先父的舊稿《包緝庭談京劇》，又恰逢惠大嫂趙玉菁女士返台，約我們共敘過往……談到我也要將《大雅》的舊稿和後來寫的一些雜文集結成冊，她聽到我談這位、說那人：「裡面應該有我一篇呀！」

說實在的我雖然是小時候就認識徐姐了，但是跟她真不熟，她的故事都是聽孫二哥（元坡）他們和父親聊天時，蹭著聽來的。前幾天約好了特別通電話和她聊聊：我所不知道的徐露。

她的親父親孫伯屏，北京大學教育系畢業，曾任貴州國立三中女子部校長。家中子女很多，她是第四個孩子。孫媽媽產後高燒不退，沒有母乳餵她、無法撫育初生嬰兒，看在鄰居——無子女的徐氏夫婦眼中非常不捨！徐家夫婦是日本上野大學美術系留學歸來的學人，在貴州三中任教。

這位叫「孫雨桐」的孫小妹妹，出生後，徐媽媽即自願代為餵養照顧，每早晨帶回來、每晚上送回去。及至十一個月，徐家父親調職重慶國立一專任教，將她領養，改名

「徐露」，帶往重慶。抗戰勝利後，又帶往徐爸爸老家蘇州。這件事情到徐露十六歲她才確知愛她、疼她的父母不是原生家庭，能這樣視她如己出，夫何可言？

徐媽媽喜歡藝術，當時正值童芷苓、馬連良到蘇州演出，徐媽媽就一口氣買下「套票」，天天去欣賞。小小的徐露也跟著徜徉於舞台歌榭中，回家後也拿著一塊大手絹甩呀甩的練習當水袖，哼哼唧唧吟唱起來……

不久國共內戰，徐家父母也搬到台北，和西南偏遠的孫家正式斷了音訊。到台北恰值學齡，徐露進入當時最好的女師附小讀書（算是我的大學姐了）。徐露在女師附小五年級時的同樂會上，老師邀約她粉墨登台，演出了《蘇三起解》，是李毅清和申克常兩位前輩啟蒙教導，深得國劇大師梅蘭芳的老師齊如山先生欣賞，他說：「我也可以在台灣培植出第二個梅蘭芳。」這一句話就定了徐露的一生。遂推薦空軍副總司令王叔銘將軍帶進空軍大鵬劇團學藝，從此開始了她的舞台生涯……

當時大鵬劇團人才濟濟，北平來的富連成、榮春社、戲曲學校畢業的名角兒都是她的老師。徐露從小練紮靠、踩蹻、跑圓場、捽搶背等各種身段，回家徐媽媽看到她背後一塊紫、一塊紅的傷痕，勸她不要再受這個苦了，專心讀書吧！她不肯！就是喜歡京劇。七八月大夏天，她穿著胖襖、踩著厚底（生淨角色穿的靴子，下面是三吋高底。通常旦角是不需練習穿厚底兒，但是她為了演小生，如《四郎探母》的楊宗保，及後來朱世友老師教授的全本《三國志》周瑜等小生戲）練快刀槍，真可說是台上一分鐘、台下三年功!!為了培養徐露，於是成立了「大鵬劇校」，第一屆只有她這麼一個學生，傾全團之力教她一個人！劉鳴寶老師給她開蒙，蘇盛軾老師教她武功（蘇老師是富連城科班畢業大武生、大鵬武戲總教頭，請參看 先父《包緝庭談京劇》〈記富連成科班人物〉一文）、徐炎之老師教她崑曲。每天盯著她練功，集眾人之力，造就了徐露文武崑亂不擋，樣樣都會，能歌善武、樣樣精通，基礎非常紮實！

一般學戲，徒弟都要挨打，但我好像從來沒聽過徐姐挨打。並不是老師捨不得打她，是還沒覺得她唱得不夠好時，她自己主動要求再來一次。我小時候看過那年趙培鑫先生第一次參加大鵬劇團票戲《失空斬》，壓軸（倒第二齣戲）〈閨房樂〉馬世昌飾趙孟頫、趙玉菁飾管仲姬、醉客（馬桂甫）飾老媽子，徐露雖演丫環卻是全齣穿針引線的重頭角色。大鵬在台灣第一次推出全本《白蛇傳》，前面〈遊湖借傘〉、〈醉飲雄黃〉、〈水漫金山寺〉到〈產子〉，都是趙玉菁一人頂下來。只有最後〈祭塔〉是徐露。那時候她還小，剛學戲沒多久，聽戲的觀眾大夥也很給她面子，戲院裡還是坐得滿滿的聽她「獨唱」，小小年紀的我就有點坐不住了。（那時候沒有字幕，我哪知道她在唱什麼嘛？哈哈哈！）

隨著她年齡漸長，大鵬又請了好幾位資深名師，如當年戲曲學校「四塊玉」的白玉薇、享譽大江南北的朱琴心、程派傳人章遏雲等老師，來教導票友出身的程景祥，和二科的古愛蓮（程派青衣）、紐方雨（花旦）、嚴莉華（武旦、刀馬旦）等人，徐姐他們一起學習，會的戲也越來越多。她除了文武崑亂都會，還學了「蘇白」。她跟著朱老師學了〈坐樓殺惜〉，那時候這類戲都是演花旦、潑辣旦的程景祥專屬。她學會了並沒機會在公演貼出來，心裡覺得很遺憾。有一次南下勞軍，終於逮到機會了。她就演了一次《閻惜嬌》，軍中弟兄真是有眼福啦！季素貞懷孕時，她也演過《泗洲城》武旦打出手。《小放牛》則是她第一個演出，原來蘇盛軾老師按照富連成傳承老戲教她，她看到一套香港朋友帶來的「連續照片」，做了改變，經蘇老師同意，改成後來台上的演法，也成大鵬載歌載舞花旦必修的範本。唱全本《法門寺》，她前飾花旦孫玉姣踩蹺，後飾正工青衣宋巧嬌，大段唱腔要跪著唱。還有一次大鵬反串戲，她演小花臉「賈桂」唸大段子狀紙。她就偷偷寫在紙上了，唸完了對扮演青衣反串的王鳴兆老師說：「你怎麼寫這麼長呀！」（台上無大小、又是反串戲）王老師就逗哏：「誰讓妳都抄下來呀！」台下觀眾又是叫好！又是笑聲不斷……（那天我也在台下聽戲）朱琴心老師還特別給她說了《得意緣》。（徐露婚前告別單身生涯，就是唱這齣戲，戲單上還印「得意良緣」。大鵬第一位為她開蒙的劉鳴寶老師，特別為她配演大姨姐，也算是他的賀禮吧。）

大鵬劇團多次代表國家到日本、韓國、菲律賓及東南亞國家表演，慰問僑胞、鞏固邦誼，甚至還遠赴歐洲英國、法國、義大利、摩納哥、德國、西班牙等各國，南、北美洲和非洲也都去了。演出歷時約半年，徐露與趙玉菁、季素貞、程景祥等掛旦角「頭牌」。歐洲行由精通外語的空軍少將田兆麟先生帶隊，團進團出。大家同心，互相協助，互相幫襯，主角也跑龍套、宮女、丫環，穿插演出，得到當地每一個國家的好評，駐外使館都爭相迎接，希望國劇團增加行程，到駐在國演出。劇團載譽而歸，返抵國門後新聞界大肆宣傳，廣播電台紛紛邀約參加節目訪談，得到高層召見，更受到所有觀眾英雄式的讚頌。宣揚國威，為國家文化做了最好的宣傳，國劇演出公演時更是一票難求，真是國劇來台「黃金時刻」的開始。

那時候徐姐正是一朵綻開花苞，嬌嫩欲滴、奼紫嫣紅，即將盛開的牡丹。只是十九歲那年晴天霹靂，爆發一件轟動社會、驚動戲劇界的大消息——徐露的姨夫是匪諜，斬立決。徐媽媽知匪不報，與匪同罪，判十二年（徐媽媽在板橋生活教育所，依然彈鋼琴、演話劇、教烹飪）。徐爸爸來台簽條是偽造文書，判三年刑期。兩位幼小弟妹到學校讀書，受到無情的霸凌。親友俱散，姐弟三人走投無路時，大鵬長官要求徐露送她弟妹到孤兒院（即現在北投的薇閣小學）繼續讀書——她說：「分別時我們三人哭得心好疼。那時候覺得大鵬怎麼這麼狠心要拆散我們。後來才體會到這樣做是對的，不然就不會有今天的我們了。」

徐露被安排住進銅山街十三號的大鵬女生宿舍，她每天的餐飲就是由大鵬工友送便當充飢。偶有戲迷來看她，欲請她外出「開開齋」，徐姐自律甚嚴，一律敬謝不敏。每個月劇團給她一份薪水（在那時候應屬綠洲中甘泉了），也幸虧她學了戲，成了名角兒，否則正是我們一般青年就讀大一的年紀——昂貴的學雜費、生活費、還有撫育幼小的弟妹，方方面面經濟的壓力，不把她逼瘋才是怪談呢！就在這種情況下，她還是努力不懈，認真學習，置所有流言於度外，保送文化學院第一屆戲劇系，立雪俞大綱老師門下學習文學、向李曼瑰老師學習現代舞台藝術。又向其他教授研習戲劇理論、芭蕾、聲樂等。這段期間，觀眾的掌聲也是重要的肯定與支持，使她持續鑽研京劇藝術，將各旦行流派、西方藝術等精華融入演出，贏得「全才旦角」美譽。

那時候很流行「聽錄音帶」學戲，廣播電台也播出對岸的戲曲。不過廣播主持人很聰明，不報演員姓名，只稱「梅派青衣」或「裘派花臉」。聽眾都知道梅派青衣是杜近芳，裘派除了裘盛戎還有誰？徐露那時也學了幾齣老師沒教過的大戲。她找到學問淵博的俞大綱先生給她修改詞彙「屢詞兒」，時常和俞老師討論劇本、詞句和深奧的古文、唐詩、元曲。一個學京劇的藝人學中國古典文學，是輕而易舉的事，何況聰慧的全能旦角徐露姐姐呢！

《梁紅玉》一劇，徐姐便為演出提供了許多意見：譬如老本子沒有的〈議事〉一場，又加了大段的生旦對唱，最後奪得了滿場的掌聲。這個時期她還研習演出《玉簪記》和《紅梅閣》，這兩齣戲所有的身段都是她和她的老師們琢磨出來的。《玉簪記》故事原出元曲，俞老師可以跟她討論文詞涵義，但是表演則是和白玉薇、蘇盛軾二位老師共同研究。劇中有一場與李金和老師「船上」的表演，他們為此還特別到碧潭雇了一艘船，體驗在船上的各種表演身段。李老師也實際練習船伕划槳動作，那位船老大笑嘻嘻的說：「你要請我去看戲哦！」那齣戲，徐姐演情竇初開「妙齡小尼陳妙常」，和紐方雨扮演「小生潘必正」，二人少男少女初戀情愫描寫的淋漓盡致，媲美當紅電影《梁祝》凌波與樂蒂。惟第一次演出時，方雨將曲牌中虛字「兮」唸成「重音」，後經音韻學大師申克常伯伯指正後，改為「輕音」，百尺竿頭又進一步！紐方雨因此劇被香港導演李翰祥發掘，成為國聯五鳳。

《紅梅閣》一劇是我今生聽京劇第二次掉眼淚的一齣戲（第一次是趙培鑫和孫元坡演《斬馬謖》二人生離死別，演到馬謖帶著手銬，懇請丞相照顧八十歲老母時，年少的我感動地噗嚕眼淚落下）。《紅梅閣》是李慧娘與裴舜卿、賈似道的三角愛情，又摻著對國家忠奸、人鬼戀故事。一句旦角「美哉少年」、花臉「翩翩佳公子」，訂定了寵妾李慧娘的生死遺憾，惡毒賈似道還要再殺害裴舜卿。慧娘的芳魂未消，度化裴郎逃離賈府。這齣戲賈似道的身段、唱詞、內心戲表演，是孫二哥在舍下和　先父研究所得。而劇本整理是徐姐與俞老師討論，身段表演則是與朱琴心、白玉薇、蘇盛軾幾位老師共同研究出來的。

但是徐姐在她戲劇舞台顛峰時期，經俞大維部長介紹，與王企祥博士結婚。婚後洗盡鉛華，住在新竹清華大學。天天洗手作羹湯，育有一兒一女。當教授夫人時代，有一次清華校慶，從美國回來的一批教授和夫人，要求徐姐教一齣戲，讓他們可以與徐姐同台演出，於是徐姐邀請周正榮先生一同演出《大登殿》，教會一位教授夫人演代戰公主、另二位教授分別演馬達、江海，並安排八位夫人演宮女、八位教授來龍套。她非常有耐心地教導中國表演藝術京劇是何物，帶領他們走台步、試著穿戴頭面（包大頭、貼片子用刨花，當髮膠貼在臉上，待久了出點汗，像小蟲子在裡面行走，又不能抓癢，很難過的……）。這場演出在當時非常轟動。

徐姐結婚後即退出舞台，全心投入家庭經營，直到一次偶然機會，老總統看電視京劇，詢問台視總經理周天翔先生：「怎麼好久沒看到徐露演戲啦？」周總答：「她已結婚退出舞台了。」老先生說：「結婚後就不演了嗎？太可惜了！」於是，周總就專程到清大邀請徐露出來，又邀請章遏雲、戴綺霞同時參加台視國劇社，簽約三年。在徐露婚後三年，雖然沒有演出，但經朋友介紹，每週兩次到台北請琴師梁訓益先生修正梅派的唱腔（梁先生曾是傍言慧珠的琴師），因此梁先生也就跟著進入台視。惠群導播為徐露參加演出，特別請　先父和王元富等戲劇家及富連成子弟，默背、編纂《八本雁門關》。

徐姐開始往返於台北、新竹清華兩地，兼顧工作與家庭。除了參加當時人才濟濟台視國劇社之外，一九七一年也在聯勤明駝大隊的邀請下，參加演出。後來有人問她：「既要復出，為什麼不回大鵬呢？」徐姐說，她退出舞台，本來就想把機會讓給後期的學妹們，加上明駝長官多次誠摯邀請，對口老生是曹曾禧和李金棠幾位前輩先生，其他藝人也多在台視共事過，彼此有相當程度的合作基礎，後來又邀請葉復潤加盟，一九七八、七九年，徐姐演出大文學戲劇家魏子雲教授編寫的兩部劇本傑作——《平寇興唐》（原為舊本，由魏老師修改而成）、《秦良玉》，先後獲得國軍文藝第十四、十五屆金像獎。在《秦良玉》劇中，徐露紮著大靠開打，還要大段唱四十分鐘，那可不是每一個青衣都能為之的。（徐姐曾在一九六五年，以《木蘭從軍》榮獲第一屆國軍文藝金像獎。）

儘管在舞台上獲得了來自各方的肯定，與王企祥教授結縭二十年最終以離婚收場，一直是徐露心裡的痛。王教授是美國加州理工學院的博士，一位優秀的科學家，為人正直，堅持科學真理以及做人的品德，也培植出一位諾貝爾獎得主（李遠哲）。然而正是這樣的性格，加上不太懂得中國人情世故，雖然有徐姐賢內助善盡「公關溝通」之職，但是長此以往終因與「當局者」意見相左，在清大執教二十年終未再接到聘書，一家四口最後搬離風城。

王教授離開清華後，一度赴沙烏地阿拉伯老王大學教書。王教授的「酵素毒蛇蛋白研究」頗為成功，在國際上享有殊榮蜚聲！三年後從沙烏地歸來，國防部安排任教三軍大學，有一份豐厚薪水，但沒有安排他教課，是個「有薪無課」的閒差。王教授覺得自尊受傷，正好北京一直想邀請徐姐演出，就和徐姐商量是否同往，他可以回北大教課，但被徐姐拒絕，因為她說：「我是台灣栽培出來的，對國家不忠不義的事，我做不到。」當時王教授就決定他自己一個人去，放棄家庭。因為若不離婚，徐姐就會和她母親一樣，知情不報，與匪同罪。

徐姐在不得不辦手續的哀慟下，辦理離婚登記——結婚後從來沒有齟齬、沒有意見不合、更無大吵大鬧，只因工作地點再一次涉及政治因素，而戛然終止「原是幸福美滿的家庭」。這一次她回不去了！「心理」影響「生理」，「病魔」藉著「心魔」騷擾她。堅強的女強人，舞台上的「十三妹何玉鳳」，她再也演不下去舞台下的《弓硯緣》了……

當徐露得了「癌症」，躺在台北榮總病床上無依無靠時，上帝派了一位「大天使」鼓勵她，給她抗拒病魔的力量，並在心理設一座無畏的城牆。徐姐帶著上帝的祝福與陪伴，進了手術房歷經開刀、割除淋巴、乳房等身體上的病毒，數月後她歡歡喜喜的回到正常生活。那位大天使耐心又細心地為她介紹：多年來一直守護她的三位一體神主耶穌基督。她深受感動，接受了基督做生命，熟讀《聖經》神的話。這位大天使陪她走過死陰的幽谷，認識了基督，她也和他偕手走完他的人生，她冠上夫姓，從此以「沈徐露」自稱。她的大天使就是掌國家安全法紀、位高權重的調查局長沈之岳先生，但是他的座右銘卻是「恨惡罪，愛罪人」，嚴以「恨」惡罪，寬以「愛」罪人！善良溫和，謙卑有智慧。他的謙和是「神聖的生命」活在他裡面。他是一位虔誠的基督徒！他們雙方兒女都歡喜、看著他們彼此相伴相依，走進婚姻第二春，是在主的引領下、親友們的祝福中完成。

從此她的生活就是撒種（傳福音）的生活，每早晨起身，在Line上和弟兄姊妹一起禱告、讀《聖經》，過生、養、教、建的生活（帶人重生、餵養、教導如何與神發生生命的關係、一起建造基督的身體）。時時刻刻帶著感謝的心，為認識或不認識的人祈求禱告。她盼望世人都能接受主耶穌做生命，有分於神國的建造，於新耶路薩冷完成我主耶穌基督的國。她用未來的時光換取過往的歲月，她在贖回光陰。在她臉上沒有不開心，只有笑容。脫下戲劇舞台上的彩衣，換上「信仰的妝容」，深深知道「主」是生命。她的前半生為「生命有戲劇」而光彩，現在因認識主而展露「主」的光彩。彎下腰照顧每一個需要幫忙的人，走進醫院慰問病人、帶病人得救歸入主，和弟兄姊妹共榮共享，一同建造基督的身體——她就是

「100分的徐露」!!

＊珈按：本文經過徐露女士同意，並參考網路影片。

馬六哥的「愛之船」裝滿好多人的愛——憶馬元亮

二〇〇四年三月十日早上，風和日麗，對很多喜好京劇的朋友卻是一個悲痛的日子，因為我們的好友馬元亮先生在這一天大殮。上午八點多，台北第二殯儀館景仰廳已經聚集了一百多位前來弔唁的親友，平常嘻嘻哈哈的戲友們，有的紅著眼眶黯然神傷、有的欲哭無淚傷心至深。又過了一會兒，陸陸續續的唁客已將二館最大廳擠滿了，幾乎坐無虛席。有別於常，這是一場無訃文邀請的喪禮。貴如前參謀總長烏鉞將軍和影劇界前輩常楓、孫越，大鵬劇團老長官、老同事王永春、蔡松春、張才金，國劇界馬先生的同業，如陸光馬維勝、海光陳元正、大宛李環春，及他幾十年來教授小大鵬、小陸光、小海光、復興、藝專、文化的弟子，有的現在已經是一方之主、或為承前啟後的教師、或為社會賢達商業鉅子，都在家祭後向遺像行磕頭大禮。

大廳門口除了放滿花籃，還有兩張大相片：左邊是他扮皂隸的劇照，右邊的馬先生穿著棗紅色中式長袍、手拿「八角鼓」（一九八五年教育部薪傳獎留影）。禮堂內正面在白色花海的上方，馬先生的相片，熟悉黝黑的笑臉，一件普通的襯衫、外罩白色毛背心，在全場中很突顯的。上樑有親民黨主席宋楚瑜和台北市市長馬英九致贈的輓幛。

九點鐘準時開始安息禮拜，由名藝人也是名義工孫越先生主持。唱完〈野地的花〉聖詩後，即由小大鵬七科畢業生，後來也是電視演員尤國棟讀一段《聖經》：「在基督內過世者必復活，我們活著的人將來和他們在雲端相遇，與主同在。」

林牧師夫人簡述馬先生信仰生活，接著寇紹恩牧師證道：「從小就看馬老師演戲，一下扮小花臉、一下演老婆婆，忽男、忽女，忽老、忽少，真是變、變、變。其實真正的他是永遠不變，永遠是國劇界那顆可以遮風避雨的大樹，承先啟後的業師。無論是徐露、古愛蓮、嚴蘭靜到廖苑芬扮蘇三，崇公道永遠是馬老師。從鈕方雨、郭小莊，朱繼屏的紅娘，老太太都是馬老師，他是不變的，但是當他信了耶穌後，他是真的變了！因為《聖經》上說：『若有人在基督裡，他就是新造的人，舊事已過都變成新的了。』真的如果您過去認識舞台上的馬老師，後來又在教會裡看到信主以後的馬元亮弟兄，您一定驚奇他的改變，甚至不相信自己的眼睛：他怎麼那樣的謙卑、怎麼那樣的低調、那樣的能和弟兄姐妹融洽、喜樂、平順，你無法想像他是一位國寶的藝術家……。」藝人之家詩班唱〈再相會〉後，就是馬先生的學生羅慎真、吳陸芳、朱克榮，他的同學孫元坡及大鵬最後一任大隊長周傑明將軍追思亡者。學生們無不感謝老師身教言教，不但是嚴師，更是慈父。他教授舞台技藝，更關懷他們的人生舞台上的思想行為。他對每一個孩子都付出了全面的愛；羅、吳兩位女士幾度悲慟而不能言，周將軍也是述說：「馬先生愛團、愛友、敬業、重官，是一位好部屬，更是一位值得人尊敬而懷念的長者。」

最令人感動至深的是他同學孫元坡：「我們八歲同年、同月、同日進富連成，從此學習在一起、搭班在一起、當兵在一起、一起進大鵬、一起退休、後來又一起聊天過日子，今天大家來參加馬元亮的喪禮，我相信大家心裡都很難過，但是我是比他家人還要難過。在這裡我告訴大家連他女兒都不知道的，他的學名叫『馬俊山』。我和馬元亮從小學戲，我們學戲都挨打，不打記不住。他每天至少要挨二十手板，我比他少挨一點。他比較『聰明』，我比較沒有他那麼聰明。老師教戲教一百次，他大概十次就學會了，我得兩百次才會。老師教完了，就問我，我不會。他在旁邊就小聲告訴我，結果老師就打他，老師說：『我沒問你，你幹嘛要回答！』下次老師教完了，還問我，我還不會，他還告訴我，挨打的還是他。六十多年我們的交往中，沒有吵過架、紅過臉，辯嘴是有的！十多年前我移民美國，他在台灣。我有時候忽然想不起一件事，或是一個人名，我就打電話給他。他的記性很好，馬上就告訴我，然後就問我：為什麼這麼急打電話問他？我就說：『你告訴我了，我今天就舒服了。要不然我就茶不思、飯不想，什麼事也不能做了！』『哎呀！你不能為了喝得下茶、吃得下飯，半夜三點半打電話把我吵醒呀。』他最近幾年身體很不好，常住院。他有時給我打電話，我問他在哪兒？他告訴我：『仁愛醫院』，後來我們之間就有一句暗語：有一部電視影集叫《愛之船》，我們都想上去坐坐，馬元亮生病是很痛苦，我們就妄想把它美化，管住院叫上『愛之船』了。現在他過世了，我想他也挺好的——不要再在船上晃蕩了，那個晃動是不舒服的。最後我要跟他說一句話：『你先走，我就來！』」

孫元坡的話字字帶著濃厚的親情，句句中又充滿了手足間的詼諧，令人眼中含著淚，嘴角卻不覺莞爾。最後馬先生的女兒代表家屬致謝詞，林永錚牧師祝禱，在禱告前也談及馬先生信教以後，在教堂中的謙遜和熱心，以至不熟悉國劇的朋友，都不知道馬先生原來是這麼一位的國寶級的大師，因為他平常的口頭語是：「我以前做過太多錯事，我一定要好好懺悔。」一曲〈恩友歌〉罷，家屬與眾親友於十點半送別一代大師：安厝於國軍公墓。

後記

馬元亮是富連成第六科學生（屬小六科，所以看到大六科哈元章、孫元彬都比較恭敬），是富連成創辦人葉春善的外甥、馬富祿的姪子。在校學文丑，由於是葉家親戚，所以比別的學生要多挨打、多受管教，因此他學到的也特別多，在台灣有「戲包袱」的美譽！畢業後一度在上海搭班，也曾往蚌埠演出，彼時與　先九伯父、母為忘年交。一九四九年加入空軍傘兵，後因大鵬劇團創立，方一展長才，而與哈元章、孫元彬、孫元坡等為大鵬瑰寶——「富社在台四元」，深受老虎將軍王叔銘先生讚賞，代表國家履及歐、亞、美諸國。小大鵬成立又為教師，後也為國立藝專、文化學院、陸光、復興、國光各校聘請為兼任老師，先生更在公餘之暇，勤跑各大票房，指導戲友，桃李滿天下，人際關係更為一般同儕之冠。

筆者五歲時，大鵬首次在台北演出，侍　先父到劇場後台與他們相聚，那是我第一次見到他們。因為孫盛文、孫盛武與　先父為竹馬之交，孫氏昆仲、馬元亮及榮春弟子均稱先父為「包大爺」，而我亦稱元彬、元坡為孫大哥、孫二哥，馬元亮因為在未入科班乳名「小六」，故我稱呼他「馬六哥」。他雖然沒有元坡兄那樣視「包大爺」、「包大媽」如親叔嬸，青年時也與我家走得很近，記得一九五五、五六、六一年三次搬家，均請孫二哥、馬六哥幫忙押運行李。馬六哥是演老旦及小花臉，在台上大多為邊配，他每次演出看起來都輕鬆愉快，其實是全然投入，站在台上就有他的分量。一齣簡單的《探親相罵》，由於他襯托章遏雲，將此戲掛上大軸子，其他與哈元章的《問樵》、孫元坡的《李七長亭》，都是膾炙人口的經典之作。當然，最為人所稱許應屬台視惠群導播集胡少安、孫元坡、馬元亮演出《贈綈袍》！

我在銘傳大二時，因為是代聯會主席，有責任推動全校的社團活動。一日，我初中的學姐黃曉寧（外號大頭）邀我參與平劇社，串演《鴻鸞禧》的「二桿」，參加後才知道指導老師原來是馬六哥與惠大嫂（趙玉菁女士），我就直呼直令地學起沒有一句唱腔的小花臉。因為當時劇評家都是　先父的好友，所以演出後那幾天台北各大報紙都佳評如雷！後來賈馨園、孫碧波二位學姐演《武家坡》、《銀空山》、《大登殿》，我又來了馬達、江海；《四郎探母》叫我和黃曉寧擔任兩位國舅，馬老師才知道我五音不全，一句「刀出鞘來弓上弦」的散板，我都學了好幾天；最後魏承玉演《宇宙鋒》，我陪著演啞奴（秦慧芬老師所授，孫二哥又給我在家中惡補幾番，才能上台！），馬六哥心裡鬆了一口大氣，這個笨蛋終於不必開口！一九六六年，馬六哥結婚，新娘子是他的學生拜慈靄，她老旦唱得非常好，嗓音高亢、中氣十足、學習認真，台下也很得人緣，錢君樂、張春等兩位學姐暱稱她「老拜」。她是回教徒，結婚前馬六哥還去清真寺「洗腸」。老拜不但學戲專業，與復興孫復韻為一時瑜亮，後來她在台視兼打字幕、整理劇本及一些行政工作，也做得很好，她的人際、公關更是一把罩！在那個時代已屬「女強人」型了，她在馬六哥眼中，可能缺了點女人味。馬六哥可以在任何場所都當「老二」，唯獨在家中，他不可以當眷屬，他是一個需要女人撒嬌、依靠、伺候、哄騙的「大男人」。後來雖然生了三個嬌嬌女，他視如至寶，婚姻還是走上離異之途。老拜遠走美國，憑她認真努力，在異鄉不但闖出一片天地，而且將三個女兒教育成才：律師、會計師、政府機關高級公務員，家成業就。這些永遠的情分，馬六哥是點滴在心頭的。

一九七〇年我進中視，做國劇助理導播之始，除了孫氏昆仲，惠大哥、馬六哥均教導我許多。一九八〇年代，趙復芬製作「國劇大展」，她請馬六哥擔任戲劇指導，每次我這個導播看排戲他從來不拿我當一回事，高興叫我賢妹；不高興叫我包珈，我也不惱，因為在他心頭我永遠是五歲的小妹妹。馬六哥那時已經和季素貞女士再婚，那應該是他一生最快樂的幾年！每次排戲或錄影，他們都儷影雙雙。季女士我原稱她阿姨，後來我也沒改口。有時她與我閒聊，說馬六哥很挑嘴、很難伺候，說歸說，我看得出來她心中甜蜜的很。幾年後阿姨遽逝，馬六哥鬱鬱寡歡，有一天我跟他開玩笑：「哎呀！你應該再給我找一位六嫂。」又過一陣子，我去復興看李寶春排《野豬林》，他精神就差很多；蔡松春公子喜宴，我跟他同桌，他告訴我他已經洗腎了；胡少安先生過世幾個月後我聽到他住院，買了他愛吃的餡餅、粥去看他，我更覺得如果季阿姨在世有多好。二〇〇二年五月　先夫郎雄追思彌撒，意外地在親友席中看到馬六哥，我非常感動，也為他沒有臥病床榻而歡喜！誰知道他還是蒙主恩召了！那天安息禮拜結束後，孫大哥說：「富連成『四元』就剩我跟妳二哥這『砂鍋二元』了，我明年都八十了。」我也感嘆地說：「我今年也要退休，滿六十啦！」

胡少安在中視

他穿著一件長棉袍，料子很好，顯得他很挺很帥的。

第一次見到胡少安先生是幾十年前的事了！一九五〇年左右，陰曆年初二， 先父帶著我在三軍球場欣賞顧劇團演出。胡先生的〈黃金台〉，壓軸還是大軸，是張正芬、于金驊的《荷珠配》（事隔多年，無資料可查，記憶已不太清楚，劇目恐有出入），當日天氣不是很好，台北冬天濕濕冷冷，又是下午場，賣座非常不好，偌大球場觀眾人數不多！胡先生下了戲特地到前台和熟識的戲友打招呼並拜年。記得他穿著一件長棉袍，料子很好，顯得他很挺很帥的，跟平常老穿二尺半的孫氏昆仲（元彬、元坡）大不相同。胡先生與 先父聊了一會兒，就又去與別人周旋去了，臨走掏出一個紅包給我當壓歲錢。回家一看：哇！好大一個——新台幣十元（以當時物價，尋常百姓可以過好幾天了）：所以雖然只見過一次，但是印象深刻……

顧正秋劇團的戲我聽得寥寥可數，顧劇團解散後，這些藝術者分別加入海光、陸光、大宛， 先父酷愛大鵬，所以我和他們幾乎都不認識，直到台視成立，沾著惠群大哥的光，常到攝影棚看戲才搞清楚誰是誰。和胡先生再見面已經是一九八〇年，梅長齡擔任中視總經理，提倡「八不政策」（即當時節目規定：八項不可。如：不可男生留長髮、女生服裝不可暴露，不可有淫蕩、暴力情節，不可有血腥鏡頭等等，反正當時綜藝、戲劇節目均作得像社教節目，平淡、教條、無娛樂味。），將賺錢的八點檔國語連續劇改為「國劇大展」時，胡先生和李桐春、高德松、王福勝一起入主中視演出「三國戲」，彼時我才三十多歲，正是做連續劇、綜藝節目的黃金年華，所以製作人周韻華（大宛國劇隊旦角，胡少安夫人）雖然希望我去幫忙，但是直屬長官始終不派，這大概也是對梅總「八不政策」的一種消極的抗拒吧！一九八六年中視搬到南港，胡先生任「國劇大展」製作人，我才比較做得多了一點，後來不知什麼原因忽然把胡先生停了！幾個月後，趙復芬組團擔任製作人，第一次播出是《鳳還巢》，小生高蕙蘭、彩旦于金驊、老旦王鳴詠、丑角周金福、老生楊傳英、花臉孫元坡、元帥哈元章，女主角她自己來演，眾星拱月、花團錦簇，煞是精彩。播出後反應非常好，一個月後又屆「金鐘獎」競賽，趙姐蒙高人指點：「導播一定要懂國劇的曾慶普才能抓住戲味。」那時恰好我是曾慶普的助理導播，順理成章就跟前跟後地攪和一陣，糊裡糊塗年年入圍，好像還得了幾次獎。這樣一來國劇節目想把我們甩掉都很難了！趙姐作了幾年，胡先生又回來，兩團採三月一輪式製作。長官問我們願不願意繼續幫胡先生導？這時我才知道曾導與胡先生是舊交，感情好得不得了。未幾曾導高升，但是無論換了哪一位導播，國劇總是與我「焦不離孟、孟不離焦」，除非其他固定節目撞期……後來就是我這媳婦熬成婆了。

那陣子國劇節目，旦角除了趙姐自己粉墨登場外，王鳳雲、吳陸君都請過，胡劇團最愛用王鳳雲、劉海苑、郭勝芳，周阿姨已經不演了。小生趙用高蕙蘭，胡用孫麗虹，有時也用陳寶亮；花臉趙用孫元坡、馬維勝，胡用陳元正，後來都用朱錦榮。老生趙姐早期請張大鵬、周正榮、哈元章，後來差不多都是葉復潤；胡先生這邊則以唐文華為主，偶爾胡先生也下海表演一下，如《胭脂寶褶》等經典名劇。每當到這位國寶級的「戲帝」演出時，上上下下均有一股莫名的壓力，他的文武場一定是最好的搭配，連包頭、服裝也都有私房師博專人伺候他。而音訊試音時，我也不敢隨便抓個人Test。正式錄影全體工作人員也被我害得緊張兮兮……

胡先生與我在中視共事時，國劇已進入本土化初期。當初和他同台共藝的對手們，大都退休甚至凋零，而公司發給的製作費也少得可憐，捉襟見肘。我也知道他們的難處，「人在公門好修行」，能幫忙處我就盡量幫忙，所以賓主之間相處得都很好。胡先生我尊敬他是前輩名伶，趙姐與我年齡相近，是無話不說好朋友。工作時公司有公司的規則，譬如說戲劇節目要設戲劇指導（導演），國劇也不能例外，開播時期李寶淦先生製作時是曹駿麟、趙姐請馬元亮。曹、馬兩位都是戲包袱，特別是馬元亮，幾乎沒有他不會的戲，但是這位仁兄（我暱稱他馬六哥）是看著我長大的，太知道我有幾兩幾斤重，雖然在公司我跟一般同事一樣稱他馬老師，然而他高興叫我「賢妹」，不高興直呼直令「包珈」！排戲時從不坐在我旁邊講戲，有時聊天、有時抽煙，我也拿他沒轍，但是演員如果出錯誤，嘿嘿！不知他就從哪裡鑽出來了：「哎！少爺（小姐），您好像應該怎麼怎麼唱……」或「大哥，這點兒是不是應該這麼這麼拉……」。他那張臉本來就不帶笑容，抓住錯誤時更酷！有時連我也有一點怕他。胡劇團就不同了，不論誰掛「戲劇指導」，坐在我這個導播旁邊的永遠是周阿姨，胡先生很少離開排演廳，稍有不對，他就笑著臉、口氣卻很硬：「這句應該如何如何……」，文武場也是一樣。他們這些位老伶工不但能戲很多，而且「鑼鼓經」一套、一套背得滾瓜爛熟！大陸藝人可以來台時，胡先生請了好幾位參與演出，第一位好像是北京來的李宏圖，我錄了他八九齣「葉派」經典；羅載爾搭陸光班時也客串幾次，有時一些老戲還要胡先生幫他們「現鑽鍋」（臨時傳授）；一位名老旦《釣金龜》出名，但是不會《行路訓子》，胡先生就在中視四樓給她錄音，愛護後輩不止於對唐文華，結果這位老旦大姐愛漂亮穿少了感冒而回戲，近年來也不見再來，台北已是趙葆秀的地盤。于萬增來台，胡先生也請他，他很不錯，陪胡先生唱《打侄上墳》，排練前還請其令舅蕭運昇為他再「酘一把」（臨陣磨槍）！藝人用功不用功，從小處就可看出。至於文場，胡、趙兩位均不惜工本，請了好幾位高手。胡先生排戲時對我非常客氣，稱我「包小姐」或「導播」，反而我很不好意思！（胡先生稱　先父「包大爺」。）有一年金鐘獎，趙姐推出《西廂記》和《穆桂英掛帥》。胡先生則向公司報備四本《狸貓換太子》，由老王征東起，導播是林獻彰，記得當時非常用心投入，無奈那時觀眾及評審都不太能接受佈景、電視剪接而全軍覆沒！（其實我自己也覺得像電視歌仔戲，所有的國劇抽象表演都沒有了！但是當時公司政策如此，我們升斗小民又奈何……）胡先生和趙姐都陪著我鬱卒了好一陣子，所幸來年又入圍總算一雪前恥！

大概一九九八年左右，公司結束胡、趙二團，國劇節目由公司派製作人，和國光或其他製作公司（約請大陸京劇團）簽部頭約方式，不進棚只側錄公演。我還是常常參與錄製，藝員們舊雨新知，也都和我混得很熟，但不知為什麼，總少一個「自己人」的那種親切感，睹物思人也就常憶起胡、趙二團。一九九九年一月尚長榮來台，胡先生和李桐春三人，在社教館演出《青梅煮酒論英雄》、《贈綈袍》、《戰長沙》，筆者躬逢其盛，錄製該次公演，那時我已感覺胡先生在台上不如在電視台那麼有勁！誰知那也是最後一次合作！今年（二〇〇二）四月七日錄國光的新戲《牛郎、織女、天狼星》，唐文華擔綱「不戴髯口、老生唱腔」演出。彩排時我與記者們一起坐台下，終場也未去打招呼。錄影那天大家更忙，誰知九日晨報竟刊出胡先生逝世的消息，驚慟不止！慨人生無常，悲長者驟逝，憶昔日共融，更謝謝兒時的大紅包!!

我認識的程景祥先生

認識程先生是一九五七年的事了，第一次看到他當然是在舞台上，什麼劇名我已經無法追憶。只覺得這個空軍票友扮像真漂亮，比王振祖伯伯、高華伯伯演的「青衣」更有女人味兒，父親說他們行當不一樣，他是「花旦」。散戲後我還央求父親帶我去後台去看他，看他卸妝後是不是也很好看。又過了一段日子他也變成了「我們家的朋友」，這是因為他正式調到大鵬，和孫元坡結為好友，三不五時晚上到舍下，聽 先父「蓋」一些國劇掌故，戲劇精華什麼的。

與朋友交忠義

不過真正和他熟悉是大鵬歐洲訪問歸國，孫二哥「盲腸炎開刀」後，住在我家養病。身為好友的他，也常來照顧。這時我已稱他為「程大哥」，他也隨著孫元坡、馬元亮；富社、榮春師兄弟們稱 先君為「包大爺」。孫元坡是在訪歐洲途中發現肚子不舒服——國外檢查是慢性盲腸炎，礙於旅行演出，一直拖延至回台才動手術。由於我家人口最單純、交情也最深，所以推卻了環境優渥的杜府，委屈窩在我家。孫二哥住院在當時是件大事，他返抵國門，空軍當局已經安排好醫院、醫生，檢查、住院、病床；家母也準備好他住院的用品。我最記得那時市面尚未販售保溫便當，家母怕開刀後給他補營養煲煮的雞湯，因路途遙遠而涼了，特別清理一個熱水瓶，充作保溫罐。事後再次使用時，家中就稱該水瓶為「雞湯熱水瓶」。而程大哥在孫二哥住院期間，即成為他的特別看護兼跑腿，每日三餐大多由家母備好軟性易消化的北方麵食，由程大哥給他送去。白天程大哥就在醫院端湯侍水，晚上則打地舖住在病床邊。孫二哥出院後療養期，一日進餐五次，家母那時也是五十多歲的人了，孫二哥很不忍讓老太太操勞，就常常請程大哥幫忙買菜做飯。那時正好他跟朱琴心老師學花旦戲，偶爾遇上朱府吃飯時間，聰明的程大哥就學會了朱大媽一手好菜。朱家是南方人士，江浙口味講究「濃油赤醬」，很多菜要小火慢㸆。程大哥在我家燒菜不敢太費爐火（我家那時用的是煤球爐），他總是在大家吃完午飯後，再用餘燼微火煮出很多好吃的食物。他是很細緻的人，他炒豆芽菜一定要掐去頭尾，一根一根像小「玉棍兒」似的晶瑩剔透。韭菜他一定要剝去很多層外衣、鍋中放很多油，大火快炒十秒鐘。一道非常普通的菜蔬，經他雕琢後都成佳餚美宴。孫二哥休養一個多月回大鵬劇團後，程大哥與我家的關係並未因此而疏遠，仍然「包大媽」、「包大爺」地依偎著二老。在家居生活中，我們兄妹相處地無話不談，他很羨慕我有父母呵護，因而也使他思念起遠在山東鄉下老家的媽媽，鼓勵我好好讀書：「妳看妳多幸福呀！上學可以在家門口坐公車，中午包大媽還雇三輪車給妳送便當。哪像我們小時，天矇矇亮就得起程，走好幾里路才到學堂。不要說熱飯熱菜，就連個大米白飯也沒有，哪天不是從灶上抓兩個貼餅子夾點鹹菜……」

學戲與唱戲

程景祥在大鵬其實也沒多少年，不過正值國劇黃金時期，遇到良師朱琴心先生，著實學了不少好戲。按《大鵬十年・名師出高徒》所載：

朱琴心先生祖籍浙江吳縣，生於上海，幼時就讀上海中西書院，十七歲轉入北平協和醫院。時北平戲劇盛行，遂引起濃厚興趣，十九歲開始學習，不久以票友姿態出各堂會，聲譽之隆，儕於梨園諸名角之列。二十一歲友好鼓勵，正式獻身菊壇，與高慶奎演出北京華樂園。是年冬，又偕余叔岩赴上海，又佐楊小樓演出北平開明戲院。以《陳圓圓》一劇造就其在梨園崇高地位，民國十三年（一九二四）春天自挑大樑，演出平、津、滬、魯各大都市，赫赫一流名伶皆與之合作。其拿手戲有《陳圓圓》、《關盼盼》、《劉倩倩》、《曹娥江》、《化外奇緣》等十餘齣。民國二十六年（一九三七）七七事變後，即不長期演出。朱君現年（民國四十九年〔一九六〇〕）五十九歲，生性耿直，不求聞達。恂恂有儒者風，蓋伶隱之流也！三十年即以傳授劇藝為業，當時名伶均曾拜其門下，今在台之顧正秋、焦鴻英、陳美麟等亦均從其學藝……本團敬其忠義、仰其劇藝，創學生班乃聘為教師。

由此可知朱先生當時主要教的是徐露及後來的鈕方雨等，程景祥、趙原兩位都可以說是「隨班附讀生」，但是他們非常用功。我記得聽過程大哥除了《拾玉鐲》、《鴻鸞禧》外，他的《坐樓殺惜》、《戰宛城》、《殺狗勸妻》、《翠屏山》、《胭脂虎》（他演名妓石中玉，助夫打仗。好像還紮靠，真是難為他這個票友出身），另外 先父編纂的《大名府》，身為男士的他也將一個闊太太七情六慾、心靈空虛詮釋得非常深刻。據《空軍康樂》第28輯（一九五七年六月出版）〈大鵬名藝人〉作者周郎先生介紹程景祥先生：

他像埋在土內的明珠，在空軍服務甚久，一直到四四年（一九五五年）康樂競賽才被發掘這位人才。他有美麗的扮像、又柔又甜的歌喉、身材體態都是天賦……

我自己看大哥的戲，印象最深的是他的那雙眼睛，活靈活現、勾魂攝魄。根據我好友胡錦小姐說：「花旦練『眼睛工』是非常辛苦的，通常都是小孩肌肉神經還沒長好，眸子隨著香頭上、下、左、右轉移，轉到眼睛都麻木了，好像機械一樣才能通關。」程大哥入行已經是二十多歲的空軍機槍手，而能練出那種「媚、妖、騷」的工夫，是真的很難，很下本錢！彼時是沒有什麼「紅頂藝人」，否則一定打他的主意。（一笑）

大鵬每年封箱戲，總喜歡唱一齣反串戲。一九五七年二月（春節）是《慶頂珠》：由青衣趙玉菁反串老生蕭恩、小生朱冠英（朱琴心之公子）反串旦角蕭桂英、花旦趙原反串老生李俊、丑票醉客（馬桂甫）之花臉倪榮、徐露丁郎、武旦季素貞之丑角葛先生、程景祥花臉丁員外、哈元章大教師，四小教師由二科嚴莉華、古愛蓮、楊丹麗、鈕方雨四人扮演。

戀愛故事

一九六一年初，他們都到了適婚年齡，程大哥認識了一位歌仔戲班團主的千金，也是當家小旦。軍隊放假日，出雙入對地到我們家、杜家、趙玉菁家走動。大家都祝福他們：早結連理、花開並蒂。這時候程大哥已經離開大鵬，考上南部一所財務軍事學校；而他的女朋友正值台灣歌仔戲黃金時期，遠征菲律賓。好像團主爸爸希望她選擇一位當地華僑，但是「小旦」愛情至上，除了程大哥誰都不嫁。而程大哥當時聽到女友另有追求者時，還耍「狗熊脾氣」，氣得當家小旦有氣無處發，三天兩頭往趙玉菁家跑，但是去了一句委屈也不說，弄得趙大姐也摸不著門路，只有好聲招待她。也不知過了多久，才把「愣頭蔥」程大哥從南部召回來，好費一番勸導，才六禮成親、喜劇收場。

一九七二年再回大鵬，這時他已經不太上台，而負責軍需、總務行政工作，小班已成氣候，八天公演程大哥只有一齣《烏龍院》。由於工作領域不同，而且年華已大，又有家庭，就很少到舍下來訪。他到復興劇校後，隨校長劉伯伯來過一兩次，我最後一次見到他是在孫大媽（元坡母親）八十大壽宴會，他已經四十多歲，但是還算英俊瀟灑。多年後電視播出他的新戲，我特別約了郎雄在家，共同欣賞兒時的偶像。結果扮像已經很「不好」看了，嗓子更不是當年出谷黃鶯般的嬌嫩。我對外子說：「什麼叫『紅粉佳人白了頭』，大概就是這樣吧！」又過了十幾年後的今天，忽聞程大哥也隨胡少安先生、郎雄、曹健、王生善教授、關毅大姐等駕返天鄉。撫今追昔，嘆！時光易逝。也特別敬悼一九六〇年代的國劇偶像人物——「一代乾旦」程景祥先生。

哥哥們慢走——記史俊明和李渝

一九七〇年十一月初我奉調導播組任行政工作；一九七一年三月分配在史俊明導播Team。那時的導播組是中視公司節目部「天下第一大組」，真是人人有來頭、各個有看頭；除了開播「六大導播」外，一九七〇年初又升了幾位新秀導播，史俊明就是那一批上來的。那時候老導播們戲劇掛帥，綜藝歌唱則由香港來的杜弘毅副理領軍；他帶來的李鼎倫（麥可）、阿梁加一個剛升上來的本土王中強，包下了《每日一星》、《大家歡》、《合家樂》。史俊明和宋裕民是不屬「杜系」的歌唱導播；宋以《萬紫千紅》為主導、史則做了週日的《歡樂假期》、比賽性質的《家家唱》和老顧製作的《金曲獎》。

我調史俊明Team時是一隻標準的菜鳥，什麼都不會、連倒數「九八七六五四三二一」還會發抖！而史俊明長的又是一副「太保」樣——梳個大包頭、穿條緊身牛仔褲、嘴上永遠叼著一根香菸。我心裡嚇都嚇死了，但是表面還死撐著「很能」的氣勢。第一天現場播出《家家唱》後，晚上偌大的辦公室只有我們三人（第三人是現場指導顧英哲）。史導播煙也不抽了、自己倒杯茶，語氣嚴峻的像位教授，花了一兩個小時，好好教我怎麼提鏡頭、怎麼配合他們倆錄影，告訴我他們須要什麼、我該做什麼、對工作同仁、對演藝人員應該用什麼態度、甚至說話要用什麼語氣——

妳現在是低頭挨罵階段！自己加點油，頭抬起來，不被人家「吱吱」嫌棄，就算向前跨了一步。自己努力一點，有一天可以挺起腰板，穩穩地坐在那兒，大聲大氣的指點演藝人員時，妳就是一個人物了！我不求妳速速幫我罵人，我只希望妳快點別「挨罵」。我也可以輕鬆點啦！

那天以後，約一個多月的自我魔鬼苦練，我在攝影棚和副控室終於真的可以挺著腰板走路了。我們的《金曲獎》收視率也越來越好，在同時段已經是「三台第一」！過不了幾個月，杜副理也不得不表示親熱地「ㄟ俊明呀！」跟著這樣一位導播我也多少沾光不少。秋天來臨，台灣觀光協會主辦一個「觀光小姐」選美大會，和老顧一塊兒被業務部貶下來的伊副理標下了這個案子。他當然不會找「港派導播」，就求著史俊明幫忙。「主持人」人家的人選是電影界的老牌導演王龍，排練時史俊明就嫌他太資深了、活力不夠、肚子肥嘟嘟的沒有賣相，堅持要用我們的包國良。老包那時正當紅，意氣風發，節目也排的滿滿。選美大會播出三天，有一天撞上他的《猜猜看》，必須有一人頂替。我們馬上想到剛升副組長的王世綱，他也爽快答應。

「但是我沒白西裝。」

「那還不簡單，做呀！」

彼時成衣尚不流行，訂做一套西裝最快也要十天。大家都愣住了！史導播看看我：「看妳有什麼辦法?!」我腦筋一轉，想到我以前兼差做貿易招待美國客人，帶她們去中山北路訂製過「速成旗袍」，一定也有「速成西裝」。打電話一問果然OK！我立了大功，史俊明當然面有「得色」。那次選美比賽後台的現場指導，主辦單位又說一定要女性方可。組裡長官們一研究，這個苦差事就派給和史導播最有默契的我了！年紀輕、記憶力好、在家用用功，一下子就把每一個參選佳麗的名字號碼背下來了。我嗓門又大，就用救國團教我們的「號碼點名制」把那六十位嬌滴滴、很難纏的小妞，管理的「臂管條直」。從此我也有了「包媽媽」的渾號。電視選美播出後佳評如雷，我們Team在三台「戶外轉播」也打響了知名度，一九七二年一月十三日第一次三台聯播《中興之夜》也是由伊副理製作、史俊明帶著已經跳槽台視的弟弟邊城，Live播出。那天排練時我真是好威風，三台的演藝大卡都在我的「令下」進出。（我在現場就是總司令，全部都聽我的。所以整個節目表都背下來了。）因為小顧也跳去台視，新調來FD還沒摸透導播的習性，謀合度不到位，現場就由我「瓜拉瓜拉」喊叫著。我們中視的同仁早就習慣了我的囂張跋扈，其他兩台如楊麗花、吳桓、倪敏然莫不斜著眼睛看我這個小女子！從那以後國家慶典大型轉播都由我們包辦。史俊明固然有好名聲，連我這個狗仗人勢「法門寺裡的賈桂」也唬得住宋巧姣、小傳朋，連郿鄔縣我也沒拿正眼看看……

我們也做過連續劇，如遠赴金門拍《海燕》外景、古裝劇《五段情》等，都是「不叫好、也不叫座」的爛戲！但是捧出了一位當時的「豔星」藍毓莉。跟著味全公司鄭經理委託《家有嬌妻》製作人李湘製作《真善美》歌唱節目，藍毓莉擔任主持人，這也是我和李湘工作上的第一次接觸。

李湘是正聲公司董事長，也是我們公司常任董事李葉先生的么兒。他有世家子弟的大器，卻沒有權貴孩子們的驕氣。他和華聲電台張昭泰一起經營旭東廣告公司，味全是他的大客戶。跑業務和中視連絡，好像都是他的事，張昭泰很少過問。李湘很認真的經營他的公司，中視各樓層他也跑得很勤，因此也和我們混得很熟、很熱絡。三不五時工作之餘，會約我們吃吃喝喝。他很少在館子裡請客，他也不參加我們的錄完影後的宵夜聚餐。他請客幾乎都在家裡，他們家裡有一位家廚，是胖胖的中年男子，燒的一手好菜。在他家大院子裡起一個炭火爐，慢慢地燒烤豬肋條骨、大籠屜蒸著粒粒飽滿的珍珠丸子、豆腐皮包著菠菜香菇叫「菜膽」（不同於永福樓的「素黃雀」），都是李府專有的菜餚。他們家請客很少少於十人，我們每次去就像蝗蟲壓境；二三十個大小伙子「一盤像山一般高的珍珠丸子」沒有三五分鐘就見底了。他會偷偷拿出李伯伯的洋酒，讓我們解饞。過年的春酒宴，我們口袋有新發的年終獎金，也會吃完飯圍著大圓桌玩幾把牌九。記得有一次盛竹如做莊，我們同事幾個人合夥，小白和老宋合就「白送」，加了老趙「照白送」，狗史再加進去「死照白送」。那天我們中視節目部可給台視新聞部宰慘了！雖然大家輸的落荒而歸，卻也稱道了幾十年。

那時候導播組本來就像一個大家庭，PD、AD、FD們親如兄弟姐妹。我們視長官董彭年先生、林翔熊副總、王世正副理、沈宏毅組長也如伯叔長輩；跟他們講話沒大沒小、撒撒嬌、不要太離譜，他們也不以為忤。李渝雖是製作人，他的好脾氣、好人氣，加深了和我們導播組的好感情、融入了這個大家庭。他除了《家有嬌妻》和一些零散的綜藝節目，他還做過八點檔國語連續劇《八玉馬》。過了些年我調開史導播Team，史俊明和我不論有沒有參與錄製李渝的節目，我們都是他的最佳拍檔。他會問我們的意見，李渝作《電影介紹》也每每約著我和幾位特別好的同事一起去西門町小巷子裡的試片室，先睹未上演的新片。回想起來那是一段多麼快樂的時光呀！

我和他們這些男生混在一塊兒，他們從來也沒有一個把我當女孩兒看。所幸我還不停地交男朋友、談戀愛，要不然人家一定以為我是「T girl」。一九七六年我結婚時，正在和白國嘉做《新姿剪影》，製作人又是李渝。下午在教堂舉行婚禮，他竟從攝影棚溜出來，幫我作招待。一九八〇年代後期，李渝接了嘉禾電影公司在台總經理的職務，自此也踏出了電視界！難得有機會我們會通個電話聊聊天。導播組也有了很大的變化：多位同事升遷到別組、有的還離職出國、小朋友也一批批的進來，兄弟姐妹的情誼淡了許多。我的導播更是輪換了多位，我後來都不說「我和誰一個Team」，而說「誰和我一個Team」！導播們資深資淺都對我很照顧，我也與他們相處的很好。有些小朋友經過我調教，也在人前人後稱我為「師父」。我也和人說：「我師承劉之媛和李蓉蓉」，卻很少提起史俊明和小顧

「那天晚上是怎麼教我」的事。心裡卻念著所有的前輩都是我師父！

又過了許多年，流浪在外的史導播回了導播組。後來因緣際會還當了副組長！這時當然再也找不到「大家庭」的氣氛，還變本加厲添增派系爭鬥，有幾位小朋友隨侍在側，有的則明裡暗裡的諷刺他。江湖走老了，他倒也看在眼裡記在心頭，表面上哈拉哈拉過去啦；有時我去他小房間，「副組長」會和我嘮叨幾句，還叫我小心點兒！

二十世紀末中視大裁員。一百〇八位「大機器和小螺絲釘」都呼嚕呼嚕被趕走了。這裡面包括了湯以白、史俊明、白國嘉、邱則明等開疆闢土、國之棟樑。我沾了郎雄的光，沒趕上這趟列車。唇亡齒寒令我不寒而慄，從此變成了沒聲音的人。二〇〇四年五月，我也找了個機會自請退休，導播組還念在舊情，為我辦了一個歡送會。白國嘉、史俊明都回來參加我的「畢業典禮」……。

母親過世後，我搬離濟南路老房子。在湯以白成立的公司打發寡居時間。工作之餘也約請老夥伴們聚聚，史俊明每次都是第一個到。他退休之初，還想在公共電視送有關傳統戲曲案子，他叫我幫他找資料，後來也不了了之。還聽說要和余邦他們去東北作節目。二〇〇七年夏末一晚，我接到他的電話叫我去和〇〇醫院的醫師「關說」：

「他們要我檢查，但是我不想住院。」

「醫師叫你住院檢查，你就要乖乖聽話。」

「我一個人在台北，住院多不方便！」

「我陪你好了，ㄟ！你不是有一個妹妹在台中嗎？」

「她要做生意。」

「那你請她明天來幫你辦完手續，再回去。其他的都有我呢！」

就這樣說定了，第二天我們如約見面。我透過關係問到主治醫師——

「他是癌症，肝癌已經二至三期了！」

我和他妹妹趁他檢查時，速速打電話去美國，請史大嫂回來。十天內在另一個更大醫院開刀，我請經英妹妹和我一起陪伴史家姑嫂，手術後我們感覺他精神氣色也還不錯。十月初李湔女兒結婚，他還去道喜。越一個多月沒消息，我打電話，家裡也沒人接。我想大概是去美國養病?!十一月再接到史大嫂的電話，才知道他們回美國奔喪、辦完伯母喪事，由於術後沒有適當休息和化療，史導播體內的癌細胞擴散到肺臟，再次住院就沒救了！那陣子我拍片忙得不可開交，但是我還是抽空去醫院看他……

「你快點好，我們再去做ＯＢ。」

快過陰曆年，我送他一個紅包：

「你自己去買東西吃吧！」

沒想到第二天就昏迷了，第三天早上我去看他「面灰如土」，醫生說：「撐不過當日。」

下午七點我在剪接室，接到他妹妹的通知：

「史導播六點半駕返天鄉！」

我幫著他們家姑嫂，按基督教禮儀辦了喪儀。

那天導播組終於再一次大集合了。

我們剛忙完史俊明的追思禮拜沒多久，又聽說李渝也罹癌，匆匆和白汝珊去探視他。一切都很好，我想沒什麼大不了。多少人發現是癌症不都活得好好的嘛！有幾個像史俊明這麼快——如果他不去美國、不忙母親的喪事、不那麼累、體內癌細胞根苗就不會分裂的這麼快……

這一年我還是忙著拍戲、剪接、開會，就沒多問候李渝。九月初一天中午，湯以白告訴我「李渝昨晚死了！」晴天霹靂我像被雷轟的一聲，久久不能自語。下午趕到醫院禮堂，參加了他入斂禮，望著遺像「肥頭大耳」。這麼好的人怎麼會不長壽呢?!

唉！再一次嘆人生無常，我們能說什麼呢？不勝唏嘘，心歸天國，身歸塵土。安息吧！哥哥們！我們天國見了。

二〇〇九年十月七日

＊珈按：這篇文稿是二〇〇九年寫的。過了沒幾年，二〇一一年三月我也檢查出乳癌第三期。不知道是我命硬？有天主庇佑？還是他們都怕我的「大嗓門」吵得他們不得安歇，到現在我還好好的呢!!

ㄎㄡ桑黃義雄＋老胡＋小豆

一九七三年我和剛升上來的楊導播一個Team，一天組長交下來一個新節目——《我愛邦德》，廣告客戶是新產品「邦妮——褲襪」，製作人兩位是菜鳥（第一次作節目）。其實我也很菜——一、我不是科班（本科系）畢業的，二、我作助理導播也沒幾年，我只是仗著啟蒙師傅史俊民導播很寵我、誇我、挺我，才能有機會作過很多國慶晚會、總統華誕、三台聯播、《觀光小姐》、《金曲獎》、《歡樂假期》等大型節目。三、我的嗓門大，學生時代又在「救國團」學習領導統御教育，挺能配合著史導播指示。因而在當時外人眼中我好像是個"Somebody"！

那時候的中視導播組是很講究規矩制度，這種新製作人來了輪不到我們說，長官們都會先告知他們公司的規定。到我們這裡「照方拿藥」就夠了。一些上路的製作單位規規矩矩配合，大家也相安無事，但是這個節目製作單位就很糟糕了！沒有一次能準時完成前置作業：公司規定晚上七點進棚、最晚下午三點製作單位要交當日要用的錄音帶和影片。我們AD要聽錄音帶、記錄每條歌曲的前奏、間奏、尾奏和全長時間秒數，影片（那時候還是16釐米的影片呢！）除算時間外還要檢查接頭，如有脫膠，要幫忙黏好。五點以前送交音效和工程部，作第二次檢查。剛開始遲交我還寬容他們，一個月後越來越過分；不但妨害我的作業，還耽誤工程班、美術搭景班下班時間。人多嘴雜、我要擔負很多責任。（我這麼包容他們，好像製作單位是我親戚似的！）一次、兩次講了根本沒用！他們兩個只會低著頭不言語，實在受不了啦!!同事建議我找企劃組王世綱「管教管教他們」，王世綱真跳起來罵：「你們要再這麼不準時，以後就不要繼續做節目啦！」後來這節目好像做了三個月（一季）真的壽終正寢了，聽說兩個製作人都跑到台視去了，一個當了美術指導，一個還是苦哈哈的製作節目。我也被調去王中強Team作閩南語連續劇了。幾十年後我才知道那時他們好辛苦呀！——節目是星期五晚上播出、星期六（那時候一週工作六天）褲襪老闆沒時間理他，星期一他們再去公司，管理部門會批評他們節目內容（那時還沒有收視率調查，小主管也不過是憑著自己的感覺「講東講西」）。就這樣一天、兩天，到了要錄影前一天大老闆才同意繼續，他們才能到會計部門領款、當晚通告歌星，錄影那天一早，黃製作人帶歌星去拍外景，林製作人去唱片公司拿錄音帶。那時製作公司向唱片公司要錄音帶，也要排隊等位；「大節目」唱片公司是要巴結一下的，像《我愛邦德》這類小咖咖，他們是不太理睬的。拍片的那一組通常要拍到太陽下山趕回電視公司，沖洗（16釐米膠卷片）五點多鐘又碰到新聞部趕出新聞片，他們得要看正在忙碌的工作人員那個很臭的臉色——真是夠受的。再拜託電影組剪接師加班剪接，最後到我們導播組，遇到我這個閻王殿前的小「油流鬼」，真是倒了八輩子霉！

我不記得過了幾年，公司招牌節目《歡樂假期》製作人謝騰輝先生退休。後繼製作人竟然是當年那個《我愛邦德》菜鳥之一黃義雄！這時他已經小成氣候、有自己的公司，好幾位青年才俊在他麾下工作。當然一切前置、後製，都按部就班進行著，再也沒有人到王世綱那兒打他小報告了。那幾年我差不多都在作戲劇或其他綜藝節目，偶而在公司遇到，彼此也禮貌性地打個招呼。我聽同事們講他們「百是公司」非常上道，工作人員認真、準時、有禮貌，有一位叫「小朱」的，是他們總管，頭腦機靈的很、反應力強，對內領導統御、應對進退，比當時別家公司的同儕要強好多。對外跑電視公司、唱片公司、甚至廣告客戶，連絡、交通都是他。態度和藹、非常地有禮貌，大家都挺喜歡他的。黃義雄再也沒有被王世綱「跳起來K」的畫面了。那時中視五大綜藝節目的製作公司，他們的口碑算是數一數二!!

一九八六年夏天，我和導播陳敬宗一起接《水上假期》，這是《歡樂假期》的變型，還是包國良主持、黃義雄公司製作，每星期去石門海邊錄影。我們工作人員和藝人都乘坐製作公司租的大型遊覽車，由仁愛路中視出發，我們工作人員當然是準時的；我很驚訝的是，小朱要求藝人們也都準時，不准遲到！（一九七六年我作《青青草原》內製節目，我就好幾次在大門口數落遲到的歌星，小助理還偷偷向他們道歉——說：「包導播要求太高了！」真是氣死我也！）我那時作了黃義雄的節目，才發現他進步真快，他的公司人員龐大、有朝氣、服從、負責、向心力真強！一次有一位妹妹生理期，問她的主管說：「可否不下水？」主管未允，二話不說也跳水工作。錄影前我從鏡頭上看到顏色不對（泛紅），趕快要她上岸來她還不敢。我說「我負責！」她才勉為其難的在岸邊幫別的忙。

有一天小朱給我介紹了一位胡妹妹，請她配合我從前置、到後面剪接。小朱說：「她沒有經驗，剛從學校畢業；一切都請包姐多擔待、多教導、多提攜……」我這人就聽不得人家說好話，三言兩語我就給他迷湯灌醉了！這個胡小妹乖巧聽話、溫柔嫻靜，那時我們已經有「一吋帶」了，剪接時可以作快、慢動作、停格、Ins（插入），還可以利用Sub（副控）過帶，比兩吋帶花樣多多了。小姑娘聽話，我就傾囊相授。因為工作關係一個星期有好幾天膩在一塊，感情自然也就好的很。但我覺得她到底是製作公司的小朋友，對我們總有幾分畏懼！她越恭敬我，我越對她好。有一天她看我不喜歡吃公司安排的便當（那時候錄影，中午的便當好像是早上由台北隨我們遊覽車帶去的，到了中午吃的時候都冷了），我就自己買了一個三層保溫大便當，胡小妹很喜歡；問我：「哪裡買的？」工作完畢，我們倆就驅車去信義路購買。她好高興喲！好像能和我用同等器皿，是無上的光彩似的。有時工作結束，公司餐廳收工了，我們也在仁愛路附近小吃。有的同事看到，就覺得「妳這個活閻王，怎麼會這樣善待小朋友！」又過了不知多久，胡小妹職務升遷了，百是公司派來一位更小的小朋友支援我，幾乎沒人記得她叫什麼名字，只知道她叫「小豆」——她真的像一顆小豆子，稚氣的臉、瘦瘦小小的個子，你隨便和她說什麼，她都是天真無邪、含苞待放的笑臉回答你。我真的是非常喜歡她——比胡妹妹還討人喜歡。她太純了，我和她們一起工作，真可以說是「享受」——她們不需我說，都在事先準備好了。而且還常常「做的」，比我「要的」還多些，我幾乎沒有挑過她們的不是。這些人並不是只有我喜歡她們，所有和她們合作過的

ＡＤ們都喜歡她們。她們會適應我們每個人的個性、需求，心悅誠服地配合我們，從不會說：「以前某某要我們怎樣怎樣，為什麼你要這樣這樣呢？」真是逆來順受！最近我才知道：這些都是黃義雄在他們進公司時就教導她們：「到了電視公司要把自己變成『水』。你遇到的容器是『瓶子』、你在裡面就是『長長的瓶裝水』、你遇到的是『碗』，你就是『圓圓平平的一碗水』，千萬不要溢出來……不可以功高震主……搶了他們的光采……」我猜大概這都是當年他「受我氣」的心得。大約也就在這時候吧，百是公司捧紅了許多新人，歌星要打響知名度、唱片狂賣，必須上黃義雄製作的節目。公司的主管們看到他，也會握手為禮、高聲打招呼了！電視界都稱他為「ㄎㄡˋ桑」，唯有我是一個沒大沒小的人，除了組長、經理那些「位高德劭」的長輩，誰的帳我都不買——就還是「黃義雄——！」他也「包珈——！」地叫。（一般人都稱我「包媽媽」、「包姐」甚至「導播」。）

一九九〇年代前期，我還作過《歡樂對對碰》（王夢麟和羅碧玲主持）。那個時代，歌曲、節目（戲劇、綜藝、談話）都經新聞局嚴格管控，如有違規，輕則罰款、重則停節目。我們把第一關，編審把最後關。有時製作團隊為了收視率，喜歡走在紅線邊緣，我常常堅持守法。有一位節目部大長官還幫他說話，叫我得饒人處且饒人，要為公司的業績著想等等。哈哈!!久走河邊哪有不濕鞋的。一次就被罰了三千元大鈔（小警告一下）！導播組主管把我叫去問話，據實以報!!事後黃義雄說：「唉！還是要聽包珈的。」

當然，百是公司後來的小朋友，也不是每一個我都喜歡，我也碰過把我氣得牙癢癢的。那時我已經三四十歲了，我也不會把他們怎麼樣，頂多不給好臉色而已！再不好我也不會和小朱講，更不可能告我們長官；大家都是混一口飯吃嘛，得饒人處且饒人。（不是我修養好了，是我年事已高，氣燄沒那麼火了！）胡小妹做久了，我們背後也稱她「老胡」。小豆沒有幾年離開百是，聽說去了福隆，也當起小主管了。現在好幾位線上頂級製作人，都是他當年錄用的呢！

公司的節目換來換去，我們Team也是調來調去。我在一九九〇年代後期很少作綜藝了，偶爾去代班，黃義雄一看到是我，立刻告訴他的蝦兵蟹將：「今天你們要把皮繃緊了，這個包媽媽可不是好惹的。小心啦!!!」

二〇〇〇年後中視大地震，走了一大批開國棟樑，我托外子的庇蔭，未被洪流沖退、苟延殘喘到二〇〇四年，正式畢業。閒不住的我，還沒離開電視圈。這時電視公司百家齊放，有線、無線開了不知有多少家。當年的小朋友也一一成了氣候！小朱有一陣子到超視，他還帶著劉玉英（也是一位能幹的乖寶寶），那時該公司在中視租辦公室，我們常見面。還有幾位進了TVBS，大小都是「長」字輩或是製作人；民視成立，我就聽說當年的胡小妹、後來的老胡作了節目部副理，哇！好大的官呀!!（現在已經是節目部經理了。）

二〇一〇年吧，百是退休的同仁成立「百是退除役委員會」，大會成立典禮後聚餐，還請我參加。當然黃義雄也去了！我還和他照了幾張照片。「小豆呢？怎麼都沒消息呀！」那天我才知道小豆已經是出家師父了……

次年「金鐘獎」，黃義雄得了特別獎，我在家看電視，他老人家上台領獎的那一剎那，前塵往事、一樁樁一件件，複印在腦海心田。「七十多歲的人了，怎麼一點都不顯老呀！（幹我們這行的，活力旺盛、永遠二十八歲！）難得看他穿西裝，風度翩翩；還真有製作人大老闆的樣子！」真為他歡欣，不容易呀！同時代的五大綜藝製作人侯世宏兄早歸道山、C兄經商失敗、S和Y都遠去海外；現仍「活蹦亂跳」只有當年這隻菜鳥了！過沒幾天，民視老闆特別為他設宴慶祝。所有客人都是他欽選的，我這個當年的惡煞，居然他也沒忘記!!和白國嘉、何錟光一起在台上被介紹時，黃義雄問大家：「你們知道這幾個裡面誰最兇？就是這個啦！」（他說台語：「逗洗機扣啦！」）

拜電腦之賜，我也會用FB。好像是小朱幫忙，小豆師父也和我連絡上了！二十多年沒見、沒消息的「純純可愛小妹妹」，不知她現在是什麼樣子？老胡寄了她著僧袍的法相，嗨！她現在可不是小豆了，是「大豆」了！胖了！長大了！臉上的「稚氣」變為「智慧之氣」了！

最近她雲遊台北，掛單在老胡府上。我就近參禪（雖然我是天主教友，但是五教共融嘛！）我們歡聚深談，兩個光頭（我因患癌症，化療期間頂上無毛！）廿載難得再續前緣，少不了多拍幾幀玉照留影；又約週末共進早餐。小豆雖是方外之人，但也因在俗世的經歷與本事（如學識、電腦、駕駛、對外應對等），不但在寺中為信眾開釋心靈，例行的功課，還負責一些對外聯繫、應對的工作、常隨侍她的上師雲遊國內外……

時光荏苒，三十年的老朋友。匆匆由垂髫小兒，都變成了事業有成、獨霸一方的女強人了。反觀於吾，則惶惶老矣，重病纏身。真所謂長江後浪推前浪，前浪死在沙灘上……

二〇一二年十一月二十二日

＊珈按：二〇一六年黃義雄癌症病故，殯葬之前百是公司為他設立靈堂，供大家悼念。我也跑去，看到祂年輕時的照片：不禁哀從中來……向祂行完三鞠躬禮後，對祂大聲的道歉：「黃義雄我真是對不起你呀！我不知道你那時候那麼可憐，多麼辛苦……你比我大那麼多歲，我還那樣吼你！對不起呀！」隔壁休息室的小蔡（現在已是大導播、專科學校名師）、嚴莊（現在是大老闆啦！）都在旁邊嘀咕：「唉！ㄎㄡˋ桑地下有知也滿足了！只是包姐這樣道歉，不知要給多少人道多少歉……」

小帥梁，我以此文「讀你」——憶梁弘志

梁弘志吾弟你已經回歸天鄉兩個多月了，我今以此文祭你之靈。

一九八〇年、我女兒楓麗甫兩歲，一日郎雄興高采烈地回家：「我今天在光啟社，李神父給我介紹了一個年輕人；天才真是天才！他和我談古典音樂，他是玩創作音樂的，他們叫校園歌曲；這個小朋友太好了。我和李神父說以後我們要組織一下，孫大川唱歌、他彈吉他、李神父講道、我做見證，我們就可以做一個小型宣道團了。」

〈恰似你的溫柔〉出來時，我認真地聽了一下，這傢伙果然有兩把刷子。日子一天天的溜過，我也不記得第一次看到梁弘志是什麼時候了。那些年頭總是有一大群的小朋友圍繞著郎叔，我雖然不是天主教徒，但有吃有玩的時候，絕不會缺了我這個外來客。逢年過節我們也請朋友到家裡來聚聚，我們家雖然很小，但是朋友們的熱情總是溫暖了我們的小窩；那時候真好玩，郎雄和我還沉淪在新婚甜蜜期，你們幾個也各自帶著新交的男（女）朋友，大家像孩子般的辦家家酒。聚餐的時間還特長，往往約了吃晚飯，而急著聊天的鐵哥們還沒抹乾午飯的油嘴，寒舍的門鈴就叮噹叮噹地響了。郎叔是人來瘋，下午的空檔他招待你們喝茶吃零食、你們陪他聊天，有時也拱豬、打槍，撤去晚餐的碗筷，我又得忙著準備宵夜。大家把酒邀明月，對影兩茫茫時，天已近拂曉。「郎門食客」中，蔣維民和你

同歲，但是蔣維民因為從小演《長白山》，大伙暱稱他「老前輩」。我們看他長大，更把他當孩子。而你在郎叔和我眼中總是個人物、「才子」嘛！

「天主教之聲」終於在李哲修神父的催促中成立了，基本成員真是少的可憐；蔡維章兄是位大企業家、工商關係良好，他就負責找錢（找不到的時候，就自己奉獻啦）。郎雄演電視的有點知名度，「廢物利用」充當公關。李富雄君有一部可以穿大街過小巷的摩托車，煩充「交通」。你「小人家」擔當了撰稿、播音、錄音的重任。我很難忘記「狗雄脾氣」的郎雄低聲下氣地向廣播電台主管求情，看在「老交情、新朋友」的分上，用最低的價錢、買到最好的時段。蔡兄覓得一位金主時的歡欣（比他自己在商場上賺了一把還高興）。最讓人心疼的應屬富雄兄了，他像一隻老牛在烈日下、風雨中奔馳。卻沒有一個人看到的是你，為了省錢不租錄音室，而必須日夜顛倒地工作；更難想像你在孤燈寂夜、寫不出東西時的痛苦。只有偶爾李兄按時到府取錄音帶，驚動了一夜未眠的梁公子，你不免嘟囔兩句。疼你的郎叔又要做好人——安慰辛苦的李兄，還得鼓勵焚膏繼晷的你——少不得要約你小酌兩杯。

「天主教之聲」在天主庇佑下，給你們四個人愈做愈有聽頭。蔡兄募款也不像草創時期那麼捉襟見肘，好大喜功的郎雄就建議往電視發展。於是《一家之主》很快地呈現在廣大的觀眾面前。而此時天主教之聲也越趨向企業管理之雛形，李兄不必再奔波送換帶子、郎雄也只管扮演劇中神父的角色，只有偶爾跟著蔡兄去跑廣告時，才向客戶秀兩句「令色巧言」。你呢？更脫離像「跑三點半」的時光，樂得在電視機前，橫挑鼻子、豎挑眼睛，當個有名無實的顧問。

《一家之主》末期，天主教之聲再一次大改組，蔡兄移民加拿大後，你也隨著郎雄轉換跑道，組成「藝術者工作團」。郎雄憑著他的老臉，吆喝了許多三台的幕後工作人員和台前藝人：台視葉廣海導播與夫人姜淑芳一家、侯麗芳與楊先生一家，還有年輕的史蘭華、主播方念華，中視他的「蝦兵蟹將」蔣維民、張詠詠、閻瑪莉更是聞風而來，華視也有邵佩玲、陳志真、吳雪芬參與，再加上光啟社的孫大川、袁曦。那陣子真是好熱鬧，除了李神父，丁松筠、饒志成、嚴任吉、程若石好幾位神長，帶著你們全省走透透。這隻隊伍很快地在教會裡有了很好的風評，不論山之巔、海之涯，神父、修女和教友們都歡迎你們這群小朋友去福傳，做見證。無論到哪裡，神父帶著當地的教友們為你們準備好吃的餐飲。最好笑的一次在羅東：義大利神父備下了「國宴」，而「土包子的你們」一看第一道是義大利麵，就抱著碗猛吃。後來菜餚越上越精緻，越到後面越好吃。你和蔣維民還好，只要肚子裝得下、胃漲破了都塞進去。幾位小姐可慘了，張詠詠和幾位姊妹們看著豐富的美食，只有眼睛吃冰淇淋「乾過癮」的分！

那幾年你們不但熱心宣道，也專心享受生活。因為人越來越多，我家的蝸居實在裝不下了。有一年冬天，饒神父邀請「藝術者」的大群人去神學院吃火鍋。每年夏天還一定要去白沙灣「徐匯別墅」逍遙幾天。我們就更過的像外國人渡長假一樣，每天早上大夥開車去三芝的小菜場買海鮮、青菜，中午啖野餐、晚上享燒烤。一兩年過後「快樂暑假」口碑傳了出去，非藝術者（一般教友）也爭相報名。大人、小孩子一聚二十多人，每天三頓飯，像過年一樣熱鬧、快樂；大人們圍繞著神父、郎雄、王玨叔聊天，而你就成了孩子頭，當面稱你「小帥梁」、背後調皮的叫你「肥老梁」。一堆娃兒纏著你，你一點都不膩、好有耐心的為他們傳道、授業、解惑。楓麗五年級時，暑假作業叫他們做昆蟲標本。你就帶著七八個蘿蔔頭，在海邊的野叢捕捉螳螂。幾個孩子在你的指導下，每人各做了一個很漂亮的生物標本。你的細心、精緻的手藝，我旁觀直覺地認為：「梁弘志將來一定是個好爸爸。」夏天過去了，正值少年叛逆期的丁某，也自動向你報到。一些心中的祕語、無不一一娓娓道來。你又扮起「張老師」的角色，只要他電話來，你一定放下手邊的事，陪著他歡喜、陪著他痛苦。我跟郎雄說：「梁公子真了不起，他替我們這些作父母背十字架！」

光陰似箭、日月如流，在天主的祝福下你成立了自己的公司，簽下好幾位當紅的歌者如曾慶瑜、文章、李心潔、于台煙及盲人歌星曹松章，你好興奮地投入工作，不但出唱片、還拍ＭＴＶ。忝為好友我當然要幫忙了，憑著郎雄和我的人脈介紹了好幾位電視人給你。最重要當紅高手、金鐘獎得主俞凱爾先生為你導、攝《天主經》及曾慶瑜幾首「主打歌」，又上了三台高收視率綜藝節目。我們的公關、你的內涵，你公司成功已經贏在起跑點！我認為你名利再次雙收，你卻苦笑著說：「打平而已。」過了一兩年，郎雄在你公司附近拍戲，進去坐坐，才發現員工太多、裝潢華麗，怪不得只能「打平」。藝術者工作團由於你的聲威享譽海內外，張詠詠電視劇一檔接一檔紅遍全台。為主宣道，立竿見影、順利成功，不但得到一般信徒的肯定，更驚動了狄剛總主教，並諭令再一次擴大更名為「野聲宣道團」。廣募團員，大家公推歐晉德弟兄為第一任團長，郎雄負責活動組。一九九一年郎雄得了金鐘獎，我們開Party慶祝。那晚你對郎雄說：「以後有活動，只要有空一定參加，但是不要再屬於『野聲』的團員。」一段時間我們雖然不常見面，但是三不五時總是要互通電話，不但彼此關心、更關心互相的家人；你姐姐的孩子因為唸書的問題，你也曾要求最不願意向人低頭的郎叔，陪著你見校長說人情。

你的公司好景不長，內部管理失調、藝人掌控非如你所意料，外加盜版猖獗，賺的錢還不足成本呢。終於在你自己苦苦錄了幾卷「笑話」，把資產負債表上的赤字塗掉後，而告結束。但你也沒閒著，你的作品隨著年齡成長，也愈發的成熟。只要有「梁弘志」三個字，港台歌者莫不視為「加分機」。譚詠麟〈半夢半醒之間〉、〈像我這樣的朋友〉，姜育恆〈驛動的心〉，鄭怡〈想飛〉，蔡琴〈想你的時候〉、〈跟我說愛我〉，潘越雲〈錯誤的別離〉，鄧麗君〈但願人長久〉，蘇芮〈變〉、〈明天還要繼續〉，李亞民〈正面衝突〉，楊林〈零下幾度C〉，金素梅〈愛的接力賽〉（榮獲總統教育獎），齊豫〈窗外有藍天〉，孫越、李宗盛〈如果心中有愛〉，于台煙〈化妝舞會〉等名曲。其中蔡琴〈讀你〉、蘇芮〈請跟我來〉是專為天主所寫的「聖樂流行歌曲」；〈讀你〉的「你」，是指《聖經》，所以歌詞中「讀你千遍也不厭倦，讀你的感覺像三月」。〈請跟我來〉的「我」是指「天主」，「在慌張遲疑的時候，在你不注意的時候，請跟我來……」。為青年節活動寫〈讓地球跟著希望轉〉、為無障礙空間寫〈因為愛〉、為療養院寫〈愛的花園〉、關懷生命寫〈禮物〉、SARS期間感於人與人疏離和徬徨寫〈距離讓我們的心更靠近〉、為教會新世紀新福傳寫〈百分之百〉（獲樞機主教題字），你的努力也使你得到了許多的殊榮。

一九九五年應謝家強夫人邀請，西飛馬來西亞、吉隆坡、檳城、還有很多不知名的鄉村傳播天主福音。九六年你們應孫鵬萬兄的邀請、以「野聲」的名義，與程若石神父、郎雄到美國五大城市巡迴宣道，得到當地僑界非常多的好評。回台後，十一月二十九日郎雄心臟病發，你當晚陪著陳玲姐到加護病房探望，並且打電話到世界各地的修會、神長、修女、教友，請求他們為郎雄健康祈禱。五天後他搬到普通病房，你每星期一定來探望他。來了也不說什麼，只靜靜地為他祈禱、陪他坐一下。護理師們有的不認識你，就問你是不是我們家親戚！十二月二十四日由三總轉到振興，要不是有你跟杜滿生幫忙，我一個人根本沒辦法移動郎雄和那些行李。二十七日開刀的那一天，你更起個大早，送郎叔進手術房。又一直陪著我們母女，還帶我們到石牌聖堂去求天主及聖母媽媽。彼時我不會唸《聖母經》，你耐心的一句一句的教我。

郎雄終於在天主和聖母庇佑下開刀成功，而我呢！也實踐了對「聖母媽媽」的許諾，由饒神父主「堅證」禮，由原來的基督新教徒，作了天主的子民。那個重要的日子當然你也是重要的來賓。從此我由眷屬變成了「野聲」的一員，隨之我們為天主工作而聯繫的電話也更增多。郎雄大病後身體孱弱了許多，我理所當然地接下節目組的工作；一九九九年九月籌畫「千禧聖誕音樂饗宴」的時候，我第一個想到的編劇，就是你。起初你也信誓旦旦參與幾次的會議，後來也不知我哪句話得罪你「小人家」，在十二月中旬居然跟我說「我不玩了！」一氣的我掛電話。事後大約有三五個月我們不來往。後來還是在教堂遇見，郎雄拉著吃了一頓午餐，才恢復邦交。

此後我也忙著照顧郎雄和女兒身心，加上公司工作繁瑣，好一陣子沒有像以前一樣，在我們家聚會。但是我從報紙電視看到你又投身公益，完全不同以往的生命。深入學校、孤兒院，走入監獄、為受刑人服務，用天主給你的音樂才能，設立了一個福音公司，出版多張福傳唱片，捐出了個人版稅，自己開車送貨。串編十字架、唸珠。你的大愛並不只給你信仰的天主教，你還送愛給高雄的佛光山、花蓮的慈濟。你為陳凱倫（大愛電視台主持人）戴上十字架，他視為護身符。郎雄非常以你為榮，你所做的已經超過他了！

二〇〇二年四月郎雄病危，你再度去醫院陪他。那天我不在場，後來我從郎雄的言語中感覺到「福傳的工作，你是他真正的接班人。」五月我辦理郎雄喪事時，我再一次的想到你。所以十位扶靈小友中，有一位與戲劇完全沾不上關係、更沒演過他兒子的你。

二〇〇四年夏天我從中視畢業，赴北京工作時，一位台灣朋友告訴我你生病的消息。晴天霹靂急電野聲團長，確知詳情。郎楓麗也透過管道與你聯絡上（你怕接不完的電話，已將手機換號）；她像大人一樣，和你做了最後一次長談。她還問你：「想不想再到白沙灣去看看？」你哀傷地回答：「有心無力。」九月我一回來立刻趕往三總，幾個月沒見你，雖躺在病床上，但是還沒有我想像中「癌症末期」那麼難看。因此我就比較釋懷了！又過了十幾天，有教友從網路上傳來你病逝的消息，我驚慌地不得了。打電話到醫院查詢，住院部說今天沒有你的房號，急診部也不見你來掛號，除了太平間，能問的地方，我都問了。最後我還是問記者朋友，他們幫我聯絡上你，並且與你通話，我才安心。也發現網路上已經數度傳出你「回天鄉」的謠言。十月聽說你自己要求住進安寧病房，再去看你，二姐認為你不宜多談，而只能站在門口遠遠地打個招呼、獻上我的祝福。又過了幾天，意外的能和你通電話。你問我：「郎叔臨終時刻是如何渡過？」我據實以報：「醫生會適時送往加護病房，最後時分在天使迎接，神父帶領家人、親友，讀經祝禱聲中，送郎雄一步一步地回歸天鄉。」你又問：「醫生怎麼知道『是什麼時間』？」我告訴你：「那是他們的專業。」我一再地解釋瀕死的情形，我要你不要怕，因為每一個人都必須走過這條路。你不怕見天主，但是怕死亡的那一剎那。我向你解釋：「你把它當作出國時、我們必須搭車走高速公路，到了機場要過海關，那只是一個歷程而已。」我們大約談了十分鐘，最後你說：「我放心了，我可以準備了。」那天是我們最後一次交談，我也利用這個機會，為一九九九年冬日的咆哮、掛你電話的失禮，向你道歉。你不但原諒我，也原諒所有得罪過你的人。也求天主寬恕：所有你得罪過的人能原諒你，彼此和好。你並希望將來有一個像郎雄一樣的彌撒，我立刻回答你：「當初我如何為郎雄做的，他日我也會全心為你做好。」

翌日林耶明夫婦去探望，你還向林兄說：「多擔待，多包涵。」就一個人來說這是多麼高貴的情操，就一個教友來說是多麼謙卑的信德。如果人人活著的時候，都能這樣的大和解，世上就不會有戰爭仇恨了！

十月二十九日下午六點，張西西急告：「內湖堂的弟兄說，今早梁弘志已經不能領聖體了，如果有消息我會通知你……」夜裡四點電話響了，你在凌晨三點十四分走了！我立刻直奔醫院，台北各教堂主內兄姐，一批接一批前來為你安寧助禱。

過了一天我主動打電話給陶曉菁姐，參與你治喪事宜。蒙他們不棄，彌撒宗教禮儀由我們籌畫。我們陪著你兄姐為你挑選棺木、教堂花朵設計，也在我建議下你安葬於天主教「大直墓園」。由熊名昭校長出面邀請樞機主教主禮，主教並指派光啟社前社長嚴任吉神父證道。我們請示主教、神長，加入你為教會作的歌曲，彌撒中司禮、讀經、信友禱詞、唱詩班、獻餅酒、分享的人員，無一不是你信仰成長路程中的恩人。〈請跟我來〉、〈讀你〉我們都請了原唱者，你的好友吳楚楚理事長邀請明利燈光、穩利音響和很好的錄影團隊為你記錄最後的一頁。彌撒後的公祭由「音樂者協會」策劃。你服兵役時的袍澤陳凱倫主持，羅大佑、殷正洋、蔡琴等歌者都一一為你歌唱。十一月十二日那天沒有發一份訃文，聖家堂卻擠滿了你認識和不認識的朋友，獻上象徵長長久久九九九朵玫瑰花。多少人為你哭泣流淚、多少人為你哀傷不捨……

喪禮結束，幾位兄姐相互告知：你在天堂玫瑰園鋤花的鏡頭，已紛紛傳入多人的夢鄉，你安詳知足……我知道你的忘年之交郎叔一定會照顧你的，小帥梁你也要照顧他喲！

＊珈按：梁弘志過世後沒多久，野聲宣道團後繼無人，宣告暫停。丁神父還在世時，希望恢復教友宣道工作，派人找了我去，不知是否因為我太過於強勢？辦了一次大Party，就無疾而終！又過了一兩年吧！丁神父也因心臟衰竭，蒙主恩召。當年創始神長李哲修神父晚年失智、眼疾等病發症，在耕莘醫院病逝。蔡兄客終加拿大。二〇二〇年李富雄兄在故鄉高雄萬金過世。當時丁神父的重要肱骨大將——孫大川兄，比利時留學歸來在大學教書，還任公職原住民委員會主委，後任監察院副院長，仍然平易近人。丁神父復興「野聲Party」，邀請他和侯麗芳姐主持時，他還穿著原住民服裝登台，嘻哈不改從前！我化療後，正式從職場退休。天主召叫我當了聖家堂的導覽志工團團長。三年前身體越來越不好，腿腳無力，現在也不值班了。恢復到「有吃有喝」的時候，才看得到我啦！

＊珈又按：最近饒神父叫我在完成《白頭「工」女憶前塵》後，還要再啟動藝術者（野聲）福傳的工作計劃，看樣子我還是得繼續「工」作。

老朋友、好導演──謝晉

中國大陸眾多現役電影導演中，謝晉先生是年齡長、資歷深、受苦多、而且最早享譽國際。放眼世界，也是真正科班出身，一脈相傳的劇人。

謝晉導演是一九二三年十一月二十一日（一說十月二十三日），在浙江省紹興縣上虞謝塘鎮出生，據謝氏家族相傳：謝晉先生按「譜序」為東晉宰相謝安第五十三世孫輩。令祖父佐清公在清同治、光緒年間，是上虞之巨賈，廣交友，思想新，和鑑秋女俠秋瑾在大通學堂共事、與光復會徐錫麟為知己之交。謝導幼時在祖父影響下，從小就養成敢做敢當的豪邁性格，崇敬岳飛忠敬，把《清波亭》憂國憂民的愛國詩詞當成兒歌哼唱；中學時代受到白話新文學的薰陶，他受益於夏丏尊、朱自清、豐子愷諸前輩思想的啟發，視野思潮大大拓展，不再只沉溺於古典文學名著，如唐、宋傳奇等書，更涉獵現代「新鴛鴦蝴蝶派」。十四歲夏日，一部《紅樓夢》消他不知暑熱──不知不覺為書中悲劇苦命女子，流下多少同情之淚。到了冬天鄉下人慶祝過年，再看到唱紹興戲的女藝人，四處搭台賣藝，少餐夜露。他就立下決心：長大了一定要為這些「舞台姐妹」留下一些紀錄。

抗戰初，謝家搬到上海，父親大學畢業當了會計師，十里洋場是一個求新求變的大都市，年輕的母親操持家務之餘，接觸了許多新事務：聽西洋音樂、看電影，就是父母兩人最好的消遣，少年的謝導也就跟著看了不少中外名片：如《魂斷藍橋》、《漁光曲》、《卡薩布蘭卡》及卓別林的影片。一幕一幕亮麗的播映，一部一部喜怒哀樂演出，像一根鐵鏈子栓住了這個自幼愛文學少年的心。

一九四一年高中沒畢業，他自己一個人坐船，繞道香港，再入內陸經兩廣，過雲貴，到四川，報考江安縣國立戲劇專科學校。那時國立藝專有全國最好的師資：曹禺、洪深、焦菊隱等名師，循循善誘，諄諄教誨。謝導接受戲劇啟蒙教育，這段歲月，生活在四川的窮鄉僻壤，物質條件是非常辛苦，缺鹽少油，但是老師們待學生如子姪，學習中心知識吸收，確是豐富的很！在這個戲劇搖籃裡孕育了多位名劇人：享譽國內外名教授同時也是名編導的王生善先生、廣播界宗師崔小萍女士、二秦二林時代名製片陳汝霖先生，以及北京老藝人陳凱歌之父陳懷皚先生等，都與謝導同窗共硯。黃佐臨老師影響他最大，除了在知識領域內教導他，更在生活、道德、思想，匡正他、關心他，是師生，亦父子，在前輩師長潛移默化的足跡中摸索到藝術的真締。課餘之暇也參加抗日宣傳演出，增加許多實務經驗。

此時年輕的謝晉與同愛戲劇徐大雯小姐，墜入愛河，抗戰勝利後，一九四七年他們倆在上海，由洪深老師福證，結為終身伴侶，相扶相持，無怨無悔，走過這條篳路藍縷的「電影之路」……

由於在四川時代，學藝均享有好名聲，回到上海，大同電影公司請他擔任副導演，第一部影片是《啞妻》，跟著又拍了《幾番風雨》、《二百五小傳》。有了實際工作經驗，掌鏡、運鏡、導演基本工，年輕的謝副導很快地吞吐圓融，從老導演那兒學習獨立思考、構圖、分鏡、紙上作業、創作風格。五〇年代初，謝導在洪深、田漢介紹下，到北京考入中國人民革命大學，卒業後再回上海製片廠擔任行政工作。由於這個機會的磨練，使得他又學習也發揮領導統御的能力，這對日後作「大導演」帶領大隊人馬闖南走北，大有幫助。

一九五五年他擔任中共為反映農村發展的劇情片——《水鄉的春天》導演，雖然是一部「政策宣導片」，但是他特別加入「現實主義」和「浪漫主義」美學思想，片子一出來，就得到許多政治之外的讚美，觀眾觀賞後得到「教條」也得到了「享受」。一九五七年自編自導《女籃5號》，他藉著兩代新舊運動員不同的命運與情感，細膩刻畫人物思想性格，敘述了一個委婉的愛情故事。這部戲他請劉瓊、秦怡任男女主角，謝晉脫穎而出，在當時中國電影界成為一顆閃亮的「新銳導演」，也奠定了他日後「國際大導演」的地位。

就在這時中國大陸經歷了大躍進、反右一連串的折騰，電影、戲劇、藝術工作者，比一般老百姓更要壓抑內心澎湃的火焰，謝導只拍了一部《黃寶妹》政治時裝片。

到了一九五九年，他看到《紅色娘子軍》劇本，深深為動人心魄的故事吸引，他竭力爭取與編劇梁信研討，一次又一次潤色修正才完成拍攝。後製工作剪接是他擅長的，配樂特別加強主題曲襯托，果然一經上演，全國觀眾都能哼唱幾句。此片不僅享譽大江南北，而且在第一屆「百花獎」，奪得了四項大獎。

由於這次的成功，他終於把埋藏內心多年、精心籌劃，無限創作《舞台姐妹》激情展現大銀幕。故事主角當然是越劇女藝人，藉著她曲折艱苦人生，闡述清白做人、認真唱戲的哲理故事。《舞台姐妹》是導演幼時思索出的，「夢想」變成「文字」、「畫面」，送到觀眾面前，博得無數掌聲，淚濕了多少絹帕……但一場呼天搶地的腥風血雨，政治迫害亦隨之降臨在這位嘔心瀝血、闖出名號，正值黃金不惑之年導演身上。

那夜一九六三年，導演剛由北京回來，第二天早晨，天濛濛亮，一家人尚在夢鄉中沉睡，只聽見一陣「砰砰」的「捶門聲」，徐大雯女士抓件衣裳起來去開門，一群橫眉豎目紅小兵不分青紅皂白，將導演拖出門去，一家人追到樓下，才看到住宅大樓已經高掛起「謝晉是大毒草」的白布條，四周也貼滿了大字報：「《舞台姐妹》是『革命大批判』的導火線。」……，其他所拍過的片子都一一拿出來檢討、鬥爭，連《紅色娘子軍》都是「無奈的創作遺憾」。謝導和袁雪芬一起跪在台上，被無知的群眾批鬥。袁嚇得不得了，哭泣到沒有聲音、全身發抖，癱在那兒；天性樂觀頑童謝晉，在挨打受罵之餘，還小聲安慰她：「沒有什麼啦！一下下就結束了，他們要回家吃飯啦！」「不要放在心裡去，妳當妳在演戲嘛！配角差一點，他們NG，我們就多陪他們多玩幾遍！」這次「四人幫」文化大革命，導演不僅自己被褫奪了工作權和人身自由；甚至因為他這棵「大毒草」而牽連父母含冤身亡；夫人不肯「劃清界線」也下放鄉村。

直到一九七六年，驚天動地的唐山大地震，震垮了十年的人間浩劫。大地甦醒時，也是謝導和所有老百姓一起，重享春回大地。秉有赤子之心五十三歲的導演謝晉再次拾起導筒，指揮若定：奔東北拍《天雲山傳奇》；赴湖南導《芙蓉鎮》；為《牧馬人》遠眺嘉峪關。朋友形容當時他的心情和幹勁，只有司馬遷寫《史記》的精神可比，他沒有因「韜光養晦」而斷了功力，反而更上一層樓，挑藝人、選劇本，不再局限中國大陸，放眼世界，費心費力。可以說每一個鏡頭、每一格膠片都是心血的結晶，他把對國家民族的愛、對電影的情、工作的狂，赤裸裸地表現在作品內，懂他、知他、愛他的徐大雯，則窩在上海家中為他看著、守著。到了八〇年代謝導自己說：「**我要把影片拍成人物靈魂展覽會。**」他的影片中瀰漫著的不只是藝術性，而且還有思想性、哲學性，這是他的追求，更是他的使命，在一九八八年全國觀眾票選最佳導演，為第一高票……。

九〇年代謝導已年屆六十，但他並沒有停下腳步，他帶著年輕人一起打拼，他有敏銳的嗅覺，有強烈的預感；知道觀眾要看什麼，時代的趨向是什麼。於是描寫日本留華孤兒與生母重逢的《清涼寺鐘聲》、白先勇《謫仙記》改編的《最後貴族》一一誕生了，兩部片子速速打入美、日市場。

一九九二年謝導終於有了自己的公司——「謝晉—恆通影視有限公司」，次年又成立「明星學校」，自任校長，從招生、授課、考試、演出到生活教育各種制度，均追尋當年在江安，以愛為出發點的教育方式。而大陸有名有姓的藝人，如姜文、劉曉慶、斯琴高娃、唐國強、謝添、潘虹、濮存昕（蘇民之子）、朱旭等，也都在謝導麾衣下揮舞。

過了兩年（一九九五）謝導許下了一個劃時代大計劃——他為九七香港回歸，彙集海內外朋友的力量，拍攝歷史鉅片《鴉片戰爭》，台灣李行、香港許鞍華大力幫助他，找到歷史學者、作家、經濟博士反覆討論研究，劇本經過N次修正。為了搜集資料，大英博物館、北京故宮、虎門碼頭、福建林則徐故宅，謝導和策劃小組不知去了多少次。為尋主角林則徐，特別請大製片林炳坤找出全國身高、體型最像「林」，又要有知名度的藝人。集思廣益，最後選出《三國演義》中飾演曹操的鮑國安，鮑君是北京人藝（北京人民藝術劇院）教授級演員，私下相處，為人謙和有禮，雙目炯炯有神，不怒而威，壓得住千軍萬馬，他可以演大忠大奸，架子兼銅錘好材料。「道光爺」他選上蘇民，蘇民當時已過古稀，但精、氣、神均佳，早年出身舞台，為中央一級演員，父子兩代藝術者；書、畫、唱、唸均出眾，雅好京劇。琦善係人藝領導林連昆飾演，林連昆也是《茶館》主要演員，多次來台。另外年輕男主角，原希望港星張國榮擔綱，無奈張小生撞期，無法剃頭，李行導演特別推薦台灣名小生邵昕掛帥；其他如謝導老友、金馬影帝葛香亭，外子郎雄，也都是李導牽線，郎雄扮起奸商何敬容，參加了兩岸中台英澳的大製作。

外子拍攝期間，領略到謝導的「寬」與「大」，在橫店和廣州拍攝時，看到謝導的「頂真」，虎門銷煙的場面媲美好萊塢的巨景，導演輕騎渡過萬重山。其他英國維多利亞時代火車站、十九世紀英國國會議堂，及國內大大小小幾十堂景，無不精心玉琢。而他對演員的好，好到了如兄弟、如家人，一點架子，一點習氣都沒有，我在香港首映宣傳時一直對導演說：「此片就藝術而論可送歐美參展」，但外國人認為是「辱洋」，政治認知沒有共識。《鴉片戰爭》後，謝導最想拍的片子為《南京大屠殺》，類似《辛德勒名單》的題材。

一九九九年九月謝導第三次率團來台，恰遇九二一大地震，幸好長子謝衍陪侍在側，驚恐之餘，仍與主人李行導演安撫眾人情緒，直到度過中秋佳節，才回上海。謝導長子謝衍文革失學，後來勤奮努力，終於在八〇年代，赴美攻讀NYU電影碩士，與李安為前後期同學，學成後回國。現亦是知名導演，其作品常見兩岸三地，真可謂「虎父無犬子」。

＊珈按：上述謝導演生平學經歷等，都是謝導演和謝衍先生親述，筆者記載之。後二〇〇八年八月二十三日謝衍導演肝癌過世，同年十月八日謝晉導演在故鄉上虞春暉中學一百年校慶前一日，過世於酒店。

副控室女暴君　家中賢妻良母——湯以白

湯以白是中視第一代導播，她在大學時代考進光啟社的基層人員；從助理導播學起。很快的就升任導播工作！一九六九年中視成立招考「儲備人員時，她就是第一批六名開播節目部正職導播，也是日本ＮＨＫ岸田和相茶兩位老師親授的大弟子。開播後以每週一次「國語單元劇」和連續劇《長白山上》揚名海內外。是第一位奉派隨團觀摩菲律賓廣電的節目部導播。

湯以白出身江南世家，先祖在清季不但是兩江總督，而且是一位實業家。據說中國第一條鐵路，就是在湯老爺子任內完成的。母系與李鴻章家係至親，張愛玲是她的表姨、還有一位姑姑遠嫁到北歐王室。但是她自己幼年時代，卻是在非常坎坷、在沒有愛的日子中度過的，也因此養成她好強、自立、勇往直前的性格。

湯家父親大人曾留學法國，抗戰後在招商局工作。姨夫卻在敵偽汪政府時代任高職，後被中央政府監禁，不久在獄中亡故。上海變色後，湯媽媽和姨媽帶著湯以白和她表哥南下港澳，在香港時湯媽媽放心不下獨自在滬上的湯爸爸，又折返故居。湯以白隨著姨媽渡海來台，寄居在任外事高階警官的舅舅家。姨媽帶兩個孩子住弟弟家，一下子多了三張嘴巴——姨媽多少要幫忙指導家務，想當然先顧自己無父幼兒，可憐的湯以白有吃、有喝，但是沒有「愛與關懷」。從小放學後，就要幫忙照顧舅舅家的表弟們餵飯、洗澡，並做一些簡單的家務。因為看著姨媽教導女工炒菜，她學會了一手好廚藝。學校的課業都是晚上孩子們睡覺後，她才開始寫功課。就這樣她初中還考上聯考市女中，高中就自動要求讀靜修夜間部，白天她隔三岔五偷偷去照相館幫忙排版，賺點零花錢。大學如願進入文化大傳系，但也是念夜校，正好那時她已經可以名正言順的打工了，進了光啟社自給自足，也學會了電視實務工作，沒多久與江吉雄一起升上導播之職。考進中視後，還把姨媽老太太接出來住，過了一段安逸的生活。

湯以白在一九七〇年代三台導播組，可是響噹噹的大人物！台視有位龐宜安、中視有湯以白、華視有一位陳小玲（可惜沒做多久就離開了），三位都是當時女霸天、女強人，我們這些後生小輩效法的對象！據說龐導愛哭，演員演不好她就會滴滴答答哭個不停，自責「我怎麼沒把你教好」，逼得演員非努力進步、達到她的標準。湯導和陳導都是女漢子——兇的哩！演員碰到她們都要皮繃緊一點，開Boon罵起人來毫不留情面（這點我倒是得到她的真傳！）。風風光光了幾十年。湯導播感情生活也不乏追求者：有的天天送一大捧玫瑰花和昂貴的巧克力、有的是富家公子、或是政二代。她哪一位都沒多看一眼，只有一位林先生入了她的「法眼」。她們要結婚時，家裡長輩都反對，只有她自己為了她未來的幸福——勇往直前。

林先生是二婚，前妻留有一正值叛逆期的兒子；林先生原是航空公司正駕駛，月入豐腴，但姨媽勉強答應他們結婚的條件之一，是他婚後就永遠不准開飛機，婚後家庭收入頓時只靠湯以白一份薪水了！林先生每天要抽兩包「555」洋菸，為了湯以白改抽國產長壽；而且每天控制只吸一包的量。兒子有一陣子頑皮，湯以白就和他做朋友，陪著他成長，考上理想大學並送他出國進修，現為美國銀行總監。湯以白結婚後沒兩年，自己也有了一位龍女兒「小乖」，白天真是乖得很。唯有晚上睡覺要聽到媽媽唱兒歌才肯入眠。我們電視人哪能每晚在家哄孩子睡覺？湯以白就利用晚上宵夜時間跑到五樓辦公室用電話「遙唱電傳」兒歌給女兒聽。我們都常常偷笑：她剛剛在攝影棚兇巴巴的罵過人，回到五樓「睡吧！睡吧！我可愛的小寶寶……」，天真浪漫地，哼著兒歌。真是母愛之情「光芒萬丈」！Bling Bling閃到我們的眼睛啦！

婚後不久，林先生改到天壇建設公司，任公關部經理，招攬業務，長袖擅舞，為公司迎接許多案件，賺進不少業績，因而也增加家庭收入。乖小姐初中畢業後，湯導播夫婦即送小龍女出國隨兄讀書。林先生為了乖小姐不忘中文，請她每週必須寫一封信回家，報告她的學習心得和生活日誌。兩岸開放後，湯以白一度接留在大陸的二老雙親來台團聚，無奈老人家不適台灣冬季濕冷、夏日颱風連連的氣候，執意要回歸故鄉春申。

在仁愛路時代，湯以白是第一代的大導播，我這種小AD根本不敢跟她多接觸。她的AD最早是我師父輩的王益秋、劉之媛，後來是黃蕊。一九八〇年代她導播的《昨夜星辰》播出時轟動全台。後來兩岸通航後，是第一部登陸的台劇，寇世勳也因這部戲和《一剪梅》敲開了陸劇之門。湯以白還有一齣單元劇《天不在天上》，捧紅剛由京劇轉入電視界的沈海蓉，贏得了萬千觀眾的好評。她不只戲劇節目做得呱呱叫，偶爾也涉獵綜藝，如她和湯正博合作的《花花世界》也是一個叫好叫座的節目。潘迎紫的《神鵰俠侶》開始也是她「躍馬江湖道」的，還土法煉鋼設計洞穴中的「冰床」，讓仙境飛來女星潘迎紫「姑姑」如詩如畫的倩影享譽全台……

一九八〇年後，這些位大咖ＡＤ「劉之媛們」，都一一出國，也只有蘇倩金這開播考進來的「黃埔一期」跟得上她的腳步。後來蘇倩金高升編審，實在沒人啦——湯大導播只有將就忍受磨練多年的「老菜鳥」包珈啦！湊到一塊兒，合作後發現我們倆還滿合的，我們都是急脾氣，節目不但要做得好，還要做得快。後來她告訴我：她早年也挺避著我的，因為我嗓門太大，架式十足，常常功夫「不怎麼樣」卻「聲音」震主。她的ＯＳ就是「導播們對妳風評不好，挺討厭的！」其實我當時一來是沒資格啦！二來也真懼怕這位女暴君，能躲就躲，盡量不敢跟您「大人」一個Team。

我們合作的第一檔戲是阮虔芷製作的《火中蓮》，由楊貴媚帶著新人王渝文、王識賢、林健寰，佐以資深演員素珠、陳淑芳出演。湯以白自己導演排戲，外景由余威德導演拍攝。我看她工作時非常細膩而深入，教戲、說戲融入劇中情緒。那時候我覺得：她這一位大人物的成功不是「說說」而已，真是全場「聽」她一人！她對演員提要求的時候，慈悲的語言卻含著「嚴峻的鞭策」。譬如有一場戲，飾演雛妓的王渝文剛剛被賣到妓女戶第一天，被關在只有一個小窗子的黑屋裡，飾演鴇母的素珠用藤條抽她、罵她，但是她就是不從，用力的對抗。湯以白要王渝文像一隻「小牛犢子」一樣，瞪大眼睛反抗，不哀哀叫、不流出一滴眼淚，但是眼眶中充滿的咆嘯的淚水。後來鴇母累了，把門框啷啷的鎖起來。小女孩心裡萬分恐懼，卻無力逃出去……望著那小小的窗戶透進的、那麼小小一束曙光，又燃起無限的希望……湯導要求並解說小妓女的內心、表演方式（雖然王渝文那時已經在中影訓練班結業，也演了一兩部電影，但是從沒有一位導演給她這樣說戲，說的這麼深入。甚至告訴她肢體表達的尺寸，如趴在塌塌米炕上屁股翹多高、手臂怎麼用力的伸出去、捕捉那一束希望之光……）。湯導播要求工程部燈光師在棚內有限的條件下，特別打一束光、從窗戶透進來，要斜斜的照到空氣中的灰塵，恰恰撒在王渝文的臉上……她在現場很威嚴，但是她不耍威風，讓每一個人都對她心服口服。那齣戲最後，劇中王渝文和她初戀情人林健寰雙雙過世，她請製作單位買很多小蠟燭圍成一個「心形」圈繞著他們。棚內可以移動的四號攝影機，爬到十二尺高梯上就為了取那個「Top S。很哀傷的一場戲，但是留給觀眾一幅美麗的畫面，真是「美麗與哀愁」呀!!導播的功力就在於茲了。

《火中蓮》後，我們又合作了港台兩岸連袂播出的連續劇大戲《愛在他鄉》。製作人胡錦女士特別動用了她香港老關係，請了鄭裕玲和幾位港星，搭配公司當紅的寇世勳、堂娜、車軒、程秀瑛、楊小黎等硬將，還有一位「麥當勞」廣告捧紅小童星一起演出。公司下了大成本，不僅去美國拍外景，還要求製作人連導演也都是從香港請來的。說實話那位導演功力是不錯，但是真的不夠負責任，很多美國外景戲，沒有克服時間、地點不方便就都沒拍了！要我們在棚內搭景，三機拍攝。湯以白當然不肯了，就請他單機拍，我們幫他錄影，他自己再去剪接。也因此造成港台工作人員演員有點隔閡，按理導演拍單機，有的就是自己帶機器，自己錄影，如林福地大師！當然也有武打劇中武術指導和導演因為演員實在做不到位，幾個少少的鏡頭，就請我們幫他錄影。留下工程部和AD就好了。但是那戲湯以白雖然堅持不幫導演擦屁股，但全程在副控室陪我們。這點也是很多導播不願意甘苦與共的。她有她的堅持，也有她的柔情似水的一面。

在一九九〇年代晚期我們又第三次合作：公司賺錢的閩南語劇《濟公》。那時候電視界已經是「春秋、戰國」時代了！有線電視亂兵四起，也冒出了「老三台」這個渾號！湯以白經她的好友介紹拜見了「慈濟證嚴法師」，她報告「上人」如要弘揚佛法，設立電視台是最有力的捷徑。她陪著法師全省走透透，和慈濟的師兄師姐傳揚成立電視台的理念、募款方法，聯合了當時U2王家鼎力協助，她負責招募人員、教導電視節目、新聞製作、剪接技術。湯以白真是「上心」：每天早上去忠孝東路、帶著小朋友工作，中午趕到南港準備錄影。通常都是我上午幫她看排戲，恰好一毛鄭導演年少時學習京劇，我們有共同語言，譬如「三腔」就是好長一段故事，觀眾也知之甚詳，不須再細說了。但是此情節必須要讓「劇中人A」向「劇中人B」交代，就請演員（通常是飾演廣亮的陳文山應此責任）用京劇的動作，比畫一下就OK了。我看戲有我的要求，排戲時和導演研究，大都可以溝通。等中午湯以白來時，我除了盡朋友之誼——為她準備好午餐，還講一下劇本修改的內容。高智商的她，講一次她就明白了。進棚用攝影機走一遍，錄影時她不須我幫她記錄鏡頭，只要在錄影時述說台詞、地位、動作等差不多都是一次OK。《濟公》劇中有很多妖魔鬼怪的角色，須等他們化妝（改妝），我們倆就在副控聊天。我們倆都愛吃，喜歡做吃的，聊得不亦樂乎。樓下攝影師每次休息時，也不摘耳機，聽我們「聊吃」。有一次一位工程部同事和湯以白說：「妳們說得一口好菜，哪天去妳家嚐嚐吧？」她說：「好呀！來我家打牌，你找兩個咖，我們四人玩一下午。晚上吃飯，我煮冰糖銀耳羹，跟燕窩一樣好吃。」後來他們真去吃了，回來就後悔了：「哎呀！湯以白的牌技和她錄影一樣好，她一個人吃三家，那一頓飯可是吃得好貴呀！哪裡是什麼冰糖銀耳，就是真的燕窩價錢嘛！」

《濟公》收視率好，帶著後面播出「中視新聞」也沾了一點光，新聞部湯Sir還跑來致謝。湯以白趁興就邀她「本家」一起參加「慈濟活動」。及至湯Sir中視畢業後，也進入「大愛台」任高級主管。

二〇〇〇年中視一場腥風血雨「大地震」，湯以白離開她辛勤播種、灌溉、修剪枝葉、成林、成蔭三十多年的老東家。

不過她也沒閒著，她正式進了一手創立的大愛電視台任製作人（原是上人希望她任職總監或節目部主管，但她不肯天天穿「藍天白雲」工作服，更不肯日日朝九晚五上下班）。第一檔就做了《富貴人家》連續劇。她創立用「慈濟師兄師姐」的真實故事，做為連續劇的題材，八點檔「大愛劇場」故事題材源源不斷。

二〇〇四年我中視「畢業」後，去了北京工作。我雖是北平出生，但移居台灣多年。很多語言、思想、習慣都有很大的距離。我這個被寵慣的不愁吃喝，在中視橫行霸道三十四年「女瘋子」，難以融入新環境「鎩羽而歸」心情很失落……站在旁邊的好朋友湯以白，看到我的喪夫、無業的鬱卒，馬上就和我說「妳到我公司來，『幫』我好嗎？」就這樣我們再次共事。不同的是這次不是同事了，她是老闆我是夥計。但不變的是，她一點都沒有老闆架子，凡事尊重我，也給我和她同等的製作人稱謂，讓我在劇組裡有一定的地位。我們的長官龐宜安經理、湯副理、賈副理以及陳念慈編審，都看在湯以白的面子上，對我非常客氣，記得有一天有一場戲湯副理愈想愈覺得不合適。要求我們重新修剪。傍晚來電話「對不起唷！您看這樣剪接好不好？這麼晚了讓您跑一趟，實在不好意思……。」做《大地之子》時需要很多的「九二一大地震」資料帶，當班蘇編審從庫房抱了三十多卷九十分鐘卡帶，讓我在那兒自己拷錄，中午還關心我的餐飲。我受到這樣的恩情接待，完全是人家看在湯以白是「創台」元老的分上。我感謝湯以白讓我快樂的度過七年的「電視第二春」。當時有人認為我是「孤寡貧窮」的老太婆，需要靠這份薪水度日。是的，「錢」是我需要的，但是我更缺乏的是「精神食糧」。郎雄過世後，我猛然消瘦十三公斤，好朋友們都看在眼裡，有的帶我進入天主教聖家堂的「中青會」，還特別為我辦一個小型的「烏來之旅」，有的陪我吃吃喝喝，但那總是片刻的消磨時間。回到家裡我還是空虛獨居，連一個「吵架的人」都沒有。只有湯以白讓我去工作，「賦」我責任，我才能真正感覺「仍然活在人生下午四點時光，離夕陽下山還有片刻好時光……」。

當然，在外面當製作人，和在中視導播組是完全不同的處境——一個是「我說了算！」一個是「誰說了都算!!」我要處處陪笑臉，主要看好荷包、處處能省則省。片子能過關、早點拿到製作費，就是完美。在這期間，不免受到一些「上責下怒」、「不平不爽」的「氣」。能和湯老闆講的就輕輕的報告一下，小小不值一提的瑣事，我就自己吞下去了。譬如有的劇務苛扣便當費用、亂報油費、過路費、美術人員買道具的費用：同日拍同地點、不同集數的戲報兩次帳目，以少報多，我一一查清。可以在台北拍的景，盡量不去外地。省了油費、過路費、時間，甚至旅宿費，因此擋了許多人財路，恨我恨得要死。有人就說：「湯導的錢，妳何必管的這麼嚴實？」我說：「受人之託，必須忠人之事。」為此湯老闆還當著大家，贈送我「大禮物」，讓大家知道我在她心中的地位。

那時也有一芝麻綠豆小官真以為我是為了五斗米折腰，一段畫外配音，讓我們發了七八位配音員都沒「過關」（配音員來一次我們要付一次費用），直到一日他的長官來到後製音效公司，機伶的余部長隨意請一位藝人幫忙唸一下，長官英明一次OK，才結束了那集戲劇「審查」!!諸如此類，我是找到情緒寄託，但也無端惹了一堆「惡氣」生。到了二〇一二年三月，我被發現「癌君」造訪。檢查當日中午，我電告湯老闆「我生病了！現在內湖三總。」她飯碗一推，立刻跑到三總二樓陪我做三項檢查，最後做抽吸項目，做完後我要靠在一個椅背上四十分鐘不能動，堵住血液噴出。護理人員請她（家屬）去繳費，她大小姐哪做過這事呀？樓上樓下、東問西問，一輩子沒這樣折騰，總算當了一次我的「助理」，哈哈哈!!開刀、化療、電療都很順利，除了化療傷到骨頭有些後遺症外，其他一兩年後一切恢復正常。但是我的職場生涯也到此謝幕。「九川公司」每年都有春節聯歡，我雖已退休啦，但是湯老闆還是按例邀請我參加「盛會」。第一次是我化療後，頭髮剛剛長出來一點點，龐經理她們笑稱我像總統府顧問「金美玲女士」的髮型，就叫我「包美玲」。十年啦，我也就一直維持著這個髮型。

離職後，我們不再是部屬與長官的關係，她更對我友好，更關心我。三不五時打電話，約我吃吃喝喝。我也按照過去逢年過節送禮到她府上，但是她的回禮，總是比我送的還要多。我們真是無話不談的好朋友，她的龍女兒真是成龍成鳳了，在美國完成學業回台後，還考上新聞局主辦「電影儲備人員公費赴美訓練十人之一」，深受焦雄屏大師器重，委以重任，後來嫁入豪門世家，生育三個小寶貝：老大兒時就有企業接班人的模樣。女兒嬌巧能幹，大有乃母及外婆DNA，將來必又是一位女強人!!么兒活潑可愛，甚得祖輩歡心。湯姥姥每日含飴弄孫，不亦快哉！

有時想想真後悔，在仁愛路五樓導播組沒早點和她交往，她哪裡是「女暴君」嘛！她就是那位「半夜不吃宵夜、唱兒歌的好媽媽」。王渝文演出「小牛犢子」的戲，她早在小時侯沒有「愛」的年代，不知演了多少次。我們同樣的年紀，卻有不同的人生境遇。是我平鋪直敘，浪得虛名的幸運兒快樂呢？還是她歷經險釁、夙遭閔凶、辛苦勞累，悟透了人生百態，編導出無數賺人心弦的劇集，享有真正的閃亮的名聲，現在徜徉在積存的福氣中，快樂呢？

＊珈按：本文付梓之前承湯導播親自過目、指點，特此致謝！

中視黃金時代的開創者——談談王世綱

二〇二二年七月廿五日上午九點，王經理世綱先生在家裡過世，可謂壽終正寢。在中國人習俗來說是極大的福氣。

王先生是我讀書時代，參加救國團社團活動的大前輩。一九六〇年代在校際就有非常大的名聲。以《赤地》一劇拿到當年全國大專話劇比賽冠軍。認識他是我進了中視、當「閩南語歌劇」小助理，轉換到導播組前，「包珈，妳要來《我們》導播組！好好幹，不要給救國團丟臉。」從未和他交談過，然而他早已摸透我學生時代「豐功偉績」，（那時候導播組是公司第一大組，除了他們第一代考進去、受到NHK岸田、相荼老師教誨外，後來我們這一些「黃花魚」溜邊進入者，都需經過前輩審查評鑑，方能進入「候缺」。工作成效OK方能補正。）我進組後還不能馬上下Team，先作組長行政助理。晚上下班後到攝影棚，觀摩前輩作業。一晚錄《萬福臨門》，導播是我最怕的PD（導播）之一王世綱。排練時演員忘詞，「提詞！FD（現場指導）提詞……AD（助理導播）提詞……（沒人反應回話，轉頭就對著兩位破口大罵）公司請你們來看戲的！演員演到哪裡你們都不知道……」嚇死我了，偷偷指給前輩AD是哪一句。（那麼精明的王導播當然看到了。）

這個導播真是閻羅王轉世——兇喔！過不久我分到史俊明Team，很幸運史俊明脾氣還好，半個月我就上手（詳情請參拙作〈哥哥們慢走〉），幾個月作到《觀光小姐》大OB（戶外轉播）。製作人是伊洪海先生，主辦單位觀光協會，負責人馬芳踪叔叔是父親的「小」朋友（詳情請參拙作〈再憶「華報菊壇」〉）。

大會準備的主持人是前輩導演王龍先生，排練時史導播覺得他年紀有點太「資深」，請求更換中視當紅的包國良。開會討論一致通過，但是老包有一天衝撞棚內《猜猜看》現場直播。三分鐘廣告時間無法由仁愛路三段趕到敦化北路中泰賓館，必須找一位遞補人選，大家想到王世綱。他一口答應，「但是我沒有白色西裝（禮服）」。那沒有成衣的時代，訂作一件西裝少則十天、多則半個月。伊洪海說：「老史你把主持人換將，你想辦法吧！」史俊明斜眼瞄我……我靈光一閃，中山北路有「一天完成」的觀光旗袍店，說不定也有觀光西裝店。翻開電話本黃頁，馬上去店裡量身，隔天交貨。此時大家（包括王世綱）都認為「這小女子有兩把刷子。」在我和另外一位同事還沒補正時，公司將發給每位「編制內」員工一套制服，在組務會議上王世綱建議，由組費中撥款，給我們二人也作一套。那件衣服是所有公司制服中質料和顏色都是最糟糕的一套；但是在我心中卻永遠是最美的。那件衣服包裹著前輩們對我的「愛與認同」——我是這窩裡的鳥啦！

沒多久，王導播升格王副組長，訂下片頭、片尾卡片排列次序。原來是製作人擺在最後，他改成導播擺在最後、製作人擺第一張。那天我錄《家有嬌妻》，李湍用耳機問我：「包珈我對妳不薄，妳為什麼這樣做？」「王世綱規定的。」下樓遇到翟瑞瀝：「妳拿公文給我看……」由五樓下來雙手奉上黃色紙單告示時，我心中發抖的快昏過去了，恰巧王副組長「蒞臨」，他們大人們去「談判」吧！這個規定一直用到我中視畢業。又過了一陣子，導播組王副組長調任企劃組（後來的管理組），他又有點子了——所有演藝人員的演出酬勞，都由公司發「綠單子」，核發名單按劇本集數，演員到出納組（後來是合作金庫駐中視辦理處）領取現金。由仁愛路搬南港，節目部王經理又發明了全錄影員工、演藝人員都開心；只有慢工導播和製作人不高興的事情：「攝影棚燈光由電腦控制」，每晚十一點自動關閉，開工作燈，讓美工拆搭景，工程部、演藝人員收工。大家回家睡覺，不熬夜啦——錄不完，你家的事。後來這個設置並沒有維持很多年，幾檔ON檔連續劇，破壞了規矩……

王世綱是一位非常有能力的TV man。除了能主持、能唱（為蔣光超製作的主題曲，蔣老大無預警轉向華視，臨時他就自己唱），《金不換》電視劇臨時被主管當局撤令下架，編劇趕不出新劇本，找了幾位老友關在旅館改編《赤地》，白天錄影晚上播出（好像是五集）。《一代女皇》播出後，華視、台視都推出強檔，小兵立大功：《上錯天堂投錯胎》，除了寇子和李烈是成熟演員外，大膽啟用歌星孫情和美模陳淑麗四人連戲外，傾中視全體演、唱藝人參加演出。連當紅的黃金五寶都出動——徐風飾閻王，倪敏然飾孟婆（原來妝扮是正常老太婆，PD鍾世驊看了改成「某傳道人和陳〇梅女士綜合體」——眉毛吊得老高老高、綠眼影、紅腮紅、紫色小方口紅。管理服裝的張國棟又給他找了一件京劇彩旦服裝配上五彩大紅底飄帶裙子），還沒表演我們已經笑到不行。《黃金拍檔》也是在因為《超級大牌》轉台時，王經理想出的又一個小兵立大功「冒險」綜藝節目，不但創造收視率，捧紅了「黃金五寶」，還製造出了200塊這個寶貝。《少年十五二十時》、《成功嶺上》都是那個時候的叫好叫座劇目。其實大家最不知道的是：早年第一次在龍山寺轉播「元宵節猜謎」，王世綱會同業務部張經理，作了新聞局無法反駁的「置入性行銷」：節目開始，請龍山寺對面的「精工錶」招牌亮燈，我們鏡頭：街景從那裡Pan過去、Zoom Out到LS穿過圍牆，帶到龍山寺內舞台全景。是為創舉，事後新聞局也只有吃啞巴虧。

王世綱是一九六九年考入中視小小的FD，表現優異。他的導播湯以白大加提牽，讓他擔任PD工作，湯以白自己下來任FD（湯以白的心胸有多大！）。後來第二檔連續劇《情旅》，節目部翁炳榮先生就破格要他任PD工作，過了沒多久他們幾位也都正式升了導播職位!!一九七二左右，調升導播組副組長，後又調到企劃組，接著升組長，副理。一度離開中視，後來朱友龍經理離職，王世綱回來接節目部經理。農曆五月初四我在做龍舟的後製剪接工作，他問我：「為什麼三年了，都在〇〇地錄影轉播？」

「我怎麼會知道？我又不是節目部經理！」

果然次年就換地方了，連製作人都換了。王世綱就是有這種不怕得罪人的魄力，也因此有一些人不喜歡他。這也沒辦法!!「家和萬事興」後，他又高升了。好像是主任祕書吧？沒多久就真的離開中視，和鍾世驊、張平一起去了公視。

他不在中視工作時，無論是雷電華或是哪裡，都放下中視時代的「威權身段」，我們做《天才總動員》（高怡平主持第一個節目）收工時，他和小朋友們一起搬運獎品。我看了都於心不忍，他卻甘之如飴。

多年後我們都從中視畢業，在北京遇到他，我請他和我家人一起共餐。他在我兄姐面前，對我大加讚賞！讓我好有面子，好像真的是「衣錦還鄉」了!!

中視五十週年慶祝大會前，我們從他女公子的FB，得知王經理生病了，但是還能外出吃飯。我們幾個就在他們家附近永康街「呂桑」，請他和王大嫂還有印傭一起聚聚。那時候他還有說有笑呢。再後笑容依舊，話少多了。二〇二一年我們買了他喜歡吃的：芝麻醬燒餅、燻雞、醬肘子，帶著鍾世驊給他的補藥，去府上看他。情況差太多了！想著疫情輕一點時，再帶些吃食去看他，或煩王大嫂帶回去。

那天王大嫂在Line上找我、有事談談……我就想到大事不好了……

我PO在FB上：「慟！王經理世綱先生　人生旅程落幕了」的消息，海內外哀悼雪片般飄然而至。其中娃娃潘迎紫也有一悼念文字，某報記者掐頭去尾寫〈《一代女皇》的「他」過世了，娃娃很傷心〉，引起王經理二公子立心世兄非常不悅!!

小記者真不知道?!

王世綱不只是《一代女皇》的「他」，更是電視老三台黃金創造時代的「他」之一。我們能有幸和他一起共事，真是榮耀呀!!

＊珈按：本文經王世綱夫人施正媚女士同意，特此致謝！

「你們看！你們看！明天等著看!!」——話說張國棟

一九七〇年四月一日早上九點不到，我到中視公司節目部編審組報到。也許我來得太早，辦公室竟然一個人都沒有。待了一會兒九點多了，終於來了一個黑黑壯壯的北方漢子，衝我笑笑：「妳是包小姐吧！妳進這屋來，妳就坐這兒。我姓張。我們這兒早晨上班，差不多十點到就行了。待會兒妳得到攝影棚去，我旁邊是X先生，這個位子是楊先生，他是寫字幕的。這是郭XX，她是小莊的姐姐。咱這屋裡都屬於『國劇社』。我跟包先生也認識，我原來在《大宛》。外間兒是真正的編審組，進門那排是『主控導播』，他們中午開播前才來，晚上收播才回去……」哈！初次見面就把全屋子人的底細，都告訴我了。這人真好！十點多了，陸陸續續辦公室裡人漸漸多起了。我的主管也來了，很親切的叫我：「珈！國棟都跟你說了吧！我帶妳去見見楊副理，待會兒再去見董先生。」楊副理是楊仲揆先生，非常親切的一位長者，他是楊執信伯伯的好友。楊伯伯早幫我打了招呼，下樓去見董副總經理，他是國劇社的主管。長輩們早就告訴我他是經國先生的人，救國團公關組長出身，我見他時大膽的報告我是救國團「社團負責人金山研習營」培育出來的，一九六六年團慶大會「讀訓」的。董先生一聽面色立刻笑嘻嘻地說：「好好好！前兩年我在美國，你們是劉勉文組長訓練的？好好做事……妳叫什麼名字……」這第一天第一仗

「見長官」我算是贏了~「愚人節」嘛!接著主管帶我去攝影棚。哇!那可是穿大街過小巷——那時候中視大樓還沒蓋好,我們的攝影棚是借用中廣大發音室,隔了大中小三間攝影棚,樓上是副控和主控、錄影機室:窄窄細細,只能容一個人站著工作。進了我工作的攝影棚,主管就把我交給張光譽導播,並介紹助理導播黃蕊小姐。她的男朋友趙燕昇也在旁邊(又是我的學生時代的老朋友),現場指導呂憲光先生,主管說「他父親是呂訴上先生」(那不又是父親《華報》的故友嗎!)哈哈,真是處處是朋友呀!主管交代我幾句話就回辦公室了,呂憲光還真好,幫我搬把椅子叫我也坐著看戲,問我聽不聽得懂台語呀?

十一點多張導播帶著我們在附近建國南路小店吃飯,黃蕊很親切的和我閒聊著,說的和早上那位張先生說的都差不多。只是告訴我以後早上九點以前到攝影棚,盯著演員化妝,需要的道具不齊時,要找美術組小邱借,文武場他們喜歡吃檳榔抽菸,這在攝影棚是絕對不行的,妳要制止他們……十二點半新聞結束,就是我們「閩南語歌劇」節目開始了,現場播出,上廣告時間就是機器大轉場,大伙兒都挺緊張的:除了演員表演,沒有一點雜音,說時遲那時快,很快一小時就播出完畢。他們回導播組,演員卸妝,美術組搭景班拆景,我呢,也只有自顧自地回國劇社小屋。那位張先生給我一疊空白表格紙張,叫我「每天回來填一張演出報告交給主管就沒事了。願意待著就待著,也可以下班了。我們這兒不用打卡,愛來來,愛走走……」這時候我也見到其他的幾位同事,除了郭小姐外,都是一群四十多歲的老男人。我們那屋子可熱鬧了,還有很多來串門子的寫字幕先生,和京劇演員像陳慧樓先生等。幸虧那屋子有窗戶，空調也不錯；要不然真是「香煙嬝繞」、「濃茶醺水」，和我上一個工作環境完全不一樣。

第一天到嘛，我不好意思太早下班，就傻傻地坐著看看郭小姐有沒有什麼需要我代勞的……哈！她比我更輕鬆，我們就聊聊天吧。這裡面張先生話最多：聊他家裡、他太太、他新出生一歲多兒子……快五點了，就一個一個閃人，日子就這樣一天天地過下去了。有一天小屋裡沒什麼人，楊先生抱著一落寫好的字幕卡紙，分了一大半給我要我和他一起送到樓下電影組。

「這位是平振華先生，金馬獎得主。」

「這位是包珈，我們新來的同事。她是包緝庭先生的女公子，以後她也幫著送字幕：您多關照……」

平先生笑笑，我趕快規規矩矩鞠一大躬「請多指教」，年輕嘛！多跑跑腿也沒什麼。大家都串門子，我沒事也到導播組去逛逛。他們那裡可年輕啦！組長是中廣《早晨的公園》主持人沈宏毅先生，我早年稱沈叔叔的長輩，還有我二女中老同學劉之媛，黃蕊私下告訴我好多小道消息：這個是誰，那個是誰……「怎麼跟張國楝一樣？」原來這就是當時「中視文化」。有一天沈組長問我：

「喜不喜歡國劇？」

「喜歡喜歡！」

「妳明天下午跟著劉之媛一起看排戲，晚上進Sub，跟著學做AD吧！」

哎呀！天上掉下來金雞蛋了，這麼快我就有機會學AD了。回家告訴父親大人，「這一定又是妳楊伯伯安排的」，劉之媛還幫我借了一個碼表，教我怎麼用：「國劇是不必計算前奏、間奏幾秒的，只要算一下總長就好了。時間是很重要的！我們不能Over，也不能Under。妳要有估計『戲』時間長短的本事。雖然不是Live播出，但是不能剪接。戲長了，就告訴FD，他會畫圈圈；短了，他拉麵條……演員就知道了。」我進Sub這事當然需要得到主管同意了，其實他早知道「小廟供不大菩薩」，我不可能老在這裡當歌仔戲助理。國劇製作人是李寶淦先生，總幹事是曹俊麟先生，都是家裡的熟人。沒多久劉之媛調去做連續劇，我直呼直令地當上國劇的「黑牌」助理導播（我沒在導播組不能打名字）。張國棟又給我出主意了——「趁著現在兵荒馬亂，趕緊去找人跟上面說呀！」於是又動用人事關係找到翁經理，順理成章我調到導播組當組長的行政助理兼做國劇節目AD——可以打名字啦！哇，那可是天下大事，第一次看到自己的名字在電視螢幕上出現：心跳得砰砰快，比給我加薪水還開心。沒多久大樓蓋好了，張國棟也在年底報所得稅時發現掛名當歌仔戲製作人收入爆棚，嚇死他了！正好轉換跑道，應楊副理邀請去美術組管理服裝。我們這群名不正的「編外人員」，公司給我們辦了一個內部考試，合適的留下，不要的名正言順請你走路。我和張國棟當然成績斐然，留下等待補缺。小屋裡其他人有的連考試資格都沒有。大樓攝影棚進門有一間服裝間，民初、古裝、戲曲好幾百件衣服都歸他管理。他一個人忙不過來，還有一位助理陳大海。第二年國劇社因為帳目問題撤除了，我們那位主管也離開公司。張國棟有一天跟我說：「ㄚ頭！妳看吧！當初幸虧咱們跑得快，要不然喝西北風呀！」從此我做我的AD、他管他的服裝，兩三年後補到缺都升成了正式員工！他多厲害的人，早知我已非昔日吳下阿蒙，客客氣氣表面上很尊敬我。當然我也念在當年提攜之恩，投桃報李，雖不再稱他張先生，也是隨著關毅他們一班老演員稱他「果果凍」，而沒有同其他導播組同事扯著嗓門大喊「張國棟！」

仁愛路時代，周遊有一檔戲好像是《公寓風光》，女主角是陳佩玲，演員好多人，有郎雄、方正……每集最後都有一個人出現，發生一件倒楣的事，譬如踩到香蕉皮跌跤了，爬起來對著鏡頭說：「你們看，你們看，你們明天等著看……」每天都有，每天都是同樣的台詞，不同的倒楣事件，不同的衣服，拿同樣的一整集薪資。

那人就是張老大！

大家說：「你好好賺呀！天天吃肉（戲少錢多）！」

「你們來賺賺看！我得自己編劇、自己想點子，這麼多集的倒楣事，不能重複。幸虧我管服裝，要不這些衣服我到哪兒去找呀？」

結果那齣戲，最紅的是只有一句台詞的「那個人」！菜市場歐巴桑談「怎麼有那麼倒楣的人！」學校小朋友也學著「昨天的倒楣方式」在校園裡表演。還有人參觀中視時，就為看看他。

日子又是這樣過著，好日子沒過幾年，中廣要漲房租，公司不得不另謀新地，物換星移，董先生也離開權力核心。梅先生新官上任，幾經周旋買到南港鐵工廠地目，又花了些年時間蓋好南港兩座新廈。這時公司正在籌劃大戲《神鵰俠侶》、《一代女皇》、《上錯天堂投錯胎》、《一代公主》七八棚小樓蓋好，正好用上。除了《上錯天堂》是時裝劇外，其餘都是古裝劇。（其實裡面閻王大殿那幾場，也是古裝扮相。只是倪敏然他們黃金五寶搞怪演出；孟婆穿著京劇的丑婆子大襖彩帶飄飄、大紅裙子，臉上卻畫得藍眼圈、清朝小方口紅，也不知道他在模仿誰的妝？某美籍華人政要？還是那位會呼風喚雨的傳教士？）這下子果果凍的「服裝間」可大了，每天仁愛路、南港兩頭跑，他的脾氣也越來越衝！老演員彼此都知道底細，混熟了有私交，誰也不招惹他。年輕人乖乖的尊稱他一聲「張叔」，他給你什麼衣服你就穿什麼，啥事都沒有！要是嫌東嫌西，自己東挑西揀……他能把你「掏出服裝間」，有的由電影界轉來的大牌「明星」，哈哈！最好少在他那屋裡待太久。他眼裡沒有「大牌」，穿衣服時要嘞緊一點、鞋子口小點兒，讓你一天難受，嚴重呼吸困難。所以連潘迎紫這些人物都不敢稱他「張師傅」，乖乖地稱他「張叔叔，謝謝你啦。」談到潘迎紫，她可是見過世面的「一代女皇」，開場她演一個十幾歲的小姑娘和張晨光玩耍，彼時張晨光剛演完《少年十五二十時》、《成功嶺上》，觀眾眼中他就是一個翩翩美少年，潘迎紫可是三十多歲的大女主了！拍戲熬夜，那時又沒有電波拉皮、現代的醫美……臉上的光澤當然騙不了觀眾。她久經沙場、熟悉燈光、攝影，可以彌補她的小缺陷。有一天特別拜託燈光師沈仁賢兄給她加「側光」，沈仁賢為了戲好，也加把勁，把她打得光鮮亮麗。第二天潘小姐很上道的送了一箱「蘋果」到副控，從此有了「蘋果光」這個名詞。

右邊大樓蓋好了，服裝間還是在攝影棚一進門那兒，果果凍還把它整理得有條有序，按照朝代、分門別類、樓上、樓下（地下室），隨手可取。我去香港電視台參觀，他們的服裝間也就是這個樣子。到南港，他的助理換了賈蘭君女士，她是大鵬賈厚瑛的姐姐，從小就在大鵬眷區長大，對戲劇服裝管理遊刃有餘。果果凍省心多了，惟她是一位女士，太重的箱子搬不動，出外景搬上搬下的苦力活兒，還得他自己扛著。

大陸開放後，他去北京探親回來，有一天他好高興地和我講他們去北京的趣聞。那時候流行穿「功夫鞋」，北京是納底子的，一雙幾塊人民幣，台灣是塑膠底，一雙一百二十元新台幣。大伙兒都會多帶幾雙回來……有一天張老大也去鞋店買鞋：

「一雙多少錢？我要十雙吧！」

「你要這麼多幹什麼？」

「我送人！」

「鞋還有送人的！」

「我們那兒興（流行）！」

「你們哪兒呀？」

「台灣。」

「喔！您是台灣來的！（售貨員臉色立馬滿堆笑臉）有沒有塑袋？我給您找個塑繩吧。」

張老大來台灣幾十年了，聽不懂他們的「新北京普通話」什麼「塑袋」、「塑繩」的！原來是「塑膠袋，塑膠繩子」……

另一位演員田平春也有一個笑話：他去大陸拍戲回台灣，過海關時哩哩拉拉一大堆東西，嘴裡還吃著一個燒餅。把台胞證遞過去，也沒正經八百地等著人家問詢。

「你這證件是假的吧？」

「怎麼會是假的，這是我呀?!你看看照片就是我田平春。」

「你一個台灣人，普通話怎麼可能說的這麼好？」

「我靠說普通話吃飯。」

「還有靠普通話吃飯的？你說你這本（台胞證）是哪兒弄來的？」

「我在台灣申請的！我有護照，還有身分證。身上還有新台幣！」

「你在台灣幹什麼的？來這裡又是幹什麼的？」

「我是演員，還做配音員。」

「台灣人都有錢，哪有啃燒餅的……」

這些都是大陸剛開放時的笑話。

我結婚前，孟元、許文泉、郎雄三人在濟南路合租一間房子，好多人來家裡拱豬、玩牌等。我一進郎家門，不請沒人敢貿然來訪。但是我們家有一成文法條：「每年正月初四公司團拜後，郎雄的朋友來家裡吃午餐，玩一個下午；晚上移駕去朱磊家吃涮鍋子。」記憶中好像果果凍一次也沒來過。他們常在公司附近忠南飯店、蜀漁館這些小館吃吃喝喝，就是不來我們家。我想應該是我在場，他們會覺得彆扭不自由吧！就連郎雄得金馬獎眾宴群朋，張老大也是捧著一盆發財樹盆栽送到，道一聲「恭喜恭喜」就走了。

那年公司淹大水，整個地下室都淹了。他們服裝間的衣服搶救出來，能洗的送洗，埋在泥土裡的、掐金戴銀的戲曲行頭丟了許多。最慘的是，歷年來珍貴錄影帶救了半天沒救回幾卷，從此中視變成沒歷史的電視台了。大夥兒氣死嘞!!對決策者抱怨聲不斷，真是「宰相有權可割地，孤臣無力能回天」。但是誰也沒有果果凍那麼「恨天怨地」的痛不欲生，他有一個工作室——就是一個小倉庫——裡面存著歷年來他一張，一張，排隊收集的郵票，首日封，和一兩百卷國劇的錄影帶。一個大水都淹了……他跑到泥濘堆裡去挖寶，結果什麼也沒有了。一個五六十歲的老男人，坐在那裡哇哇大哭，兩隻手還被泥土中的髒東西或蟲子咬了，長了黴菌，不只不能工作，還住院治療。躺在病床上，日夜嚎啕大哭……惹得同房病友責備他：「你哭什麼哭嘛！有一天你走了，這些東西還不是留在世界上，你又帶不走！你要是帶走，它們不也毀壞了嗎！早走、晚走，它們終就要走的，都就要消失的。想開點，別哭啦!!」忽然點醒了他，沒多久心理疾病好了，皮膚病也好了。

二〇〇〇年中視「大地震」一口氣撤除了一〇八員大將軍小卒子。我不記得張國棟什麼時候離開的，我是沾郎雄未亡人身分的光，到〇四年才自請退休。去了一趟北京，鎩羽而歸。湯以白看我上有老下有小，約我進她的公司任製作人，我負責盯外景拍攝、剪接、陪著龐經理「大愛」的長官們看帶，處理一些拍攝、剪接、配音的瑣事，還兼會計管帳。有一天在松山菸廠舊址工作巧遇果果凍，他還在做服裝管理。故人他鄉相見不免聊上幾句：

「你好嗎？」

「還成。」

「悠著點別太累了。」

「不累，人家就不用我了。」

「家裡還需要你掙錢養家？」

「那倒不需要，我總得找點活而幹，要不然悶死了。」

「也是呀！我也是出來活動活動，一個人的日子真難熬……」

「多磕頭，少說話。在外面不比中視，這兒沒有哥哥爸爸真偉大了，只有靠自己。跟人家和氣一點。他們年輕，走單了，給你一下子！得疼好幾天呢!!」

這是張老大最後一次給我忠告。

拍外景的日子，碰過很多導演，工作人員，演員，提起「果果凍」沒有人不豎大拇指的！也不知道從何時起，老的少的都稱他「張叔伯（音『杯』）」。

二〇一二年我得了癌症，化療後真的從工作舞台上畢業了。我幾乎不參加任何喜慶應酬，除了去教堂，只剩下四人幫，三人行，老同學，老友記的小型約會。像張老大這樣的朋友，「再見面多一半是在殯儀館給老朋友送行。」有一次送畢王玨叔叔，他和劉引商兩個人非要我去參加「中視老友會」，還跟我說「中視真是個大家庭！我喜歡……」

去年（二〇二二）十月三十一日先總統華誕日在FB上得知「張國棟先生從人生舞台上謝幕了」。哇！那幾天他搶滿了臉書版面：兩個世紀的製作人、導演、導播、台前幕後、包括臨時演員，悼念之詞……出殯那天我們導播組同仁不約而同的早早到了，一進門可看到張老大的朋友有多少了——滿滿的一屋子。老三台的老友來的真不少，可是外面不認識的小朋友更多！耿直的脾氣，溫柔的內心，真誠的交往，善良的對待，積蓄了滿滿的人脈!!當年那個捧在心坎上的寶貝兒子，帶著他的寶貝兒子，為他們引以為傲的「老爹」、「老爺爺」深深地一鞠躬，謝謝大家參加電視界「一代巨人」的告別式。回程路上，我腦海中浮現著那年愚人節在空曠的辦公室舉目無人等待時，黝黑漢子叫我到小屋裡，淺淺的介紹，含著多多「忠言忠語」。五十多年了！他的那套人生哲學：「該說話時一定要大聲說，不該說話時學著『閉嘴』。（沒人會把你當啞巴！）」真是「你們看！你們看！明天等著看!!」讓我受用一生……

脫線的故事

之一

脫線，他一點都不脫線。家成業就——一個鄉村開車的司機，憑著天生喜感、聰明才智，「社會大學博士班第一名」創造了他的金元王國。做生意失敗了，再起來，起來了再失敗，再起來。終於賣雞發大財！「帶回家200元脫光光250元」，只有他才會想出這樣的經典名句。一個人成功不是沒有原因！

年輕時到處幫人家「賣藥」，各廟口夜市作秀，全省走透透。看盡美女無數，但是戶口名簿上「妻」的名字，永遠沒換過，錢包守得牢牢的……

歌廳、舞台、影視多棲，從第一次上電視遇到老余頭導播「多走一兩步，隆沒應喔（都不可以喔）」，到「隨便你怎麼排，我都可以演，我都可以配合你。」脫線呀！你早就不是「妙人妙事」的活寶演員了，您是從小地方，走到國家舞台的「人人尊敬國寶級表演藝術家」。有幸認識您是我們的榮耀！謹以此文告陳大哥在天之靈。

二〇二二年五月十日

之二

認識脫線、久松、阿西，是在他們演《妙人妙事》時候。卓別林的打扮、不按牌理的表演方式，劇本給他們，也不知道他看懂了沒有？反正排三次，三次不一樣，台詞不一樣，地位不一樣！大家都拿他們當笑柄看，導播們都視為頭疼人物。但是播出效果很好，廣告商喜歡他們（那時候還沒有「收視率」這個東西）。問公司怎麼找到這樣一組「怪胎」來的？製作人龔天俠先是苦笑又得意地說：節目部長官交代任務嘛！做節目不能只顧著「雅」。他只好到處去「巡視」雜牌歌廳，鄉下廟會……終於找到這三位「寶貝」在賣藥，或是說學逗唱的。圍著一堆人，大家都喜歡他們！他就開著車，跟著他們串大街、逛小巷。問他們願不願意上電視？第一次來見長官：連國語都聽不太懂！有一次錄影，遇到資深導播、一板一眼的老余頭，導播按照我們電視台的規矩：排戲、分鏡頭，要他那一句話走到哪裡，我用哪一個鏡頭照你。不可以走歪了……Sub擠了一堆看熱鬧的同事，看他們雙方怎麼鬥法。脫線錄影時還是自由行動，老余頭在樓上急了，要FD指揮他們走到正確位置，重新錄影。嘿嘿！他們還是走東、走西，就走不到鏡頭照到的「點」。老余頭開Boon跟他們講，還是不到位。移樽就教、下到攝影棚，跟他們說：我這個機器不能跟著你們跑，很辛苦，拜託你配合一下好不好？老余頭剛出攝影棚，他就嘀咕「多走兩步，有什麼關係嘛！

（會死人？）」一次不行兩次，錄三十分鐘的節目，花了好幾個小時才錄完。耽誤了他們約好外地公演時間，拖延我們攝影棚使用時間。這段往事後來就成了我們導播組的茶餘飯後經典歷史之一了。

我第一次和他們合作，是吳影製作的《閩南語猜謎劇》。我和史俊明導播的台語都是「烏撒撒」，演員除了「三寶」外，製作人兼男主角吳影也是不按劇本走的，我們兩人鴨子聽雷，辛苦備至。幾年下來，脫線熟悉電視三機作業，他們知道電視作業就是要這樣，背台詞、走地位、熟練得很啦。科技進步，攝影機也能移動輕易，導播和演員之間合作無間。

《妙人妙事》結束後，他們上遍了各大綜藝節目。那天參加包國良主持《歡樂假期》，恰值老包添丁之喜：

阿西：「恭喜喔！」

脫線：「聽說你生了一個『公子』。」

包國良：「嘿嘿……」

阿西：「公子『溪蝦妹』（是什麼）？」

脫線：「公子，就是『公家的兒子』嘛!!」

阿西對現場某一觀眾字正腔圓地說：「那我也要恭喜你啦！」

包國良：「……」（無語！老包難得被糗在台上……）

一九九〇年左右，省政府製作的《今日農村》節目，是脫線、阿西、游啟東幾位的專屬節目。九七年凍省後，偶爾還看到阿西、脫線蹲在台東養雞。朋友說他做得很好，成雞固定賣到大批發商和市場，他自己也在雞場門口擺攤子，還開卡拉OK秀場，他和兒女們客串主持人！招待觀光客。最有名的廣告招牌：「帶回家200元，脫光光250元」，生意做得風生水起。他的「公子」還做網購生意，我們有幾位同事逢年過節專程買他的閹雞。

電視形態大改變，談話性節目有幾次請他回台北聊聊「過往趣事」，他還談到王世綱：「那個外省ㄟ，是好人！改變我的一生，我謝謝他。」（全口台語講出來，非常有感情。從他那個假眼鏡，看到真眼睛中泛著淚水。電視機前的我，為他的感恩而感動不已。）

最後一次看到他表演，是二〇一三年在電影《總鋪師》，演一個獨居老人，有一個外勞陪著。他在現實生活中，比劇中人幸福多了。九十高齡駕鶴西去，兒孫滿堂。脫線一輩子不脫線！

歌仔戲那些朋友

一九七〇年四月一日我進電視台的第一份工作是《閩南語歌劇》助理，每天早上九點半前到辦公室，帶著當天劇本、一枝筆和一點零錢，到攝影棚。十點左右導播組三人來了，幫他們搬好座椅看排戲，有時導播會要求再來一次，約一個多小時十一點多鐘，他們帶著我一起去吃午飯，吃完飯工程部打好燈光，攝影機推出來，演員換好戲服，十二點半正式播出，現場除了劇中人台詞，和配樂的文武場伴奏外，是不能有任何聲音的，一切聯絡都靠ＦＤ的手勢，快一點畫圈圈，演慢點拉麵條。廣告時間大約二至三分鐘，機器轉場大調動，也不會有人大聲說話。現場ＦＤ最大，他戴著耳機聽Sub（副控室）導播的，攝影師也是聽樓上Cue他們照哪位演員，鏡頭要轉換近景寬景（那時候還沒有Zoom lens），需要足夠的時間對焦，導播的思想必須非常縝密，要不然就「穿幫」了！後來公司進了一部Zoom lens就省事多了。

張光譽導播大概是五月多吧，被公司派去日本受訓，節目由新升上來的趙燕昇接手。那時候中視歌仔戲叫《閩南語歌劇》，為了這個名稱，導播和製作單位之間還有一番辯論：趙導播是河北人，廣播電視系大學畢業，對文字要求極深，很膩味很多以訛傳訛的錯字，譬如劇本上寫的是「奉侍」，偏偏大家要唸成「奉待」，幾次糾正，沒人理他，現場播出他又不能叫Cut，他叫我和我的主管講，主管也沒做真正的處理……台灣人幾代都是這樣發音，改不了啦，我初來乍到也不好堅持什麼。那時候中視歌仔戲團有四個團，每週換一團，分別是陳聰明導演，柳青、王金櫻、黃香蓮演出。第二團由葉大鵬製作、洪坤明導演，小明明、廖憶如（廖瓊枝藝名）、洪秀美、洪秀玉姐妹演出。第三團是麥寮拱樂社劇團的許秀年（本名許綉年）、康明惠、連明月、葉文瓊。第四團則由張國棟充當製作人，一些外台劇團演員組成，他們的服裝髮型都很鄉土，喜歡梳「都馬頭」，服裝有的女裝還穿坎肩（背心）露光膀子加一個護腕，唱的曲調也很特殊。這些我都不懂，請教呂憲光——他是南方曲藝名家呂訴上伯伯的公子，家學淵源，無所不知，那幾個月時光中，我從他那兒偷了不少歌仔戲知識，還說有空到他家去看看家中珍藏的寶貝戲曲文物，儘管我們是世交，我也不敢和他走得太近呀！他的女朋友是節目的音效郭曉梅小姐。

這位陳聰明導演是老江湖了，他一看到我，就認為我是主管派來監督他們的，外省人懂什麼「閩南語歌劇」歌仔戲!!

一兩天後，有一場公堂戲，公案桌上放著一小塊木頭，他看看要放口袋，回頭看我的反應，節目快開始了，搞什麼飛機呀？我瞪大眼睛也不好立刻說什麼，他知道我可能知道，這個道具不能藏起來，其實我是記得上午排戲他安排官老爺用這個木頭拍公案的動作，如果收在口袋，待會兒人家怎麼演戲呀！並不知道他要試探我一下，到了廣告時間，他問我那塊木頭的名稱？用處？這種小常識，從小聽收音機說書的《江湖奇俠傳》聽多了早就知道，那叫「驚堂木」，嚇唬底下跪著的嫌疑犯用的，想都沒想就告訴他了，還說：「下一場就要用了，您還不放回去，現場要用呀！」晚上回家告訴父親，他提醒：「小心點這人，這回妳答對了，下次就保不齊了。」可是由這次隨堂考試過關，陳聰明那麼精明的人，對我也另眼相看了，「沒有三兩三，上得了梁山」，在中視三十四年來陳導演不但沒找過我麻煩，還變成了好朋友。柳青、王金櫻都是歌仔戲的一級藝人，她們兩位身上有一種高貴的氣場，特別是柳青冷冷的很斯文，瘦瘦的瓜子臉，坤角兒小生，說不出來她像誰。每次看到我淺淺的點點頭，幾乎沒說過什麼話，多年後我在國家劇院電梯裡看到葉少蘭葉老闆，就是她這個「角兒」的味兒。

王金櫻，外號他們都稱她「阿貓」，細看真是一隻貓一般溫順、貴氣，柔柔弱弱的、娓呆呆、悶悠悠，《西廂記》崔鶯鶯不就是這樣嗎？二十年後我們在河洛歌仔戲團又遇到她，可熱情的哩！在河洛，她好像是「玩票」嫁到好人家，幫著劉團主招待我們，叫小朋友端茶倒水，笑面迎人，可會應酬了！最近偶而在新聞看到她家裡些許的新聞，希望她能萬事大吉。唱唱她喜歡的戲曲吧！

黃香蓮，那時候還是小學生，乖乖的笑嘻嘻，認真學習，誰能預料二十年後，她挑班當團主，中視歌仔戲是她的天下，小咪、許亞芬，都是捧著她的綠葉，連楊團長左膀右臂小鳳仙老前輩都來串過門子（參加演出），還請到張徹導演愛徒朱克榮先生當她的導演，朱導演出身大鵬國劇訓練班，有專業的傳統戲劇底子，在邵氏影城待了些日子，走遍大江南北，他導電視歌仔戲游刃有餘，黃香蓮劇團如虎添翼，前幾年在東區巷子裡遇到她，互問近況，她可是好得很，嫁了一位中央研究院的院士，又是一位老運亨通的表演藝術人。

小明明劇團製作人葉大鵬先生，原就是廣播界歌仔戲團主，久經歷練，帶兵遣將，經驗豐富，長袖善舞，也是一位公關高手。明明演出那一週是廣告最好、最難擠進去的一週。明明原名巫明霞，其令兄是一位電影導演，家裡是戲劇世家，明明人很開朗，有明星氣勢，但是沒有明星架子，和我很談得來。她對配角演員和藹可親，文武場所有劇團人都以她馬首是瞻，明明和我的私誼，是一九七三年後我升AD（助理導播）和她先生施富雄導演合作才有更深一層的交往。郎雄得獎後，有一次徐（立功）老闆要我們看新銳導演的電影首映，遇到已經孀居的小明明女士，我很驚奇：「妳怎麼會來？」「這是我兒子」「喔！好帥！和導演長得一模一樣。」初出茅廬小男生尷尬的笑笑，他就是後來的大明星施易男。明明和我年紀差不多，那天獨居的她在浴室不慎滑倒，一代巨星就此長辭人世。在新加坡工作的施易男接到消息即趕回來，已經天人永隔。近年聽說他從事蛋糕製作業，戲劇作品少多了，不知和母親驟逝有沒有關係。明明劇團導演洪坤明氣場就弱了些，他兩位妹妹秀玉是男二小生，扮像英挺瀟灑，當時我覺得假以時日會大紅特紅，秀美小旦年紀還小，跑跑宮女丫環。劇團還有後來演電視劇得了金鐘獎的高玉珊，他們女主角是以苦旦出名的廖憶如。春末夏初，有一天要開演了，忽然廖憶如腹痛難忍，但非常有職業道德，廖小姐還是努力苦撐下來，那時候沒人叫一一九救護車，我就在節目結束前幾分鐘叫了一輛計程車，等在攝影棚門口。她一下戲掭了頭（卸掉頭套），披了一件衣服，立刻送到台大醫院掛急診，是盲腸炎，醫生說再晚一點就會變成腹膜炎，那就麻煩了，她出院後我利用假期，買了水果去探視她，感激不止。

拱樂社是個科班劇團，他們是陳澄三先生一九三四年在雲林麥寮成立的，他們的演員年紀很小，小生是二十世紀末至二十一世紀初當紅的許秀年，旦角有康銘惠、連明月、三花葉文瓊等人，導演是陳金樹先生。為了在中視演出，陳澄三先生還在新生南路租了一間大房子供他住宿，過了幾個月，娃娃劇團拱樂社演出時，有一天原定旦角也臨時請病假不能演出，這下可急壞了大家，陳先生也不在台北，趙導播跟我說要我想辦法，我到哪裡去找一個旦角頂替？這時我就想到廖憶如了。一九七〇年不是每家都有電話，幸好我去過她家，搭輛計程車去大橋頭找廖憶如，她二話沒說，拿一個包包就跟我趕到公司，這時候他們劇團小朋友早就將劇本台詞寫在大字報上了，有經驗的廖女士上場看著台詞就唱起來了。當然怪怪的，眼神動作都不到位，下了節目主管問我發生什麼事？怎麼演的這麼糟，報告上午的兵荒馬亂事件，主管臉色才微微的改變：「辛苦了辛苦了」，也沒問我計程車錢花了多少？和廖憶如的交情還沒截斷，一九七六年九月我在第一飯店喜臨門結婚，晚上送客都快收攤子啦，廖女士帶著她女兒來道喜，還包了三百元的大紅包：「我女兒在這邊工作，聽路人講是包小姐婚禮，我們才趕來賀喜。」我感動不已，這麼晚趕來是多大的情意呀！還包大禮，我知道她那時候很艱苦，可是我已經沒辦法回報她的心意了。還好十幾年後，李登輝上台提倡本土文化，她改回原名廖瓊枝，以《陳三五娘》登上總統府表演廳演出，後來得了國內外許多獎項，是藝術大學的榮譽博士，自己有戲曲教育基金會，國寶級的表演藝術家算是最有成績的一位了。

許秀咩這位小女子，也是一位傳奇人物，在拱樂社是當家小生紅的不得了，拱樂社結束後和相依為命的母親差一點流落街頭，幸好遇到台視楊麗花缺小旦，她就改行唱旦角，一來她身材矮小（拱樂社小孩都矮，連明月等到老也沒長高），在楊麗花那兒，旦角雖不是她的本行，但是經過努力學習適應越來越好，成為楊團長必備的「娘子」，媽媽雖跟的緊，到了時候，她台上做楊團長的賢妻，下了台遇到雄赳赳、男子氣概的黃龍（本名邱鎮江），美人過不了英雄關，組織了家庭生兒育女，幸福快樂沒幾年，外表健壯的黃先生蒙肝癌來訪，可憐的阿咩小姐顧前顧後、顧家、顧外，二〇一一年黃先生走完人生旅程，留下幼小的子女，艱難生計要許秀咩一個小女子承擔，到現在也六十多歲了，這十一年的歲月真是咬緊牙關，兢兢業業，小心度過的。希望她未來的時光會尋到輕鬆一點的日子。

拱樂社還有一位也讓我念念不忘的小友——胖胖的、演三花的葉文瓊。這個小女孩非常可愛，不管遇到什麼不愉快的事情她都笑嘻嘻地面對，我離開歌仔戲助理工作後已經五十三年了，不知道她下落何方，應該也兒孫滿堂了吧!!

第四團我真的不熟，記憶淺薄，好像有一位叫賴麗麗的小生，深刻記住只有一位吳姓女演員，非常刁橫，她一邊拍電影一邊演出歌仔戲八九十歲的佘太君，上午不來排戲，現場播出時不改妝，滿頭黑髮，怎麼和她講，她就是不肯換頭套。拍個電影，哇！這世界都容不下她了？我真奇怪了，怎麼有這麼高傲的明星，真是自我感覺良好。後來也不再見她芳蹤了。

歌仔戲演員他們的名字，也很奇怪。有一個叫「西瓜」，我以為是外號，或是藝名，結果他真叫西瓜。身分證上就寫X西瓜。還有一位呂福祿先生（在電影《總鋪師》也有演出），他說一口閩南語標準的台佬，竟然是河北省人！父母都唱京戲的，他們一九三三年（？我不太記得了!!）傍著「蓋叫天」來台灣演出，他父親是武二花，毯子功等一些京劇的武功非常扎實。母親也是藝人，台灣劇團就請他們夫妻留下幫著訓練下一代。呂福祿小時候在歌仔戲團體長大，爸爸媽媽學會了道地閩南語，忘了教孩子們家鄉話，光復時呂福祿一句國語都聽不懂。他們家的故事三天三夜也講不完，他是一位很拘謹的人，演戲就在台上演，下了台木訥少語、不摻和「有的沒有的」。後來我們那麼熟了，大概他還不知道我叫什麼名字、我的家庭背景、我先生是誰？幾乎沒聊過天，他的事情我都是聽別人說的。有一天忍不住了問他：「你是外省人？」

「是，河北。」

「你父親唱京戲？」

「對。」

「你會不會唱京戲？」

「不會，只會唱歌仔戲。」

後來我猜想他國語不靈光，和我講話太辛苦了。

其他小咪、許亞芬她們都是後來一九八六年後一起合作的新朋友，那時候已經沒有文武場了，所有的歌曲都在錄音室先錄好，現場錄影時音效播出，演員對嘴，大家省事。談到文武場，我年輕時真怕他們吃檳榔的味道……文武場若現場演出，他們很辛苦的。打鼓佬要盯著Monitor，一個攝影棚只有一部機器，沒辦法給他們再接一台，大概為這個事先在錄音室錄好，真正原因我不知道，也沒打聽過。

一九七〇年十一月調到導播組，歌仔戲助理這份工作我就甩鍋了，但是他們永遠都是我的好朋友。

天涯赤子情——談談黃仲崑

一九八二年公司要做一檔內製大戲：《天涯赤子情》，四個女主角配一個男主角。故事一開始清末一位官員「按律」砍殺一個江洋大盜，後來官員退休舉家返鄉；大盜之弟——一個佔地為王的土匪（郎雄飾演），率眾嘍囉將正在舉辦家宴歡慶的官員夫婦「殺家劫財」。在危亂中：帳房先生、管家、女傭，甚至請來「堂會」的戲班都各帶著少爺、小姐們逃命去也……四位女主角選定：大姐甄秀珍：家變時恰好跟著帶她出來燒香的官員姨太太（張靜飾演）在路上被土匪搶走。這女孩兒從小土匪就喜歡她，教她騎馬放搶。她在土匪窩裡長大，有一種江湖味道。二姐沈海蓉：家變時掉在家裡堂會串戲的劇團舞台上。後來就學著唱戲，成了名角兒！師傅、師娘由陳慧樓、歐陽莎菲飾演。三小姐新人江艾倫：是奶媽（涂台鳳飾演）趁亂帶到大帥（周仲廉飾演）府成了帥府大小姐。四小姐是個孤女，原生母親在法場外哭泣，蒙官員夫婦可憐收為家人（沒人敢欺負她們母女了），視小女孩若己出。由帳房先生夫婦（吳風、李芷麟飾演）養大，他們家後來還有一個親生兒子，劇本中是個「會呼吸的不會動道具」（完全沒戲沒詞）。另外官員夫婦還有一個小少爺——家變時是個嬰兒，老管家（王瑞飾演）把他帶大，長大後（高培鈞飾演）老家人們協助四姐一弟相聚裡應外合，為父母報仇——小兒子一刀刺死土匪賣寶敖。男主角是軍閥大帥的義子，因緣際會後來和土匪窩長大的大小姐談戀愛。只有一集戲的清官夫婦由孟元、盧台蘭飾演。翟瑞靂製作，貢敏、宋項如、玉笠人編劇，鍾世驊帶著新升上來的導播：曾慶普、陳敬宗，阿匹和我是助理導播，李澤民音效、小賴美術指導。台前幕後當時都是中視一時之選，配角演員更是傾中視所有的硬裡子老戲骨演出。真是「各個有來頭、人人有看頭」。連大帥的「副官」田平春都搶盡了風頭！

「男主角」從企劃到編劇，人物設定就是當家「寇世勳」型來寫的。沒想到那時候‧

「演員在爭不同工，就要不同酬。」

「憑什麼我掛頭牌，我扛收視率，保證廣告進帳，但是我和其他演員錢拿的一樣多？我要加倍酬勞！」

「你明著要，公司當然不給了！」

「不給我就不演！」

扣子不演！其他男一號們誰也不好參演……型也不合嘛！

就這樣拖著快開鏡了，還沒談下男主角呢！

王世綱一咬牙一跺腳：「我用新人。」他的好朋友夏春湧是唱片的經紀人，幫忙找了剛退伍的小歌星，型很好，但是從來沒演過戲，連國語都講不好！製作人翟瑞靂也看著外形不錯，按現在的話就是「小鮮肉」嘛！戲嘛！就你們導播組自己「磨」吧……那位「小菜鳥」就是黃仲崑。剛退伍：六塊肌、一臉的稚氣、眉骨凸起、兩眼有神、黝黑的膚色、英挺的身材、高高的個子……那真叫個「帥」！

多年後金城武和郎雄參演林福地導演《草地狀元》，就是黃仲崑翻版（但是他運氣好～遇到林導演親自磨他的戲。那時候已經流行：國台語並進的「自然語言」）。梁弘志說：「他是日本漫畫臉，將來一定爆紅。」果然成了國際巨星！

第一天錄影，在中影片廠拍外景。黃仲崑扮上還真不錯！可是一上場講兩句話——「全砸」！演戲更甭談了，手腳都不知道放在哪裡？穿上大褂（長衫）像極了《湘西趕屍記》的活殭屍（他後來自己說的），走路都不會走、講話大舌頭，跟一群國語演員在一起，把同台合作的年輕演員偷偷地笑死了!!有時候不穿大褂，脫下來不知道應該怎麼放？是摺好？還是交給誰（又沒有跟班的）？管理服裝的張國棟好心教他：「你放在手腕子上這麼一搭，就成了。你看這樣（還示範表演）不是挺帥的嗎？」好了！這下子他的左手臂掛著衣服就不會動了，我們一位工作同仁給他起一個外號叫「石膏手」（打了石膏，不能動的手臂）。

我是怎麼看他，怎麼不順眼！那台詞講得像「背書」，不要說沒有一點「感情」了，連「抑、揚、頓、挫」輕重音都沒有，有時還不會「斷句」，氣死我了！天天找他碴兒，弄得他本來就不會演，被我罵得更不知所措了。執行製作小白實在看不下去了，回公司和王世綱打我的「小報告」，說我太刁難他了！

王世綱問其他人，他們說：「是呀！怎麼能拿扣子的標準，要求黃仲崑呢？他是個新人呀。」晚上收工回到家，王世綱親自打電話給我，派給我一個差事：「妳在現場什麼都不要做，就盯著黃仲崑。他的台詞、他的表演都由妳負責。」好了！這下我「搬磚砸腳」，我每天回家給演土匪頭兒郎雄對詞，到現場給男一號黃仲崑對詞兒——結果二分之一的劇本我都會背了！

還得給他講戲：你這場重點是什麼，哪裡要輕言細語、哪裡要一本正經、你的身段是怎樣，什麼時候要「端著」演，什麼時候要「放鬆」。台詞我是一個字、一個字地教他……到現在他的國語還是「包派」帶點老北京腔！演王偉忠《光陰的故事》和夏禕對戲，他是老芋仔，一個老戲迷愛聽京戲娶了當家花旦；夏禕演一位京劇女演員，兩位退休夫妻倆在眷村擺攤賣餃子。一點都「聽」不出來他是土生土長的本省人，說一口好外省腔。

《天涯赤子情》剛播出時，黃仲崑的戲反應真不好。翟製作就請貢敏、左菁華、宋項如三位編劇改分場大綱，重點不要放在男主角身上了。黃仲崑變成一個非要不行的「大男二」，「哪場都有他！」但是重頭戲都不在他身上。《天涯》播出幾集後，「女的美、男的帥」（黃仲崑的外貌還是非常吸引師奶和小妞的），群戲演員一個比一個演的好。大家不要搶戲，都有戲，劇情嚴絲合縫，「一環套一環」。收視率、廣告cue sheet，都漂亮的不得了!!戲紅了，認識黃仲崑的人也多了，特別是小女生愛死他了！但是在現場——除了鍾世驊導播，他還是最「頭疼」我！（怕我、最好我不在現場。）

節目結束後，我和陳敬宗一個Team，大大小小節目也做了許多！但是就沒再遇到過黃仲崑。他回到老本行，唱民歌風生水起，越來越紅。在新聞上看到他很多好的報導！還有結婚、生子的生活日誌。作為一個曾經合作過的幕後人員，很為他慶幸！唱紅了許多膾炙人口的歌曲，有了「鋼鐵大叔」的稱呼，也演了《青梅竹馬》、《光陰的故事》、《豪門本色》電視劇。其中何東興導演的《豪門本色》最為出色！把那個霸氣老總演得是活靈活現——綜合《天涯赤子情》土匪加大軍閥（郎雄和周仲廉）的合體！那天我回公司，在攝影棚遇到他。談起來：「如果有機會我最想再演一次《天涯赤子情》……」當時我認為他是「說說」而已，讓我開心。直到二〇一八年拿下「海參崴影展」以《范保德》一片獲最佳男主角獎後，中視公司《改變的起點》節目訪問，他在40分22秒處，談到他的第一部戲《天涯赤子情》：

> ……糊里糊塗接了這麼一部大片……所有演員都是戲骨、戲精，只有我一個「菜鳥」！天天挨罵。後來公司派了一位包珈導播專門指導我的「國語」，一個字、一個字的教我……那部連續劇演完了，我認為我演得很糟。但是進步非常多，從他們這些前輩老師那兒，學到了好多好多……
>
> 有人問我：「您現在這麼紅了，還有什麼願望呢？」
>
> 「我最想有機會再演一次《天涯赤子情》……」

我在電視機前看得眼眶濕濕的，當年我這個差事真沒白拿薪水……

他演完《天涯赤子情》後來的國語說得真好，「字正腔圓」!!

＊編按：本文承黃仲崑先生協助校閱本篇內容，特此致謝！

霸總專業戶——談談張晨光

談了黃仲崑，就要說說張晨光了！

張晨光是文化學院戲劇系國劇科畢業的，在校習丑角（小花臉），所以他的京白非常好，國語標準，是「眷區」長大的孩子。那年中視招考新演員，他來報名參加考試，一眼就被製作人周遊看上了，到了《天涯赤子情》晚期，需要一個演吳風、李芷麟親兒子的角色，公司企劃組推薦了好幾位新進演員，翟製作和老鍾挑上了他乾乾淨淨的小臉蛋兒，每天守時、守分、守紀地來排戲錄影。演出時坐在畫面左上角，拿著毛筆寫字，一句台詞都沒有；全景時才照到他——就是電視銀幕上會呼吸的真人道具。剛來乍到，也不敢和誰說話，乖到不行。這些大家都看在眼裡，記在心裡：這樣的小朋友我們以後有機會，一定會給他機會。

《天涯》做完後過了一陣子，我和陳敬宗導播陸陸續續做了一些節目。端午節和梁昆傑導播Team一起到鹿港去轉播龍舟競賽，節目中還包括鹿港鎮簡介，馬挺是製作人、李季準主持。哇！那次可熱鬧了，整個鹿港讓我們給翻了一遍，在那裡待了差不多快多半個月時間，剛回到公司，就接到指令立刻整裝下鳳山中正預校。

我們接了《少年十五二十時》，製作人蔣子安已經帶著隊伍導演李泉溪、編劇孫陽和六個男主角幾個女孩子，及一些成熟演員在那兒拍單機拍了好一陣子了。但是很多教室場面，實在需要我們出EFP。我們預計工作一個多星期吧。到了現場一看，所謂的男主角都是小朋友嘛，帶頭的就是《天涯》那個會呼吸的不動小帥哥——張晨光，其他還有金滔兒子侯寶寶、高振鵬兒子高寶寶、還有一個閩南語少年專業戶華少江，另外兩位就是新新人——宋憲宏和林智洋——了，及幾位漂亮妹妹。單機的素材到了我們慣用的雙機作業，快的不得了。有經驗的華少江、高寶寶輕鬆愉快就一次OK了。張晨光這次可不再是會呼吸的木偶了，他演的真是活靈活現，這時我才知道他的來歷，口條真好，台詞背得順溜。六個孩子裡我是最偏心「侯寶寶」的，沒別的原因——金滔是我好朋友。

大概是一九七一年做《觀光小姐》節目後，我就有一個渾號「包媽媽」，開始就是關係比較好的姐妹們哄著叫，後來除了長官們，大家都戲稱我包媽媽而不呼本名了。到了《少年十五二十時》，除了侯冠群（拍外景時他還不叫侯冠群呢，是侯媽媽算了八字幫他起的，金滔也沒說什麼）從小就叫我包阿姨外，其他男男女女孩子們都一律稱我包媽媽，但是他們那個包媽媽是「包伯母」的尊稱（好像華少江叫我導播）。張晨光當然直呼直令的跟著叫「包媽媽」了——那時候我還不知道他比他們大了好幾歲了。

《少年》外景拍完接著就進棚，華少江和高培鈞兩個童星出身老戲油子，駕輕就熟。新來的宋憲宏和林智洋就有點摸不著邊，幸好陳敬宗是一位好脾氣導播，處處給他們方便，鼓勵他們。小猴子沾著金滔的餘威，大家都挺疼他的。張晨光就不得了了，《天涯》

當了好幾集的會呼吸道具，其實跟著吳風、李芷麟這兩個老戲骨，早就吸取了他們的精髓。進棚三部機器一照，他有模有樣台詞背的熟、地位走的準，幾乎沒出什麼紕漏。節目播出時主題曲配上活潑有力的輕快曲調（應該是數來寶+Rap），畫面是現在流行的動畫，果然小兵立大功，把台視、華視打得落花流水不說，委託中視製作的軍中中正預校，那年的報考率直線上漲，國防部、中央黨部、公司長官們都樂哈哈，這六個孩子也一下子爆紅，其中以張晨光最受歡迎。劇中他出身富貴家庭，周仲廉和盧碧雲演出他的父母，沾了許多演技溫潤。連續劇結束後趁勢張晨光和小猴子，還主持了一個綜藝節目，深受年輕少年觀眾歡迎。

過了一段日子（一九八三年），公司又與國防部合作製播了《成功嶺》大專生暑期軍中訓練。故事是新編的，有別於中製出品張佩成導演的《成功嶺上》。背景還是以台中成功嶺為基地，演員除了張晨光、高培鈞、林智洋、宋憲宏外，加了好幾位國光藝校的學生——魏伯勤、姜先誠、李志堅等，還有後來非常出名的王筱嬋。成熟演員當然是公司的老骨幹基本演員總動員。最好笑的幕後花絮，原定一位高階長官為周仲廉，名單送到軍中指導單位，「現在的現任上校少將沒有周先生這個年紀……電影都請柯俊雄大小生客串演出嘛！」於是那角色換了趙學煌演出。

另一個幕後事故，有一天錄影，「張晨光遲到！」電視台攝影棚習慣，通告是八點開始演員化妝，工程人員打燈光，調ＣＣＵ。ＦＤ檢查佈景安全（如有樓梯等需事先走一下，免得演出時發生事故！），ＡＤ檢視演員到達否？化妝服裝合乎要求否？請工程部錄Color bar 1 KC做片頭。九點進棚，按例我八點下去看時，部分演員已到，八點半再查時幾乎都到齊了，只有張晨光未到。九點整了他還沒到！劇務打電話，沒人接，大家只有等等等啦……化妝室氣氛很低迷，大家都知道最好是睡過頭了，要是發生什麼大事那該怎麼辦呀！（那時沒有BB Call，更遑論手機啦！）製作人蔣子安急得不知如何是好！（一九七五年有一次就是死等一位女演員，九點多了才知道出了社會案件！當日她根本沒辦法來錄影，幸虧有存檔，2吋帶也破例跳錄，事後再剪接。）等到十一點十分張大牌出現了，一臉歉然的表情。我在大門口看到他，就知道這傢伙「睡過頭」了！按公司律例要重罰，我是覺得到底是個好苗子，不忍寫在播映報告上，那就「代基太條」了！進門就告訴他，等等在眾人面前要「大罵」你一頓，殺雞儆猴，不然往後大家都遲到那還得了！他當然是陪笑嘿嘿嘿……

我由攝影棚後門進去，他由正門入，一群演員也跟著進來了（老演員是預備幫著，勸我不要太責備他了）。

我問他：「通告幾點？」

「九點。」

「現在幾點？」

「十一點多。」

「你是來吃飯的，還是來錄影的？」

「我來吃飯的。」

咕嚕咕嚕我大概講了快十分鐘。最後我說：「現在通知工程部放飯，十二點半進棚，你張大牌不准下樓吃飯，餓一頓。」（雖然話是這麼說，但是他的好友和劇務會偷偷幫他打菜飯上來。）

從此以後張晨光這輩子再也沒遲到過！

《成功嶺》播出又造成了一次轟動，影視都紛紛拍了幾部軍中電影。如一九八七年的《報告班長》系列。這檔節目播完了，畢竟他們都還是青澀少年，熱乎勁過了，中視小生還是寇世勳、江長文、劉長鳴、崔浩然他們的天下。聽說張晨光有好久時間沒戲演，好不容易有一齣單元劇和戲精陳莎莉演出，初生之犢不怕虎，演出後，不只觀眾叫好叫座，連對戲的「陳大牌」都豎起大拇指，頻頻稱讚：孺子可教也！接著沒多久就有一週一次單元連續劇《命好不怕運來磨》，是一部叫好叫座的戲，朋友們都說他是「好命人」，都忘了他在家「餓了」很久。

後來接著就拍了不少的電視劇，有的是主角，也有不重要的配角，他也欣然接演。《一翦梅》、《夕陽山外山》、《書劍千秋》都有他的角色。後來《她是我媽媽》、《蟬翼傳奇》（武俠劇，他有文化國劇科的武功底子，簡單的動作都自己來，不麻煩替身）都是男主角，《留住一片情》和王玨、馬之秦、陳莎莉這幾位超級大前輩一起工作，和張詠詠搭配男女主角，都融入甚深、毫不懼場！一九八八、八九年連演了好幾齣主角正戲，如和扣子甄秀珍、陳莎莉、郎雄演的《情在天涯》，金石導演、于楓等人演出的《一世情緣》，劉長鳴、馬之秦演的《我兒俊孝》——一個自閉症的人，永遠活在自己的世界裡，為此劇，張小生還去有關醫療機構特殊教育院所，觀察這些人的行為、舉止、思想、意志。我記得最後一場戲，那位看護自閉兒母親（馬之秦飾演）死亡時，俊孝（張晨光）在床前的表演，台前幕後大家都哭成一團，只有俊孝還是那個似呆滯、似堅持，一滴眼淚都沒有，但是他的心裡那種失去靠山、大樹倒了的哀痛……表現得淋漓盡致！

一九九〇年演出《親愛的，我把英雄變美人啦！》，藍心湄、陳松勇經徐進良導演邀請，加盟中視演出後，他就跑到華視參加《京城四少》。雖然鬧出合約問題，但是因這個角色（流落在聲色場所長大的，原生於書香門第的富家少爺）有方芳大姐帶著演出，猶有餘刃，果然得到那年金鐘獎！宣布入圍時，我們正在合作《財神爺報到！》（也是徐進良導演的戲），我從心裡替他高興，副控台上就幫他寫了後來他上台致謝詞的詞兒：「我謝謝我的生身之母——中視，對我多年來的栽培！謝謝我的養母——華視公司，一進門就讓我得到這麼好的禮物！如果台視，對我有興趣，不妨認個乾媽好不好？」

李安拍《囍宴》時，他也是考慮的人選之一（後來是新人趙文瑄飾演），民視興起後，加上第四台漸漸合法化，政治、社會、各方面變化，國語劇勢微、台語劇興起。當年高鳴、劉林兄弟揹著錄音機學國語的影像，改成一群年輕國語演員學台語，崔浩然、張晨光都是箇中翹楚。二〇〇二年還以《日正當中》閩南語劇，又奪得那年金鐘獎！

又過了幾年，他就渡海去了大陸，郎雄的最後一部電視劇《都市情緣》，製作人李小婉女士寅夜奔去河北某拍攝現場邀約張晨光演出，面對香港大卡方中信、吳倩蓮、大陸已早有名氣的周迅、施羽等人不卑不亢，和劇組人大大小小和在一起。我們拍完北京的戲，和他話別。他特別關注郎叔的健康，可能有預感這是最後一次合作了。我們回來後，郎雄又拍了楊紫瓊《天脈傳奇》和臨時客串演出《雙瞳》。二〇〇二年五月二十九日郎雄殯葬彌撒，我特別邀請了十位在影視界和他合作的晚輩小生，幫祂扶靈，晨光是其中之一。

二〇〇四年我從中視畢業了，轉投大愛台拍單機電視劇，我已改任製作人。一日周曉鵬導演的大場面戲，演員人數眾多，統籌大象他們一一敲定演員檔期，屆時忽然有一位女演員臨時不能到場，我找她的經紀人：「哎喲！『光哥』從北京回來了。民視趕他的戲，攝影棚門都鎖上了！不放人……」

我打電話給製作單位郭胖公司的顧問，我的老同事。

「沒辦法呀！民視很強勢！張晨光只給一天一夜的時間，要拍完他所有的戲我也沒辦法呀！」

十年河東，十年河西。《天涯赤子情》那位會呼吸的活道具，現在成了炙手可熱的大明星，他一個人在台北出現，影響了多少組劇的Run Down都要修改呀！不得不服氣他的努力，他對工作的用心，他的工作態度是他成功的原因。

二十一世紀以後，張晨光幾乎都在大陸發展，合作的都是大腕演員：《那年花開月正圓》孫儷，《都挺好》姚晨、倪大紅，《流金歲月》劉詩詩、陳道明。近年來還有「霸總專業戶」的美稱，說真的當年我和陳敬宗導播就說過張晨光那對大耳朵垂，就適合演皇上、老闆，他有絕頂的「帝王」相……台灣播出《今生有你》，我是衝著看了N遍《何以笙簫默》的鍾漢良去的，結果演他父親的張晨光把整個戲喝盡了！哪一集若是「聶東遠」戲份不夠就不好看，特別是幾場逗孫子的戲，那些細點子絕對是張晨光自己琢磨出來的。一個道貌岸然的大老闆，能用小舊毯子和孫子在醫院玩躲迷藏——多吸引觀眾的眼球呀！

二〇二二年八月初我和他通電話，大加讚美一番，他說：

「哎呀！還不是你們當年教出來的！」

「哈哈哈！合理的叫訓練，不合理的叫磨練是嗎？」

《天涯赤子情》、《少年十五二十時》的張晨光，到霸總專業戶、老戲骨的張晨光，你是一步一腳印走出來的！認識你是我的榮幸！

＊珈按：本文經過張晨光先生同意，特此致謝！

信仰是我的第二個家

天主教野聲福傳宣教團活動，左三起：郎雄、丁松筠神父、張詠詠。

聖誕節光啟社，郎雄與丁松筠社長合影。

蝴蝶兒會

小時候　先父常和我聊些遠古故事，北京軼聞或鄉野奇談，記得他跟我說過前清北京城外的叫花子也有組織，類似江湖上盛傳的丐幫。不過他們沒什麼武功，只是像職業公會，大家在一塊聚聚聊聊天。他們窮雖窮、吃總要吃，他們聚餐時當然不可能到大飯店、小酒館。他們通常就是：拿著各人乞討來的食物擺在地上，大夥「黃楊樹下彈琵琶——苦中作樂」。偶爾有老酒一盅，他們也能快樂逍遙「混個一個倒、兩個飽呢！」因為他們都是各拿各的碟子、碗，甚或酒壺、茶壺，所以謂之「壺碟會」，叫俗了就成蝴蝶兒會。

日前我和我四十多年未見的初中同學聯繫上，我們就快樂地聚過幾次，有時去卡拉OK，有時去吃牛肉麵；我們也去過大飯館吃過一次桌菜、喝喝咖啡，但是總覺得人對了，地方不對！卡拉OK龍蛇混雜，不宜我們這些閨秀們出入；大飯館好是好，沒有人繼續願意當凱子娘；咖啡廳嘛，又不能大聲喧嘩。想了很久我就說：「到我家，我請妳們吃飯好了。我現在一人當家，只要我高興，沒有人能反對！」於是二〇一六年四月我就做了蒜拌蛋、糖拌蘿蔔絲、滑蛋蝦仁、香菇扁尖筍蝦米炒青菜、溜肉片、老虎菜、豆酥海瓜子、咖哩椰漿牛肉、鯉魚豆腐湯、還有甜點等幾個菜，招待我六位老友。

本來是很快樂的一天，賓主盡歡。雖然我菜燒得無法和永福樓比，但是在我這個破房子小屋裡，大家可以暢所欲言、無拘無束，甚至累了腿可放在茶几上，或窩在沙發裡。沒有外人，不怕教官，更不怕「老妖精」（初中生活管理組長，沒有一個學生不怕她）。那天唯一不圓滿的是：每一位都帶了伴手禮，馬太后說好了帶酒，我們當場效李白「飛羽觴以醉月！」林琪和金棺材也各帶了一瓶酒，說好下次再飲用，倒也無虞可慮。麻煩的是張瑞芳她們幾位帶的雞精和五味高級乾貨食品，事後還真讓我費了一番心思，才給它們找到適所處置。經過這次經驗，大家說好老同學、老姐妹不要再見外了，大家約好只帶些當天可以吃食，千萬別再客氣送串門子貨了！

過沒幾天張瑞芳就在E-mail上嚷嚷著，她包的「韭菜蝦仁餃子」遠近馳名，非要現現寶、請我們吃一頓。她府邸在內湖美麗華對面，不敢夜歸的太后大人首先揚旗抗拒，住在永和的小燕也立即響應。最後商討了半天，眾議還是到「除了我沒活人」的郎家小戶最舒坦，有了上次的經驗，每個人都經張瑞芳強行規劃：誰準備什麼、帶什麼。我呢，除了找幫傭灑掃門庭、端出客用的碗盤匙筷外，就熬了一鍋八寶粥（專程去南門市場買的食材）、烙「瓠塌子」（瓠瓜刨絲加入雞蛋蔥麵粉，一份一份小心煎成），還有一兩種庫存的鹹菜。

是日也，下午三點甫過，張瑞芳第一個報到，也真虧她六十多歲的老嫗了，提著兩斤多重的餃子皮、三四斤的和好餡料，還有二十個豆沙粽子。老太太從內湖搭巴士到我家附近小公園，下車後還須走十分鐘的路。上得樓來，氣不喘、心不趴拉趴啦跳，真是感謝當年籃球校隊底子打得好！我和張瑞芳初二才開始同班，一直到初三畢業。兩年間「焦不離孟、孟不離焦」，我也想不起我為什麼會和她這個山東大妞「傻大姐」那麼好?!我是獨生女，倒沒有特別顯現嬌滴滴，但是我非常愛現、愛討老師們的歡心。在功課上我比她聰明、好學，但是她很用功、每科功課都能均衡發展，不像我調皮，我喜歡的課業我就多唸它幾遍，深澀的文言文，只要是唐宋八大家的文章，三遍五遍我就琅琅上口，像小和尚唸經希里胡嚕、背得滾瓜爛熟；如遇到我不喜歡的長篇大論白話文，朱自清的〈春來了〉，我死唸十次也記不得幾句。國文如此，數學、理化、英文、歷史、地理哪一科都躲不開我的原則，我那時的銘言就是：「生平無大志，只求60分。」女娃兒都煩憂數理，嘿！我就不怕，代數、幾何我都ＯＫ；人家喜歡音樂課，我卻因為那位老師找我麻煩，我從不乖乖數那些無味的「豆芽菜」。因而，至今我去卡拉ＯＫ永遠只能坐在那兒當評審或受罪的聽眾，我一句歌詞也不會唱。張瑞芳合群、不重小節，愛打籃球、參加校隊，大概我們會變成好朋友的原因是：同班不久，班導師就挑選我們倆在校慶晚會表演相聲。老師寫了稿子、教我們怎麼表演，還給我們準備一個特殊道具。我們倆也利用下課十分鐘，自己加緊排練，演出時意外地好評如雷。台上我是主角，台下她挾籃球校際明星的餘威，佔了上風，我也沒因此而妒嫉她，因為我也有一圈粉絲偷偷地圍著我。這件事粗心大意的傻大姐到今天也沒發現……。

張女士到了立馬將食材放置餐桌，拿雙筷子就開工了，我呢還慢條斯理地取出盛餃子的竹筐籮。哈！她真是包餃子達人——速度快、外型好看、內餡飽滿，我馬上豎白旗，佩服！佩服！沒幾分鐘金棺材也攜著一大袋清洗切好的水果進來了，我尊旨將來物放入冰箱。趕忙倒茶水時，張女士發言了：「妳們放那麼一點餡、包得癟癟的，這樣餡子會多剩下來，怎麼辦？炒著吃呀？」

「別急、別急，和塊麵再桿皮子。」

「妳家還有麵沒有？這麼點兒不夠！」

「沒關係，對門頂好有。」火速搭乘飛天下地的電梯，到超市買了三包麵粉。我回來不久，小燕捧著烤鴨、太后提溜著信遠齋的醬肘子跟芝麻醬燒餅也一一報到。客人來得差不多了，餃子嘛，張女士也三下五去二，兩三百個圓圓胖胖的山東大餃子大功告成。

趁著我煮餃子的時侯，她們四個就抓起烤鴨捲餅或燒餅夾肉，囫圇吞棗，大幹特幹！待我聞風聽到，欲端上準備好的餐具時，幾位老太太發令：「不要了、不要了，這樣大口吃肉，好香！」探頭一窺，哎呀！這哪裡是我年少時的同窗，完全是梁山好漢那幾位母大虫、顧大嫂、一丈青扈三娘的架式嘛！我不跟著湊熱鬧，專心煮我的餃子，否則一個不小心煮破了，不被張女士咒罵才有鬼呢！餃子上場，黃維和也及時登門，帶著一包鹼粽和泡了好幾天的海蜇頭，這是好東西，她從浙江帶回，專程要給我們饕客嚐嚐鮮的。跟我要了蔥、醬油、香油調拌上桌，我還沒看清楚，已經一掃而光了！餃子是今天的主角，大夥給足張女士面子，直說沒吃過這麼好吃的餃子！她老臉皮上顯著得意之色，不言可喻，辛苦了半天，終於獲得了應有的掌聲。我彷彿又看到當年在球場上投了一支好球，耀武揚威、短髮齊耳、白衣黑裙的張瑞芳。隨即我也將瓠塌子獻出，除了太后沒人吃過，自然也給了一點真真假假的讚譽啦。

不到七點我們的「蝴蝶兒會」已近尾聲，我再端出煮好的八寶甜粥，配上梅子醬醃漬蘿蔔乾和日本小罐頭榨菜，一陣歡呼後水果和鹼粽登場。幾個人拿叉子狂叉、亂搶七百多塊錢的高級珍果，剎時間都淪陷於五臟廟內。

大家都吃得非常飽餐後，七歪八躺開始喝茶、談是非。我望著狼藉杯盤發愁，好心的張女士一聲不響地在廚房清洗乾淨。我心裡頓時感恩當年沒太欺侮她，積下了少許的功德。其實這幾位同學真正同班過的只有張瑞芳、太后、黃維和，棺材和小燕只是同校而已。太后小時不苟言笑，坐在我旁邊沒跟我說過幾句話，相貌非常的瑞莊，歷史課朱媛老師講到：「明太祖朱元璋的皇后，馬氏」時，我們就給馬小姐起了「馬太后」的諢號，一叫叫了四十多年，現在看起來還真有太后的權貴相。她說少年時家境窘困，自力更生讀完大學，她先生也長她十幾歲，二人膝下無兒，但是鶼鰈情深，愈老彌堅，是我們羨慕的一對！黃維和姐妹是雙胞胎，小時候我就分不清楚誰是姐姐、誰是妹妹，現在更搞不清了！最近她們么妹生病，也引得她們全家都做健康檢查，據報告說，她的膽和腎都有小結石，我們聽了不自覺得：喔！我們不再是青春年少的小丫頭啦，一晃眼大家都是六十多歲的老嫗了！「棺材」姓金叫冠成，也不知哪個缺德的賜予她這麼個名稱。小時候我們不是很熟悉，但我覺得她人很老實、敦厚，我常忘了帶體育褲或課本，向她借，她很大方容我取用。多年後在夏伯母（即夏承盈夫人林海音女士）母親喪禮遇到，一別又數十年。再見面我們兩人都已居孀，她比我偉大多了。她四十四歲先生就棄她西行，拖著幾個孩子，隻手撐起半邊天，現在是熬出頭了！但是紅潤的臉上蓋滿華髮，她走過的路，我能感同身受。

小燕更是一個傳奇人物，小時候一般同學都不敢和她交往，因為在她青春叛逆期，家庭因素造成特異獨行的行為。因而老師們只要社會上發生不良少年打架鬥毆的新聞，神經就開始大條，生怕連累到小燕，傷損校譽。越沒有人和她們作朋友，她們就變得更作怪。我因為老師緣蠻好的，有一天就有一位老師希望我能勸導她們：不要故意把領子翹起來、袖子摺兩道邊。現在看來根本不是問題的問題，但在當時，特別是我們靜修女中，可是天大地大的事。我當時想，我和她們也沒同過班，硬勸告她們一定不理我，搞不好我還會吃悶虧。我想，同學間的私交要慢慢培養出來，初三上學期第二次月考後，我就試著和她作朋友。哎！我先釋出善意，立馬奏效，她很快地表示願意和我這個半好不壞的風頭人物交往。我天生是一個「廖背丫」，但絕不是一個好的說客，那幾個月她有沒有受到我影響，我不知道；我自己沒跟隨她去不良場所，已經是祖上有德了！當時連張瑞芳都勸我少和她們來往。

四十多年過去了，她是同學中改變最大的，大學夜間部，沒畢業就認識了現在的先生。後來就每天晚上放學送她回家，畢業後隨即結婚。育有一兒一女，作了幾十年專職的好妻子、好媽媽，沒有社會工作經驗，但是學了好多才藝，如攝影、繪畫。她告訴我，當年好羨慕我有正常的家庭，嚴父慈母，每天回家有飯吃……。後來也看到電視上打出我的名字，也頗感榮焉，但是就沒勇氣與我聯絡。真是滄海桑田，時間改變了一切。

晚上九點剛過，張瑞芳首先提出：「要回家啦！」接著兒女家人們的手機也一一響起，聲聲「望你早歸」。大家意猶未盡，因為今日一別，多人有出國計畫，又要幾個月後才能再相聚。當時就決議，像今天雖無美酒佳餚，但是這種「蝴蝶兒會」，既不勞民、又不傷財，往後多多為宜。

＊珈按：這是很多年前（二〇〇七年）的事了，那時候我住在台北某國宅。

奇異恩典——中青會生活營

盼望著，盼望著，中青會一年一度「秋季生活營」終於到了！約在兩個月前，會長就通告大家確定的日期。因為遊覽巴士座位有限，大家莫不把握機會及早報名。今年（二〇〇九）的目的地是蘭陽平原，自從雪隧通車後，有人覺得去宜蘭好像去「灶咖」般的方便，或許就不以為這次旅行有什麼值得盼望的，其實不同的人就可以玩出「不同的玩味」來。也就是說沒參加過中青會生活營的兄姐，就不知它為什麼那麼吸引我們，好玩在哪裡？但是參加過一次就會上癮！

「中青會」是天主教聖家堂的一個善會，一九八四年十一月由一群當時三十到五十歲的兄姐，在李哲修神父號召下為「服務堂區、個人靈修、關懷弱勢團體、作教堂和社區的橋樑」而成立的。歷經了這麼多年，有的創始兄姐或出國、或移居他市、甚至回歸天鄉，而與我們暫別。但又有許多新會員不斷地加入，故而中青會的薪火就越來越旺。我們固定負責每週六五點半的彌撒服務，每月開月會一次，恭請神長或專家演講；每年有兩次生活營，不定期舉辦朝聖、拜訪教堂、關懷弱勢團體、健行、爬山等活動。現有會員四十多人，因為每週都會見面，大家感情好得如同家人，互相關懷、互相互動，每週六彌撒前一小時大家會先到教堂練唱聖歌；彌撒後我們有空的十幾位兄姐也會一起聚餐聊天，這在現代心理學來說，「老友相聚」是一很好的「舒壓」方式，而一年兩次的「生活營」更是所有會員享受「神恩」的仙丹！

十一月十五日早晨七點多，眾家兄姐都到達聖堂，八點準時開車經北二高駛向目的地。會長火力兄和領隊保祿兄早在十月初先探覽旅勝，一路上保祿兄就成了我們的導遊，一路解說地標、規劃路線。

承蒙天主保佑，前一兩天台北的天氣還微微陰霾，但是我們出遊時，太陽伯伯竟然笑嘻嘻地或隱或現。一個多小時的車程，第一站礁溪林美盤石步道即在眼前了。此處石盤溪瀑是雪山山脈台北縣與宜蘭縣的分水嶺，山勢雄偉陡峭，山巒疊翠、鳥語花香，水聲潺潺、水落石出，水之源頭供應居民農作及民生用水。林務局規劃設置步道，有木屑鋪路、橫木作階，更以木材為橋，一處約二十幾階近六十度的高梯，望之有若天梯。旁設木柵粗繩扶手，我們攀爬時，雙手拉著繩索，倒也臉不紅氣不喘。我和海哥海嫂比肩而行，一路由山水之美談到國畫與西畫美學之異，再談張大千與黃君璧、敦煌臨摹、工筆到潑墨，最後還談日本料理：懷石、關西、關東飲食的粗細……真是受益良多！徜徉在山水之間，神遊於古今中外。

享用過宜蘭市得意樓午餐後，車行至羅東林業文化園區。此地原是太平山伐木業興盛時，木材集散地。一九八二年停止砍伐後，就變成了城市裡的祕密花園，有蒼鬱的綠林和貯水池。水池原也是貯木場，把木頭存放在水池是一門大學問的：木材浸泡水中可以防止遇熱變形、龜裂及損壞，並使樹脂釋出，延長木材使用的年限。在園區，我們還可以看到老火車站、五分仔小火車（國際標準鐵軌一百四十三點五公分的一半）和老式日式木屋。屋內有古典的銅火爐、原木製作的桌椅、榻榻米用的矮桌，最特異是屋中不時飄散著淡淡的木材清香。後來順順姐購得了一檜木製作的「足形」伴手禮，不時放在鼻尖薰吸，畹如姐笑她：「拿個腳丫子猛嗅！」離了文化園區，領隊又帶我們去台灣木屐的家——白米木屐村。這地方更是有意思，先民站在山頂往下看，此處如一白米甕，所謂「白米」者，乃白色小圓石也。日據時代居民生活除了夜間偷砍樹木做木屐（日治時代歌謠：「白米甕／做柴屐／偷剉柴／山林捉」），村民幾乎沒有什麼生機。近年來在文建會倡導社區總體營造，白米甕也啟動了營造列車，全村穿木屐、玩白米，不只豐富了百姓的腰包，更豐富了外來觀光客的見聞。我們見習到老師傅如何將一塊不起眼的粗木（現在都是加拿大進口的橡木）雕塑成一雙雙健康、美麗、方便、可以外出的涼鞋「木屐」。

我們住宿的地方，是在中華電信公司工作的歐陽姐申請的蘇澳員工招特所，每間房間都和四星級的酒店差不多，有電視、冰箱，浴室還附設冷泉呢！潔白的被褥感覺還真好。我們真的感謝天主：賜給我們歐陽姐當年用功讀書，考上這麼好的金飯碗；造福了自己，也讓中青會兄姐跟著沾光。晚上我們在頂樓舉行十一月分的月會：認真負責、眾望所歸的會長連選連任；並慶祝中青會二十五週年會慶。年齡稍長的前輩兄姐們，雖然歲月在他們臉上留下了些許的軌跡，但是他們的精氣神與昔日是無痕的，還是那麼的快樂、健康、有活力、充滿了對天主的愛、尊敬、信仰⋯⋯。月會結束時間還早，幾位兄姐又跑到卡拉OK室去享受歌唱的樂趣。唱歌可以讓人的肺活量釋放，吐納腑中的廢氣。眾家兄姐在起，喝喝開水、聊聊天，一天的疲累舒緩了許多！

翌日清晨用過自助式早餐，我們參訪「靈醫會」呂若瑟神父建立的聖嘉民園地，此處也是此行最重要的目標地。這個園地是靈醫會為照顧蘭陽地區智能障礙孩子們特設的機構，耶穌說：「你們為我最小兄弟中一個做的，就是對我做的。」我們中青會的會旨之一，「關懷弱勢團體」，我們每年都會參訪一教內的愛心園地。聖嘉民園地三年前由丸山遷往好山好水的新天地，有寬敞、無障礙的設計。我們到達時，恰逢孩子們晨間活動課程，有愛心特教專業老師們帶領一百三十二位孩子做簡易的肢體活動。無邪孩子們天真地走出圓圈圈，主動摸摸我們的臉頰，和我們握手，甚至擁抱。老師二十四小時照顧，每個孩子充滿了滿足的愛，乾乾淨淨的身上沒有一絲絲異味。有幾位「折翼的大天使」還為我們準備咖啡呢！臨離開時，我們除了購買院童自製的手工皂、中國結等，更在會長發動下捐贈微薄的金錢。下午保祿兄安排參觀「某大公司噶瑪蘭園區」，我們本以為這個公司只是生產飲料的，誰知早年用的蚊香、近十年廚用的清潔劑、一些保健食品、美麗的蘭花，都是他們的產品。最讓我們驚訝的是：他們還釀造威士忌！我們還來了一趟酒莊之旅，參觀由歐洲購得的橡木桶、三層樓高的銅製蒸餾器，老經驗，新科技。最後還請每一位參觀者飲用5 c.c.的成品。有的姐妹不善飲酒，就便宜了幾位帥哥⋯⋯

由宜蘭歸來，到基隆已近六時。大家在阿珠姐聯絡的昶地嶺餐廳，大啖一桌三千五百元、可供十二人大快朵頤，有龍蝦、活魚、正宗蝦鬆、海蟹、小卷、軟絲等的海鮮大餐。平安回到台北，已是萬家燈火。聖家堂分別時，兄姐們感謝：「天主又一次給我們奇異恩典，快樂健康生活營，更盼望中青會的薪火一年比一年更旺……。」

附記：

1. 此次旅遊含「吃、住、交通、保險、司機小費等」，每人費用為兩千一百五十元。奉獻聖嘉民園地「三十、五十不嫌少，三千、兩千不嫌多。」不在此數。

2. 本文參考各地宣傳資料文字。

二〇〇九年十一月十七日

隨喜假期

拍戲工作了一陣子，身心都很疲累，我知道像我這個年紀需要「減壓」來緩衝我體內的「不平衡酵素」——我選擇了和兩位好友去一個與台北距離不太遠的地方度假；正好我們的老朋友、中視老同事「老鍾」在花蓮豐濱鄉經營民宿，很多去過的人都說他那裡挺美的，我們也想看看老朋友……。

星期六的午後，我們三個加起來超過一百八十歲的資深美女，搭乘自強號就飛到花蓮。老鍾因為還有其他的客人需要接待，情商導播組前女婿史公子到火車站接我們。三十多年沒見的公子乍現，我們真的驚訝得不得了——七十多歲的人了，怎麼看起來才五十多、六十出頭！頭髮是染的，當然加分很多；但是動作、反應、心境、幽默感、言談話語……還跟當年一樣?!後來我悟出：從美國職場上回到花蓮美崙過退休生活，真的是放下了！

史公子因為道路峰迴路轉，怕我們暈車，速度開得慢了點。經過了幾個奇怪的地名如芭磯、磯崎什麼的……奇岩怪石橫臥，綿延數十公里。壯觀的礁石景觀中，車行約五十分鐘，老鍾的「半月灣」小築映入眼簾。紅瓦白牆歐洲式挑高小洋樓，建築物後面蘊有細緻的私密沙灘可以戲水、漫步，兼具礁岩的雄偉與沙灘之柔美，真是幻夢中的景致呀。兩隻狗兒汪汪叫聲中，老鍾佇立在門口，笑咪咪地迎接我們。雪白的牆、白T恤，配上他白鬍子、白色的毛髮，好幾年不見的他，老了一點，福伯（哈里遜福特）的影子少了點，卻越看越像現在的史恩康納萊！民宿主人謙遜眼神裡，還暗藏著昔日導播霸權的餘威。走進大門，放眼望去，幾十坪大大的客廳擺著老鍾最愛的白沙發，配上古典樟木箱的茶几、中國式的櫥櫃。簡單的擺飾，突顯了典雅、大方、清爽、俐落，像極了老鍾做事的態度。餐廳裡一朵鮮紅豔麗花兒放在厚厚的綠白玉石桌面上（花蓮特產），搭配木質座椅。開放式的廚房，工人正準備晚餐……。老鍾帶著我們參觀房間，樓下（地下室）套房都有客人，供我們挑選的4、5號房間的特色都差不多，只是窗外的景色（角度的關係）一間比一間漂亮；最好的當然是主人房，他那間大約有三十坪左右，臥室與辦公室連在一起。床邊的茶几座椅是他修心養性的地方，辦公桌擺了好幾台電腦，筆記本、資料也散放桌上，看得出他有多忙。浴室特別豪華，浴缸邊有一片大大的玻璃窗；赤裸裸地躺在熱呼呼的水裡，望著天、看著海，真有天為幕、地為榻，天人合一體，多麼的享受、多麼的愉悅呀！

我們三人挑了一樓的三人房，擠雖然擠了點，但是我們待在房間的時間少，免得上下樓麻煩，更不會吵到他專屬私領域……。

六點不到，主人將晚宴設在露台，中型圓桌擺滿了菜餚：九香醬茄子、滷牛肉、油燜筍、翠綠小黃瓜、白淨的嫩蔥、瑪瑙色的芋頭糕、香噴噴的香椿餅和蔥油餅，還有紅滋滋蕃茄貓朵兒湯，五顏六色，味道契合。據說所有的蔬菜都是他們自己種的，我們幾個吃得杯盤狼藉、賓主盡歡。夜色中，微微的海風吹得我們三個城裡來的「劉姥姥」舒服極了！

患有慢性支氣管炎的主人，卻耐不住風寒，躲到屋子裡了。在餐廳「續攤」，以水代酒，天南地北談談聊聊：中視導播組老友們、陳年老穀子爛芝麻……。最有話題的是老鍾、阿匹和我合作的《天涯赤子情》，那個節目唐唐和史公子雖然沒參與，但也好像軋過戲份似的，大家一起走入時光隧道，特別是談到老同事間恩恩怨怨的八卦，一堆的糗事，大夥兒就更忘情的嘻笑啦。

時間剛過九點，史公子告辭回美崙，老鍾也說「睏了」，我們識相地結束老友會，洗澡上床。三個夜貓子根本睡不著，繼續聊天吧，約好早晨四點起來看日出……。第二天五點不到我真的醒了，阿匹、唐唐也陸續被我吵醒。五點半躡手躡足溜出後門，輕履漫步沙灘。揀揀石頭、對著太平洋抒發心中的OS，好不樂人也！多少的嘟喃、多少的狂嘯，千潮萬緒都歸回大海。這就是「散壓」，現代人最好的心理治療，莫非於此呀！海邊回來，工人已在準備早餐，老鍾太興奮了，他平常六點就起床。今天算是晚起了~哈哈哈！早年仁愛路時代，這時我們通宵錄影還沒收工呢!!主人的早餐是一碗麥片粥和幾粒海藻片，我們和一般客人一樣：一杯自己研磨的豆漿、咖啡、荷包蛋、麵包，各式各樣的果醬、花生醬、牛油，談不上豐盛，是OK了！

老鍾有接不完的訂房電話，看著他財源滾滾、月入斗金，真為他高興，也推翻了昨晚他說的：「（我們這些）退休的人不要再搶社會資源，一切都要放下……。」阿匹給他下的結論是：聰明如他，早做好人生規劃——選擇在青山綠水間，開創第二跑道，快快樂樂地經營與世無爭的「寓公」生涯。

老鍾去樓上忙他的生意，我們逛逛他的菜園，信步沿著海邊公路走走。看到隔壁鄰居種的玉米，黃澄澄的煞是好看。唐唐想買幾斤回家啃著吃，可惜人家留著餵雞——不賣就是不賣！

中午，老鍾請我們去一里之外海鮮餐廳吃午飯。新鮮的海產，大啖魚蟹群雄。我們還帶了房客昨晚釣到無法帶走的中卷，央請店家烹煮。把握相聚的最後一兩個小時，鍾老闆一邊洽談公務，一邊陪我們追憶導播組光輝燦爛。談到榮歸天鄉的史俊明、馬挺、曾樹楚，還有工程部的兄弟和幾位資深藝人，大家不免一陣唏噓！

我們晚上和花蓮市的阿宗有約，老鍾走不開、沒有史公子，三個老妞自立自強！每個人花一百一十一元坐公共汽車——小築不遠有一花蓮客運招呼站，老鍾第一次送客人搭公車，還陪我們等了二十多分鐘，真是難得呀！

回到屬於我的躍鬧台北，望著灰矇矇的天空，想起藍天碧海半月灣，我真佩服老鍾的毅力和定力，他是有福的……。

二〇〇九年六月十六日

*珈按：幾年後我們四人幫老友，又去了一趟花蓮看老鍾，他已經結束民宿生意，搬到鍾伯伯留下的大廈，生活有外傭照料。我們聊得更多，更廣，大家又老了

許多。臨別還預備下次要約陳淑麗，楊佩佩，幾位掛念著他的老朋友去看他！一個疫情什麼事都停頓了，只有我偶而和他通通Line……

颱風前夕・快樂中秋佳節

八月分一場狂颱，嚇破了台灣人的魂靈。這兩天電視上又報出颱風的消息，而且還是「雙颱來襲」呢！連身居台北市大安區十九樓的獨居老人我，都情不自禁要準備些糧食，而且又碰上中秋節，傳統菜場按例總要休息一兩天。

一大清早（是我的清早，對別人來說已近中午了），奔赴南門市場億長御坊和徐家點心鋪搶些菜餚和包子（好吃的叉燒包、棗泥小包）。回家時還在社區門口買了幾把芥菜和小白菜，準備燒上海菜「煒菜」和「小白菜丸子」，家裡有米、有麥片，大廈不會斷水、斷瓦斯。有了準備，更有天主的保佑、耶穌與我同在、郎雄長相左右，我老太太就不怕外面風怎麼吹、地怎麼淹了！（人不自私天誅地滅，我也有自掃門前雪的時候……）

混混時間，不覺已是下午四點多了，星期六的下午是我們中青會望彌撒的大事。雖然是中秋節，我們還是要去給天主「請安」，這個月又是聖母月，彌撒後唸完《聖母經》，時間已是快七點了，幾個要好的兄姐習慣都會去小聚「吃吃聊聊」，大家說：「今天是中秋節嘛，咱們找個特別的地方吧！」七嘴八舌說了一堆的店名，最後黃兄說：「到我家去吧，我家有孩子們從『好市多』買來的北海道大螃蟹，吃海鮮鍋！」

一行六個客人，搭了兩部小黃，擺駕西門町黃府「別墅式豪宅」——說它是別墅式的豪宅一點也不為過！它的價值或許不能和帝寶比，但是它確是黃兄一家人心血、勞力的結晶！據主人說，當初這棟五層樓建物位居於昆明街的巷中弄內，每層二十坪的小樓，是一棟破舊老殘的古厝，只有一些單身遊民居住，屋主趕也趕不走，他們沒辦法只好交法院法拍。流標兩次，最後由黃兄以一千萬出頭的價錢買下，又找了警方和他的朋友才把他們請走了！當時裡面不要說髒亂，光腐臭的氣味就難讓人忍受。幸好黃兄堅忍不拔的毅力，花了半個多月的時間，清理乾淨，光雇垃圾車就花了不少新台幣！後他老兄又特別去上木工補習班，學習木作師傅技巧，也虧得他和黃嫂到處去購買原料，自己動手拆去原有的隔間、壁櫃、與鄰居的圍牆，他們還特圍上細竹籬笆，雅致宜人。裝修門窗、樓梯、地板，甚至連家具、桌椅都是自己製作，我們最喜歡他家的長方形厚實餐桌，是用三塊原木板，自己拋光、再用強力膠黏成桌面，桌腳也是以榫頭裝置組成的，可供十人共享。成本已用了三萬多，市價約十二萬元左右，我們開玩笑：「你每個月製作一張，就可以當你的養老環遊世界的零花錢了。」二、三、四樓各層歸屬三位兒女所居，也由他們自己負責佈置、家具和盥洗衛浴設備。各有各的特色，都是溫馨舒適的。他家的廚房是IKEA廚具，甚是講究，而且方便，而餐椅則是附近鄰居棄置的回收品，夫婦倆清洗修飾，我們使用時一點也不覺得有何不妥！

我們到達之前，黃家的小朋友已經開始準備晚餐。大隻的蟹腳，姐弟倆人合力敲敲打打、劈開關節；「鼎王」的鍋底也加白菜、酸白菜熬燉。黃嫂從冰箱取出好多好吃的食材，我們幾個女生七手八腳加人洗洗切切的行列。我呢，是很會烹煮的，恬不知恥地操起大刀，切著海參、透抽、南瓜、蕃茄、洋蔥、鮮貝、各種的菇類……。不一會兒兩個火鍋就完成了！大大小小十一人，圍著桌子大啖美味。雖然我們來自五個原生家庭，但是在天主的庇佑下融入了一個大家庭！幾個五、六十歲的大人，天真的像孩子般地饞嘴，不多時滿滿兩鍋海味玉筵就見底了！撤去碗盤，小朋友們貼心地送上他們特調的「沙瓦飲料」——八分的汽水，加一分的檸檬汁，加一點的伏特加。喝起來微微的有一點酒味，剛好解了火鍋的濃郁，真是有如歷經烈陽後，忽逢一陣牛毛細雨似的清新！大家仍促膝共話家常。黃嫂又從冰箱端出好吃的萬華「吧噗冰淇淋」，除了花生、芋頭，還有久違了的大紅豆呢，這時不爭氣的肚子早就讓我們癱在座椅上了，黃兄卻說：「再喝杯我二女兒特製的拿鐵咖啡，咱們就上五樓小陽台去賞月！」「咖啡！」大家都眼饞肚飽，紛紛說：「我要半杯就夠了。」配著咖啡，黃小弟又把家中珍貴的香港月餅切成薄薄十一片，供我們這些蝗蟲解饞。

他家五樓的陽台也是黃兄精心搭建的，請工人製作不鏽鋼大架子，自己又加上細竹編成網狀橫樑，栽種著史君子和紫藤攀爬其上，還有一些九層塔等各種植物。沈兄不由脫口頌出蘇東坡佳句：「清風徐來……」，我卻覺得我們的心海才是「水波大興」。颱風將至，我們八位已過半百兄姐，卻能在中秋節聚此西門鬧區、小樓頂層，享受如此安逸抒懷，此情此景不真是范仲淹說的：「登斯樓也，則有心曠神怡，寵辱皆忘。把酒臨風，其喜洋洋者也！」

二〇〇九年十月四日

秋之聚・聖家堂中秋晚會

少時讀書，父師輩喜將歐陽修之〈秋聲賦〉深植孩心，……「蓋夫秋之為狀也：其色慘澹，煙霏雲斂；其容清明，天高日晶；其氣慄冽，砭人肌骨；其意蕭條，山川寂寥。故其為聲也，凄凄切切，呼號奮發。」故而我輩論四季：必以「秋」為蕭颯、飄零、槁木之「刑官」也！

及長，南國四季循序，「春」固然生氣勃勃，「夏」豔紫姹紅，眾生則多避入冷氣間；「冬」亦不時冷鋒報到，厚厚寒衣，包裹似肉粽行走於市井；寶島惟「秋日」除了偶有不束秋颱來訪外，我輩倒性喜浸淫於茲……

前年（二〇〇九）中秋洽逢週末，乃我中青會彌撒共聚之日。會後五六兄姐叨擾陽春兄嫂，在其小豪宅內啖蟹把茶邀明月。余曾作文以記之！去歲我在客途拍戲，只聞聖堂在萬里盛宴，未能入伙是為至憾！今五六月即聽中秋佳節聖家堂將舉辦「月圓人更圓」，主辦者為傳協會主席率領全員總動員，我們的顏保錄兄更是其中大將之一。消息一出，頓時「報名單」即洛陽紙貴，一單難求。我等莫不爭先恐後提前報名，還呼朋喚友吆三喊四……

正日子快到之前幾天，我忽染感冒，聲帶發炎，一字不發。剎時間，我惱極了！三顧醫護，立即「自省吾身」，祈求天主賜予「天方」速癒小恙！或許天可憐見憫我孤寡，小小懲戒、管束、勒戒，月圓之日，我尚能拖著殘軀勉強參加了。

中午十二時甫過，聖堂的眾兄姐自四方八面齊聚於斯。除教友和親友團外，本堂饒志誠神父、張宇恭神父、沈德中神父、徐森義神父、徐修士及郝惠娟修女，均一一卸下繁忙的教務，與我等共度良宵。實因這次雖是輕車簡從的半日生活營，卻也包含了實質的「宣教」大意義，是建堂五十年來最大的一次「強棒出擊」！傳協會經辦人員精心分配車輛，兩百六十二人分乘六輛大巴士，每輛車設領隊一人。我搭乘C車，領隊是中青會的大將沈英傑兄，沈兄官拜郵政總局工會理事長，運籌帷幄，多有建樹。夫人陳老師除了學有所專，更精於帶動唱，領導統御，堪稱女中豪傑。其令嫒善於琴藝，沿高堂之風，常在聖堂服務。余有幸也！能遇此好友，自忖若二豎來訪，亦有照應，安心矣！午後一點整準時出發，車過建國南路，陳老師邀與車兄姐自我介紹，方知除我中青會十幾位團員外，還有溢昇會，英文彌撒等各善會。我真是坐井觀天，我自認凡我聖堂兄姐無人不識我包珈，回眸一望，方知「天外有天」，還有那麼多的「青年生力軍」未過過招！心中不禁高呼：哈利路亞，感謝天主！車行汐、基交界，介紹已畢，交由張西西姐帶領頌唸《玫瑰經》，讀完「三端」，車抵基隆大武崙砲台，此乃道光二十年（西元一八四〇年）的清、英鴉片戰爭及光緒十年（西元一八八四年）的清、法戰爭時，清政府均曾派軍駐防，是扼守基隆港口西側的重要據點，但據其構造及設計特色來看，應為日治時期所改建之結果。大武崙砲台為國定古蹟，位於大武崙山巔，地形居高臨下，地勢非常險要，其標高為二百三十一公尺，可西瞰情人湖、北俯大武崙澳、東望基隆港東海。在進入砲台區的入口處，是一條充滿林蔭落葉的碎石步道。山頂的砲台區，尚可看見以石丁砌的砲台結構、砲盟、儲彈室及運輸砲台機械坡道，然雖大砲已經不存在了，但地面仍有明顯的砲架痕跡，我下車步行不過數步，即見一輛熟悉的場務車橫臥階口，必有劇組在此工作。果不出所料，抬眼看到老友「恐龍」君，彼告知導演即故人鄔汝彬兄，隨即趨前招呼、探班。又遇男藝人周凱文兄，寒暄數句不敢多作停留，隨隊伍「向前行」呀！無奈走到盡頭，因拍攝角度「項上管制」，不得登上環道的短牆眺覽四周基隆嶼、外木山澳漁村、八斗子、北海岸一帶的秀麗風光。然此一處，確為觀景、談心的好地方。三點一到，車隊再次前行至情人湖。情人湖位於基隆基金公路旁大武崙山下，原名五義埤，為一濱海的高地湖泊，周圍林蔭茂密，湖光山色幽雅怡人，基隆市政府規劃及維護地相當完善，漫步於此區，除可賞湖外，亦可享受森林浴或於觀景台聊天談心。觀景台設木桌椅數張，我等老弱、三五好友席次坐下，大擺龍門陣，劉姐與西西不捨童心，購得小販古早味冰品。約我食之，我則嗤之：美餚佳宴於後，何須以此撐膛。寧兄笑我不知人間美味！

不到五點，安達目的地——萬里太平洋俱樂部，天主賜予人類的大智慧，依山傍水建立一休閒活動中心。進口有高階十數層，我「聖家堂」兄姐在神父令下，依序排坐、攝照數幀。（照片排列姿勢如一，照相機卻有數架！「甜不甜」、「西西西」、「七七七」，因而眾人未進食物，嘴角已笑到發麻！）

早秋緩緩的清風，徐徐地吹在膚頰。似情人的纖纖玉指，輕撩著、撫摸著，愚也陶醉著、享受著。嗟乎！歐陽夫子云：「何來草木無情，有時飄零。人為動物，惟物之靈。百憂感其心，萬事勞其形。」人生「本來無一物，何處惹塵埃？」吾人若一心靠吾主耶穌，每日醒來，眼望四周，莫不是主賜美食、美衣、美屋、美行……每個美好的一天。口唸：「讚美主！感謝主!!」何需「童子莫對，垂頭而睡。但聞四壁蟲聲唧唧，如助余之歎息。」

六時許天色未暗，二十幾桌供眾兄姐圍桌而坐。待總領隊高兄簡介、某弟兄帶禱、大家長饒神父一聲：「開動」後，大夥魚貫按序選取自助餐點。我等雖二百餘眾，經半天舟車勞動，不免有些飢腸轆轆，但秩序井然。決非昔日參加大型活動，有若蝗蟲過境般的搶佔、插隊、惡行惡狀，而且是日餐廳準備的食物，也是綽綽有餘。這也是主其事者之用心也！

餐飲過後，「微風樂團」青年朋友們表演兩曲、大家報以安可後，再由「中青會」帶幾支曲子，樂團間奏，邊唱邊跳——帶動了全場氣氛。流行語謂之「非常High！」神長、修女及我們的客人、眾家兄姐共融一堂，大夥兒又拱著饒神父高歌〈月亮代表我的心〉，隨之為當月二十八位壽星慶生。陶然間，不覺天已亙夜，為顧及明日收假，早起工作，不得不把手言歡、齊把車上！

綜觀此行也！最年長者為八十七歲之劉雲鶴兄，次為張神父，年幼黃毛小童還須父母攜抱者數名。終局晚禱時，有兩名毛孩兒舉著蛋糕分贈各位長者。其舉可欣，其情可喜！亦乎我聖家堂大家庭新生苗子耶?!可慶!!可賀!!

登上歸途同車——「外邦人士（非教友）」輕聲謂：「爾之教會，確有『家族感』。彼此稱兄道弟、水乳交融，『一日遊』真是不足哉！」噫！何不參與兮！

二〇一一年九月十八日（三修版）

「千禧聖誕心靈饗宴」後記

大概在七八月，野聲宣道團由台中回來，舉行例行工作會議。汪團長提議：「台北，我們自己也該來辦一次宣道大會。」內容仿傚多年來輔導堂口的經驗，再加上創新、創炫，集思廣義，應該可以試試！蘇志郎兄（光啟社業務部經理）與我異口同聲提議：「要辦就要辦得很High，不溫不火，貽笑大方不要緊；引不起效果才是丟了天主的臉！」汪兄和大家一致表決通過，第一要作、第二要作好、第三要作High！

先決定時間和地點、節目名稱、內容，然後找錢、找人。有了目標，就要描繪路線圖，我們像童子軍露營似的，各掌所司——汪兄是我們的總領導，所有團員按照原規劃小組，編入不同的職別：汪兄帶著譚岭岭、劉潄群姊妹負責尋求經費；林耶明夫婦負責對外發消息；許連齡兄掌理服務項目；蘇兄設計海報；至於節目安排就交給徐景漢及外子與我。不料九月底郎雄到大陸拍戲，我只好「妻代夫職」，徐兄是音樂教授，我作了三十年電視，就如此玩起來了！

眾家兄姐提議開出一堆名單：熱門的范曉萱、蔡依林、天主教所屬蘭陽舞蹈團、有名的葉樹涵銅管五重奏和天后張惠妹等等，我則建議主持人要找明星臉程若石神父和他的「本尊」曾國城。一正一反、一莊一諧，真真假假、假假真真，舞台效果必可出來，而詮釋教義也可深入淺出，滴水不漏，寓教於樂。十月九日開完定稿會，次日我依照大家的決議，電訪尋求合作。蔡依林早已訂下個人演唱會、張惠妹經紀人要求正式企劃書，然後再由阿妹自己決定參加否！蘭陽及葉樹涵則因價碼與預算相差太懸殊，後來汪兄、徐兄透過管道去談，也因「家有家規，國有國法」，愛莫能助。十日下午，我專程去公司找曾國城，料所未及，十二月二十三日他早就訂好要演話劇，但是他介紹他的經紀人蘇小姐幫忙想辦法，我又看到是教友的郭子乾，二話不說就答應了！當然也要向經紀人報告。下樓轉轉，謝麗金跟我打招呼，三言兩語就ＯＫ了！再來就要尋覓主題見證人，這點眾兄姐倒沒給我特定人選。好友、名傳播人王念慈小姐建議：「約金鐘新貴方念華小姐（ＴＶＢＳ名主播）談談。」王姐的Idea引發我的思路，為何不找有線、無線，當紅四位名嘴主播，來詮釋將臨期四大主題呢！十月十一日下午遇到沈春華，一口就答應！而且拒收酬勞。從黃昏開始找方念華，怎麼也聯絡不上。我算好她下節目時間到公司門口去等她，果然給我等到了！方主播約我上十樓面談，方主播不但自己願意擔綱，而且還給我介紹李四端先生。有了電話號碼，我就不必去華視等他，禮貌地去電話訪問，約好時間，再去拜會。李主播也很大方答允，此時我好像中了獎券似的狂歡，天主真是神助我也！最後一位選定了東森王育誠，他是中視老同事，平時相處很客氣，我冒失地一個電話打過去，祕書問清事由就直接通上話，他一聽其他三位都同意，當然也樂於參加。四大主播搞定，我就吃了定心丸。主持人再三尋求蘇小姐幫忙，她手上還有侯冠群等人，我斟酌後決定用十九年前合作過，暱稱我包阿姨的「小猴子」，當天也聯絡上，並且決定見面日期、表演方式，真是士別三日，刮目相看！他言之有物、專業水準使我慶幸所選非誤。十一月七日上午在福華飯店見面，各方英雄好漢群聚一堂：汪團長、王念慈姐、中學生聯誼會經驗豐富嚴復慈姐、陳琳副團長、兩位主持人、才子作詞作曲名家梁弘志（我請他編劇）。大家都有一定共識，劇本方面即由梁、程、侯三位商討集思廣益，我則在一旁協助。

歌星方面經我動用各種關係，敲到教友紀曉君，藍心湄仍在努力勸說中，其他尚缺一兩位，王姐因與滾石有交情，就攬下我的燃眉之急，如此在企劃方面已經完成一大半。隨後進入執行製作的業務，嚴姐貞責找燈光、音響、美工佈景、硬體設備；美工方面，大會決定用蘇志郎設計海報圖案，為舞台主景，再突顯「音樂與十字架」。當我看了舞台草圖，立即情商美術指導將木作的十字架改為「吸油煙機煙囪銀色圈圈」，閃亮耀眼也博得專業同意。十一月十三日晚，野聲再次例行會議，進行到八點多，我忽然接獲北京長途電話，告知外子舊病復發，住院治療，盼我早去。當時我如五雷轟頂，決定次日急奔赴北京。佈道會的事一一拜託王姐、嚴姐、徐兄、劉姐，並由汪兄統籌督促。十四日到二十五日，我人在北京，心在台北，最關心應屬劇本。看不到片紙隻字，我心惶惶。返台立即與程神父及梁弘志聯絡，最後定案為：由程神父與小猴子事先聯繫，臨場增添趣味。用人不疑，疑人不用。我當然相信他們的實力！十二月我一下在台北侍候外子住院，一下又陪郎雄去北京，一會兒又飛到香港，幸好手機可以漫遊，所有節目情形我還可以掌控。徐兄約請聖心女中唱序場曲、榮福合唱團包辦Ending；梁弘志也介紹享譽世界的原住民八部合唱團；藍心湄經中視梁昆傑導播關說X'mas同意留在台北；王姐也從唱片公司邀到當紅歌手梁靜茹。十八日夜晚，我特買加價機票飛回，十九日與工程組（燈光音響ＥＦＰ大銀幕）、美工團隊等，在蘇兄、嚴姐指導下開演出前製播會Run Down，三審定案。阿妹的歌只用一分鐘，再加上教宗的曲子，蘇兄還特別邀請我去光啟社看帶，我建議教宗曲子選取的節拍、畫面。蘇兄是電視事業人員，稍加溝通就取得共識。晚飯後，又陪劉湘群姐聯絡各平面媒體，因為沒有記者會、相片，比較難安插，劉姐又拜託中央社發稿，市政府方面她也請新聞處通稿。二十日我在公司錄影到晚上六點半，七點二十匆匆忙忙開了兩個會：一是野聲演出前所有相關人員最後一次聚合，大家都是一副「刀出鞘來，弓上弦」的樣子，我當然又把Run Down及注意事項順一遍。另一個會是特別為接待人員（社青）舉辦，我去講解有關他們的注意事項，我們採取「一對一」接待方式，即每一個演藝人員（團體）都有一位專人負責接待，聯絡、招呼、停車、吃（便當）喝（飲料）送到手、入廁、化妝、上下台、直到駕／搭車平安離去。

二十一日上午十點多，嚴姐和我到現場看裝台，丁神父及青年朋友也來聚首排練，聖心女中鍾主任也特由八里趕來，看地位，由這點就可見他們是多麼重視此次演出，我決定攝影機位置，並訂下主持人位置、燈光；二十二日白天工程組試音、試機，嚴姐和我全程參與；到了二十三日正日子，上午十點就仔細檢查每一個細節，並且對時間嚴格要求準時！前面基督教延誤半小時，我即拉下臉請他們把場地還給我們，雖然不是很愉快，但也不得不如此，否則下午再延宕，我們就玩不成了！快速照預定走一遍，十二點二十分交給他們，我就和陳玲姐、李英兄，陪剛由香港回台的外子享受美味大餐去了！午後稍事休息，三點整全體人員報到完畢。在天主帶領下，按部就班各就各位。四點交台，四點半聖心女中走台，因人數較多，而超過一點時間，小朋友那一段就趕快搶回來。後面八部原住民歌舞劇、榮福合唱團均在掌控中。六點謝麗金對key，六點二十分Standing by！導播還可以作開場攝影機彩排呢！時間終於到六點半，我堅持準時開始，徐景漢兄一聲令下，天籟般聖心嬌嬌女唱出〈千禧聖誕序曲〉，天地為之動情，萬物為之肅穆。程神父隨即登上高台，由嬉笑中釋出辦此盛宴的真諦！四大主播詮釋「盼望」、「和解」、「分享」、「喜樂」四大主題，四人各顯其能：方念華開章明義，談不為人知的信仰心路歷程，點滴在心頭，台上台下心淚共融；王育誠由工作角度切入，台下觀眾充滿了好奇與親切；李四端則分享私生活中一些瑣事，扣人心弦；沈春華拍著手、唱著歌、露歡樂，自己快樂，全場也跟著歡喜。天主教徒郭子乾搬出電視上絕招「郭掏說」，八分鐘表演貫穿全面，由台上跳到台下，嘴快、眼快、腿還快，幾位唱將亦是卯足全勁，飆起來了！青春歌手梁靜茹在兩首歌中接受程神父訪問，小姑娘毫不怯場，將來前途必不可限；老少咸知當紅的謝麗金一出場就妙語如珠，用一則笑話來形容聖母的無邪、至潔、無玷，贏得滿場如雷掌聲；藍心湄參加佈道多次，在舞台上有她一定的地位！她是大牌中的大牌，也是最小兄弟中的最小兄弟；壓軸是今年（二〇〇〇）金曲新后紀曉君，一曲〈故鄉普悠瑪〉已然繞樑三日，〈上主垂憐〉更深深地讓人蕩氣迴腸。

最後我一定要談一下另一位主持人侯冠群，認識他時，他才十歲，常常跟隨他爸爸金滔來中視玩耍。十八歲那年與張晨光、高培鈞一起演《少年十五二十時》，也因為他稱我「包阿姨」，所以一票青年藝人也都跟著叫我包媽媽（包伯母）。我對他們這群小朋友也特別費心，十幾年過去，改行的改行、發胖的發胖，繼續走這條道的，只有晨光和小猴子了。晨光近年來還偶爾見面或者合作，小猴子轉到有線電視發展後，我倒成了他的影迷：看他的模仿Show，有時真是令人噴飯！我總想他們的編劇、導演，一定是上上之才，才能調教出如此高段表演。所以這次要臨場抓哏（音ㄍㄣˊ，笑料的意思），事先沒有充分準備，我心理壓力之大，實難為外人道也！開始程神父四平八穩，已讓我輕騎過萬重山，到方主播介紹扮演「李主席」的小猴子出場後，幾句嬉笑怒罵、不溫不火，突顯了自己、襯托了別人。我簡直太感謝天主，賜給我這麼好的天才藝人，他完全不是教友，但是居然能輕鬆愉悅地融入天主教佈道會。後來幾項宗教禮儀，他也中規中矩跟著神父行禮如儀。談到禮儀，行平安禮主禮的是副市長歐晉德弟兄（野聲第一任團長），真是一位了不起的教友。他的謙卑、負責，在九二一大地震時已展現在全世界媒體面前；在私生活中更活出基督徒的典範，非公務決不坐公家車，他自己騎腳踏車、搭公車、乘捷運，比小市民還小市民。他夫人美基姐，堅持不准別人呼她「夫人」。兩夫妻本本分分，作人民的公僕、天主的子民。

此次節目最高潮為狄剛總主教帶領祝福禮，台上狄剛總主教及兩位副主教舉手劃大十字，台下十二位神父一字排開，向每一位來賓撫首祝福。不管是否為我天主教徒，均起立排隊，接受此來自天上的大禮物！榮福合唱團也在此時唱出《平安夜》聖曲，直到九點半，人潮才依依不捨地散去。

回想十二月二十三日的盛會，之所以會成功，群策群力、通力合作當然是要因；但是最重要的是：天主庇佑，聖母轉求，方得天時、地利、人和。所以事成之後，凡我同仁，莫不高呼：感謝天主，謝謝聖母媽媽！過了幾天，遇到一些朋友，問我：明年要怎麼辦？四大主播換成四大〇〇？——政治家、教授、演員、商家——各行各業，議論多多！朋友您說該怎麼辦?!

舌尖嘴角抹不掉的餘香

包珈燒的菜。

20世紀台北城中區好吃的館子

我四歲到台北，小時住在漢口街，父親工作的地方是衡陽路。因此我一頭就鑽進當時的城中區，也以此為我真正的故里了！一眨眼五十多年的日子，時光匆匆溜過；留不住食物殘渣，留住的是舌尖嘴角抹不掉的餘香。只要是在台北城中區的「吃」，我都認為是天下第一美味。

譬如說我明知道東區永福樓的菜要比「隆記」那個小破店要好吃多了。但是我就愛隆記的那份兒陳舊。它可以讓我找到陳定山伯伯在《春申舊聞》談到「老上海」濃油赤醬。五十年沒變的菜單，隨時、隨性，都可以點到一二十種的「盤菜」，無論是八寶辣醬、百葉包肉、烤麩、水煮發芽豆、㸆菜，甚至一個蔥炒豆芽菜，他的味道、材料就沒改過一點點。我常一個人叫一碗豬油菜飯、一碗黃豆湯，再配一兩個小菜。甚或點一大堆、好幾樣小菜，打包帶回家。隆記最早的店面在合作金庫旁邊巷子裡，搭棚擺幾張桌子，民國四十九年（一九六〇）前就被市政府以違章建築給掏走了。老老闆是上海人，七〇年代已由一位伙伴升上來當家，專管打盤菜、吆喝跑堂的招呼客人，門口還有一個老頭杵在那兒拉客。（那年頭很流行，不但外省幫餐廳有，西門町理髮廊更有。不少小伙子不明就理，被抓進去才知道那位仁兄原來的身分地位是「大茶壺」，理髮廳不理髮、是屠宰場，賣的是「馬殺雞」。）四五年前那位胖經理也回蘇州，據說是養老，不知有沒有「賣鴨蛋」。隆記第三次改組就全由老員工當家，會計小姐兩姐妹和廚房師傅都是合伙人，端菜的也換了女服務員，不過都是中年歐巴桑。客人也不侷限於「阿拉上海人」，很多南部觀光客也來嚐嚐鮮。隆記的菜不但我愛吃，連跟我有關的人都愛它──我先生郎雄、我女兒楓麗、我好友、我同事，一一都被我帶進門。隆記的菜色也都早早把它們列入「郎氏」的家常菜單。其實現在兩岸開放以後，嚴格的說，隆記的菜根本就是上海的弄堂菜，它的蟹怎麼能與「蘇浙薈」比呢，可是我就是愛它，「子不嫌母醜」嘛！

城中區還有一家老店叫「添財」，是賣日本料理的。這家店也是陪著我一起成長，一起變老的。這家老老闆原來是在漢口街一段擺攤子，只賣壽司和味噌湯。我學校畢業那年在國泰人壽上班時，他們剛剛搬到武昌街城隍廟邊的巷子裡。賣的也不過是一些關東煮、咖哩飯、蛋包飯。那時候湯只有兩種選擇：一是味噌湯、一是紫菜湯。到了冬天我們稍染感冒，三五同事就喜歡點他一碗烏龍麵，清清的湯頭是用海帶熬煮出鮮鮮的味道。趁著打開碗蓋熱呼呼氣焰，撒下配料細蔥和辣椒碎，一陣撲鼻而來勾魂香，真是比什麼靈丹妙藥都有用，就甭提裡面還有大塊大塊的雞肉、蝦、墨魚、魚板、小魚肉卷、茼蒿菜、外加一個鵪鶉蛋；撇開少女的矜持抱著大碗，呼嚕呼嚕地吞噬。現在想想那樣子真像梁山泊的一丈青或母大蟲恐怖!!他家的咖哩炒飯在當年也是台灣美景之一。一般店裡的炒飯差不多都是黃黃的、幾粒的洋蔥屑浮在表面、幾根切得絲不絲來塊不塊的肉條可以邊吃邊數。而添財就不一樣了！點個咖哩炒飯，端上來是個蛋包飯；撥開嫩嫩的蛋，下面是黑乎乎的印度咖哩，洋蔥用了半個多，炒得晶瑩剔透。小粒小粒的雞肉丁，也混在飯粒中香噴噴；光聞那股「味兒」就值回票價！四十年過去了，現在這家店可稱頭了；不但店面擴展，樓上樓下五十幾張桌子。老老闆、老闆娘早就退休享清福，鋪子交給女兒，兩位小姐與我年齡般長般大。每次我去了總是笑容可掬地親切招呼我。廚房也增添了許多位廚師，壽司檯平常就有兩位有河豚執照的師傅。他們味道是越來越進步，關東煮的「老味兒」一點都沒變。我最愛吃裡面的蘿蔔和油豆腐，掌灶的是一位歐巴桑（以前是老闆娘現在是資深員工），她們總隨著客人點挾，再隨後加入新鮮的食材。每家日本料理店都有一鍋「老湯」，添財的老湯我吃得出大魚骨頭和紅味噌，海帶熬出來的濃郁。關東煮他們給的沾醬也是特別調製：味噌醬還加了辣椒粉和一點點柴魚醬油。有一次我們去基隆廟口，人家也是知名黑輪（關東煮），什麼都不錯，就是沾醬比不上添財！

靠近北門郵局延平南路有一家「徐州啥鍋」也是一家特別的館子，這家店「鋪底」原是金馬影帝葛香亭開的，最早（一九七四年）在西門町，後來葛小寶在東區忠孝東路名人巷也做過。後來不知怎麼讓給了現在的女老闆。我們也不知道他開在這裡，還是謝晉導演來台，葛老請客，約愚夫婦作陪。郎雄最後幾年，三不五時去嚐嚐「蘇北郎家」的家鄉味。這個館子專賣「啥」，就是用整隻的雞和麥子、中藥熬煮十幾、二十小時，最後雞肉都散了、碎成絲，再打個蛋。有點像酸辣湯，但是比酸辣湯有營養、有味道多嘞！它不勾芡、喝起來就黏黏糊糊的。一碗五十元，配著單餅包饊子吃，花一百元新台幣解飽。據郎雄說：「要是有綠豆凹子（綠豆和麥子做的煎餅）就更好吃了！」他有幾樣小菜也是只有他們家有，譬如「蒜拌蛋」就是白煮蛋搗碎加入蒜泥、香油、鹽、一點醋，黃磊給它起個名字叫「中國色拉」。「啥鍋」是個小店，賣的菜色除了「啥」，還有一些蘇北的農家菜。我偶爾約幾位朋友小吃一下，是能讓人口齒留香的。但是人多了，這家店實在端不出什麼盤子碗兒。前幾天我老闆湯以白約了十幾位南部朋友，叫我點菜。我就有點捉襟見肘：它的菜都是小碟子小碗的，沒辦法我只好來雙份!!

以前中華路有一家「點心世界」，他的鍋貼、酸辣湯、牛肉細粉都是我們中學時代的解饞恩物。捷運一蓋、中華商場一拆，我就四處打聽他們搬哪兒？運氣還不錯！先在光啟社附近找到了，冒著肥胖的大忌，還是先大快朵頤。果然西門町的珍饈，並不能馳騁忠孝東路四段。支撐沒多久，最後還是落腳在遠東百貨地下美食街。我又過了幾回癮，好景不常，可能是鍋貼太油、還是房租貴，前年（二〇〇五）就真的消失了!!（現在在百貨公司美食街及台北車站二樓還吃得到。）

桃源街的牛肉麵也是老店，可是他的味道一直沒辦法吸引我。我喜歡他們的蔥油餅，近年來也退步多了！旁邊「趙記餛飩」雖然換了老闆（原來老闆賣了店舉家赴美）味道還在，他們的貨品只有一樣：菜肉大餛飩，青青的青江菜、配上上好的瘦肉，六與四的比例，碗裡加一點蛋皮絲、榨菜、紫菜絲、撒一點胡椒，滿合乎現代人少油、少肉、少鹽的原則。我吃上一小碗花不到一百元，就足夠填飽肚子了！

談到牛肉麵，二十多歲我喜歡昆明街「老董牛肉麵」，到國賓看電影，一定要去享受一碗咖哩牛肉麵。當時煮麵的是一位老先生，七八年前老先生退休了。「台北牛肉麵節」第一屆他們還位列前茅，但是我覺得已經不如老先生時代好吃，味兒淡了！去年（二〇〇六年）雖然還有得名，但是已然被「金山南路老張牛肉麵」比下去了！

其他城中區還有幾家老店，像「大三元」廣東飲茶，現在因為大家都習慣在東區聚首，十年二十年我也沒再光顧。前兩年為 先母到「全祥」買茶葉經過，偶然聞到由樓上飄下來的「蒸籠味」，噙口口水也會想點一盅兩件。靠新公園（現在叫二二八公園，太政治化，我就懶得去）的冰淇淋，現在還在，但我也幾十年沒入口了。「三葉莊」改建大樓、旁邊的「新福牛肉麵」四十多年還維持著，一爐一爐的蟹殼黃，生意不如以往，跟公園路改為單行道有很大的關係。另外早年的「三六九」已由名廚陳力榮師傅經營的「極品軒」取代。我去吃過，那真是「極品」！味道足有當年「復興園」阿唐師傅的真傳。陳師傅是大陳子弟，小時候在吉祥如意樓學徒，後來待過三六九、松鶴樓、順利園，所以他的菜是很純正的老上海味。唯一不愉悅的事就是他們的價錢也是非常的「高檔」，比永福樓、敘香園還貴，所以我這個「窮酸老寡婦」就很少登門啦！

這篇文字是二〇〇七年寫的，事隔十六年物換星移！疫情前隆記因為都更拆屋歇業，最後幾天我陪張小姐去回味回味；店內店外大排人龍，我沾著老顧客的臉面，速速搶到一桌。不吃還好，一吃大失所望——什麼跟什麼嘛！油爆蝦，一盤內好幾隻顏色不同——黑不溜秋，甭吃、看都看出來摻了剩菜！八寶辣醬，都是豆干，哪有肉丁呀！我就和老闆娘說：「你們這菜怎麼變成這樣了？」「唉！沒幾天了，廚師都沒心情燒菜。」

添財味道一點都沒變，和我一樣年紀的第二代小姐老闆已經完全當家，她的夫婿掌沙西米吧檯，第三代少主也正式接班，坐在帳桌後面，有模有樣的。關東煮為了配合現代人衛生要求，需要客人都照菜單點菜，不能指著大鍋「挑菜」了，端上來雖然還是一個味兒，但我就感覺缺了點什麼……這家館子特別得到我女兒的垂涎，前幾年她住在台中，回台北，下火車帶著行李，和我約在添財見面，吃完了才回家。

國賓戲院昆明街老董牛肉麵十年前就搬遷，現在松山機場等地到處都有，變成連鎖店。和老「老董」味道完全不一樣！只有紅燒和清燉，「咖哩牛肉麵」在台北絕跡（十幾年前民生東路史記還有呢！現在也沒有了）。

趙記菜肉大餛飩除了漲價錢外，一點都沒變。我去衡陽路，還是會吃一碗外，再買一盒帶回家。

徐州啥鍋早就歇業了！那年回宿遷，還特地要了一碗啥配著煎餅。吃在口中，想問問在天國的郎雄：是不是還是他小時候的味道？

大三元現在的老闆娘是我銘傳的小學妹，生意給她做的風生水起。幾次應酬朋友訂在那裡，酒席菜做的挺不錯，特別是他的海鮮鮮嫩肥美。沒吃到廣東小點，不知道進步多少？

小時候的「城中區」離我五十年了，我現在常去的是當年台北郊區——頂好「東區」的春申食府、上海鄉村、欣葉，和早年荒郊野外的貴婦百貨三樓「厲家菜」……

二〇〇七年二月八日

二〇二二年四月十七日完稿

好吃的新疆菜

週三的黃昏，和大編劇黃雨佳結束訪談工作，穿梭在公館區的小巷子裡，尋找一家女兒介紹、好吃的新疆菜館。七彎八拐，在巷子裡的胡同中，尋覓到名為「帕米爾」的異鄉風味。五點半還沒到人家開店的時間，我們有一點靦腆，店家倒不在意，挺熱情的招待我們。

看看菜單，真的是很異味。主食是「囊」，一種厚厚的餅；他們的招牌菜是台北餐廳少見的羊肉；馬鈴薯就叫土豆，完全北國稱呼。他們不是清真館子，大肉（豬肉）也在菜單上。人氣最旺的是大盤雞，老闆說我們要是點了，就甭再吃別的菜餚了。看看奇怪的菜名，我們選了「囊包肉」、「地三鮮」、「孜然羊肉」、「辣木耳菜」，還各點了一杯酸奶。

「辣木耳菜」是道涼菜，第一個上來。大片的黑木耳切成細絲，拌上三星蔥絲、洋蔥絲，澆了很多的醋、油、鹽，還有芥茉籽，吃起來很爽口，三下兩下我們就差一點把一盤給幹光了。「孜然羊肉」我在北方吃過，他這裡加了「涼瓜」脆脆的，配著澳洲進口羊肉一點都不羶。「地三鮮」雨佳在北京吃過，是先將馬鈴薯、茄子、青椒過油，再調味烹炒，加了不知道是什麼配料，濃濃的，好像有什麼「籽子」，她說比北京的好吃！最後上的「囊包肉」，這個主食就是披薩和陝北泡饃的結合體，一張圓圓的厚發麵餅已經切好八等分，外緣泡凸凸，中間凹下去，平平的地方，加了「羊肉腱子蕃茄湯」當作澆頭。一整盤子裡都是紅滋滋湯泡著餅，我們一塊一塊撕著吃。

菜是滿好吃的，蠻合我的胃口，異鄉特色別具風味，唯有稍鹹了點兒！幸好我們點了「酸奶」。

抹抹嘴巴，才六百三十元，價錢算是公道！我們說還會再去。

二〇〇九年六月十八日

茄子食譜

早年有句話：「做官不做三代、不懂得吃和穿！」

我們家本是書香門第、官宦世家，但我生不逢時，鼎革後家道中落。幼時隨父母東渡來台，生活更顯緊迫。雖不致三餐不濟，但也捉襟見肘。先父母唯恐我變成流落凡塵的俗物，三不五時庭訓即講些美宴佳餚及餐桌上的規矩。及長自己稍有收入，我不愛衣穿，只實行「民以食為天」、「祭五臟廟為要」！故而台北中、西、日各家餐廳，我都投資不貲，婚後更是勤於洗手作羹湯，今閒暇無事，僅將多年心得記述，以分享諸友……。

很多人不喜歡吃茄子，有人說它很毒，有人說它吃了對男人性能力不好，反正欲加之罪何患無辭！站在茄子「好友」的分上，我覺得燒得好的茄子絕對有機會登上國宴的，君不見：《紅樓夢》名菜「茄鮝」嗎！

在此我介紹幾個我們家裡以茄子為主角的家常菜給大家參考：

糖燒茄子

這是一道老菜，我們包家祖籍浙江紹興，難免總有一些　先曾祖留下的「南方菜餚」。

做法：

先將茄子去皮，切滾刀塊。放在鍋中大火大油炸，等到雪白的茄子變成「嬌黃」，邊緣甚至有一點微焦，即撈起瀝乾油份備用。

鍋中留一匙油、加薑絲略炒，即加入茄子，薑油均分沾滿茄子，即加醬油。翻炒兩下、醬油起泡泡，順手加兩大匙白糖。熄火翻炒盛盤。盤邊圍一些香菜，或撒些煮熟的毛豆做裝飾。此菜涼食亦可！

醬燒茄子

這是一道粗菜，一般在早年大家庭時代是供給「底下人」吃的，此菜我猜想它是農家菜，而且據說來自東北。

做法：

茄子洗淨擦乾切寸長圓筒狀，放入極熱鍋油炸。茄子仍維持漂亮的紫色最好！撈起備用。

起油鍋，加入肉末、蔥、薑、炸醬（醬要比拌麵吃的醬要稀一點），再把茄子放下去翻炒，起鍋前拍幾瓣大蒜粒再熄火燜出蒜香。

此菜熱食、涼用皆可！

肉絲燒茄子

這一道菜是北京人家的家常菜，有點像四川魚香茄子，只是不加辣椒，刀法沒有那麼細。

做法：

茄子去皮切滾刀塊、放在鍋中大火大油炸，等到雪白的茄子變成「嬌黃」，邊緣甚至有一點微焦，即撈起瀝乾油份備用。

鍋中留一匙油、加蔥、薑、上好里肌肉絲（或雞絲），再加入醬油、料酒，煸炒一下。加一點水，鍋開了，加茄子。略燜一分鐘入味，再加入煮熟的毛豆和荸薺，翻一下，加太白粉水勾薄芡，起鍋前、熄火後，加入切得很工整的蒜片拌入。裝盤後在菜頂加上些青蒜絲裝飾。

黃豆煮鹹茄子

這是一道大粗菜！純粹的農家菜，但是好吃得不得了！我從小吃到現在，冰箱必備的金鑲玉醮……。

做法：

黃豆先洗好泡一夜，先用大火煮，煮到香味出來了，加醬油（古時候加醃鹹菜的滷湯，所謂的「疙瘩滷」），黃豆七八分爛加入切筒狀的茄子，茄子初下鍋會將滷湯都吸進去，等到吸進去的滷湯又退回鍋時，即可熄火加入大把香菜拌勻，待涼。食時加麻油做澆頭。

夏日配稀飯，加一張烙餅。冬夜熱呼呼的開水泡飯，若有一小碟的鹹茄子，美食呀美食！

肉片熬茄子湯

這本是一道細菜，原是用羊肉做的。因為台灣羊肉又貴、又羶，就改用豬里肌肉片，味道和食材就差多了。不過我回北京，又可以過癮了。惟　先父母早駕鶴西去，是為人子女最大的遺憾事也！

做法：

用羊尾巴油煮湯濃稠後，將羊尾巴取出。放入去皮、切成麻將塊大小的茄子。煮到入味後，涮入羊肉片，略加鹹味。起鍋時，點香菜末提味。另備一碟蒜醋，沾茄子吃。湯泡餅（饃）別有一番野味。

椒油茄子

這道菜與糖燒茄子有異曲同工之妙，惟一為鹹中帶麻，一為甜中帶香矣。

做法：

前面逕如糖燒茄子，惟鍋中留一匙油，加入花椒。炸到香氣出來、沒有變成黑色之前，即將花椒挑出。放入茄子，略拌加醬油翻炒兩下，即可上桌。也可加些豆豉添味。

炸茄盒

這道菜是我唸高中家事課學的。楊瓊芳老師說：茄子皮營養豐富，不可去皮。老師與母親的話誰對誰非？我不敢斷言，但是老師是師大家政系畢業的，大概應該比較有科學根據吧！後來我回北京看到當地的「圓茄子」，皮真不是普通的厚，我才知道為什麼我們家的「上菜」（家中的細菜，不是給傭人吃的）一定要削皮！

做法：

將一個茄子打斜片，一刀斷、一刀不斷，切成七八個夾合片。另備絞肉加蔥、薑、料酒、醬油、麻油調味拌勻。用筷子適量的放置於每茄子的夾縫中。等全部做好了，沾麵衣入鍋油炸。趁熱上桌！沾點花椒鹽，更添風味。

肉絲炒茄絲

這也是我們家的一道粗菜，不管怎樣回鍋、或蒸、燉，都不變味。自我不帶便當後，母親也很少烹煮了。

做法：

茄子去皮，先切薄片、再改切絲，肉絲、蔥、薑嗆鍋；加入茄絲，翻炒；加調味料，即可上桌！

素滷麵

北京人過生日都要吃肉片或三鮮「打滷麵」。信佛教的居士，也不知哪位「高人」，一天忽然想到佛祖也有生日呀！但廟裡不能進葷食怎麼辦呢？於是乎就發明了這道素滷麵。在我家每年臘月初八，母親總會做這道好吃的麵食。我雖非佛門子弟，但是每年祭拜一下自己的五臟廟，也是人生一大樂事也！

做法：

香菇、木耳、金針、扁尖筍泡軟，與冬筍、胡蘿蔔切片，茄子去皮、切滾刀塊，金針去蒂撕成絲，薑切絲，扁尖筍斜切絲，豆腐皮撕成巴掌大片狀。

先備淨素油炸胡蘿蔔、茄子，取出。

餘油煸炸薑絲，加水、放入香菇、木耳、除豆腐皮外等所有食材，加醬油調味。熬煮香味出來了即可勾芡，後加豆腐皮鋪在湯羹上。

最後另起一小鍋，置放少許麻油，待油熱，放花椒，炸成黃褐色，撇掉花椒。將熱油沖入鍋中。

寬湯煮細麵，趁熱將素滷澆在麵條上，撒一點胡椒粉，一點點的辛辣夠味。

改良茄鮝

《紅樓夢》劉姥姥逛大觀園，賈府請她吃「茄鮝」。後來食客也比照訂出食譜。我嫌它太麻煩，我就先省去「晾乾茄子」這步驟，改將茄子切成大寬條狀，先放在陽台，風吹日曬一下，去去水氣。然後再按照肉絲燒茄子的做法，來改良……

做法：

茄子處理好了，改切寸丁、過油。另備鮮香菇、洋菇等菇類。上好的雞腿肉、里肌肉，都切丁。再配毛豆、荸薺、青蔥、蒜片，熗炒、加薄芡。上桌前滴幾滴香油。當個請客菜，吃起來也是可以的！

涼拌茄絲

這是夏天每家都有的普通小菜，其簡單無比。

做法：

選用淺紫色的水茄子、切寸段，放電鍋蒸熟。待涼，用手撕成條狀，置放盤中。上桌前澆上綜合調味醬（芝麻醬、醬油、醋、香油、炒熟軋碎花椒末或加點碎花生）。頂上或旁邊放些香菜點綴。美呆了！

老虎菜

這道菜是「新北京菜」，我小時沒吃過。二〇〇五年我好友楊倩茵請我小酌時，備此涼茶。風味非凡，特此記之。

做法：

茄子蒸熟，撕成絲條狀，另外起油鍋爆香蔥、辣椒、花椒，還配一點綠青椒絲。澆在茄子堆上。再淋點醋、痲油。香辣可口！

茄子餡懶龍

這道麵食我小時在劉八嬸家吃過一次！

做法：

茄子切成粗絲，拌上蔥、蝦米皮、一點點的炸過的豆腐丁、或豬油渣（剁碎），加油鹽調味。

和一塊發麵，鋪在大麵板上，桿成長方形，將茄子餡放置中央，四周向內包緊不能有漏縫，放置蒸籠蒸熟。

趁熟切段，配稀飯、小鹹菜吃。那天我們吃得好過癮ㄟ！近日在YouTube上看到「豆腐捲子」就是這樣做，只是他們放煎過的豆腐丁，沒有放茄子！

豆腐皮包茄子

這是一個南方壓桌小菜，做得好非常開胃。

做法：

豆腐衣鋪在砧板上、可任意加各種的綠葉菜，如菠菜、高麗茶等，再加茄子。茄子可中間剖開，加黑芝麻或海苔絲等，再用力捲起，若「壽司捲」狀入鍋大火蒸熟。待涼，切小段，直接加蔥、蒜、醬油、麻油、醋、辣油、芥末等隨意。

茄子夾火腿片

此菜為西式「日本菜」，運用的食材為日本特產的小茄子。

做法：

將茄子連刀縱切，不去蒂成扇形片狀。再將大小相仿火腿片或培根片鑲入，沾蛋衣（雞蛋加水與麵粉調稀成漿狀）入鍋用文火炸熟。或裹芝士粉置入烤箱烤熟。

魚香茄子

這是全中國人（華人）都會做的四川菜好吃極了！我女兒的最愛……

做法：

茄子切條狀過油，肉絲、蔥、薑、辣椒煸炒，調味加荸薺丁，再放入茄子，略微再翻個鍋即可。

西式烤茄子

我在「紅廚餐廳」吃的，大概做法沒錯?!

做法：

茄子切剖兩片，再切成三段，放入烤盤調味，加芝士粉及西式白醬，入烤箱烤熟。趁熱食用。配他們的小烙餅，好吃極了。

以上就是我們家宴客和家常的茄子吃法，那天去新疆菜館點了一道「地三鮮」，是茄子、馬鈴薯（土豆）、青椒過油炸過，調味（濃濃的大漠味兒吧！）炒在一起，也挺好吃的。女兒說是大陸北方人家的普通家常菜。

近年在春申食府吃「海參茄子煲」，由於我不吃海參；我就不研究它的做法了！還有人吃肥腸茄子煲，我更不入口了（愛吃者恆愛吃）！

談請客

人類不是獨居的動物，天生下來就有父母兄姐照顧。就算倒霉是個「棄嬰」也有孤兒院老師、修女養大。長大了有同學、朋友，認識的人越來越多，人際關係越來越複雜。感情好就多來往；不好少交誼；實在談不來，就連見面都可免了！

朋友多了，交際應酬也就多了。你來我往，小學時代我們就流行生日宴，幾個要好的同學平日一起唸書做功課，到了生日那天，家長也會請一些小朋友來家裡吃個蛋糕、打滷麵、豬腳麵線什麼的，「四個菜一個湯」也就夠滿足幾張小嘴巴了。中學以後，大都靠自己的零用錢，請幾個特別好的同學吃吃「牛肉『湯』麵」了！大學以後除了一般的同學朋友，還開始交了異性朋友，更是男生表現的時候了。有的玩玩，交往一陣子，彼此理念、性情、生活智性、種種原因不合。多則一兩年、少則幾個月就「拜拜」，有的因緣聚巧結成連理。不管結果怎樣，同桌共餐一定是經過好幾次的～才能共度一生！

入社會後，在你來我往的交際應酬之間，我們就可以很清楚地觀察到每個主人的談吐、氣度、修養、原生家庭、教育程度，當然更可觀出他的經濟環境、收入多寡、見過什麼場面等等。

其實「請客」是一門大學問。蔡康永的老太爺——上海的大律師、太平艦的船東曾經說過一句經典名言：「請客主人要逗得客人開心。」主人要有一肚子的笑話，從「開胃菜」到「甜點」，一分一秒都不能冷場。客人回家不但嚥下了美味的菜餚，還要回味主人的珠璣雋語，那才是成功的主人呢！

請客之前要先想好幾個大主題：

第一：為什麼要請客？有人要說：「我高興，要請客嘛！」「我有錢嘛！」「我愛交朋友嘛！」那就是「聯誼」嘛。「聯誼」問題就來了，所謂「聯」是雙方的。你高興，對方高不高興？你要先知道的。如果對方不悅，硬拉人家來吃飯喝酒，那是「你擺闊，雇人家陪你吃飯。」跟當年乾隆皇上賜宴千叟情況一樣——「吃白切豬肉還不許沾醬油。」那群老頭兒還得事先偷偷買通太監，送上漬了鹽的手紙！所以請客的目的很重要。

第二：請客的對象是誰？你是要請小客，「一對一」呢？還是「三朋兩友」隨便吃吃呢？亦或正式的擺個大圓桌，甚至包個餐廳大宴親友？大請客如紅、白、婚、壽，那些客人很好約，只要雙方夠交情，下帖子五分之四以上會來捧你的場。座位大致安排一下，到時候客人自己會調配，不必太費心。最麻煩的是請一個大圓桌的客人了。你可要事先打聽好，客人彼此之間是不是都ＯＫ，有沒有甲與乙不講話、乙欠丙兩萬塊錢沒還、丙又在外面講過丁的小話等等，大家一定要高高興興的，吃起飯來才會高高興興。有一兩位不歡喜，那桌菜就很難入口了！

第三：請客的時間。週一到週四都是上班日，白天不說了，晚餐上了一天班，累都累了，是不是有興趣與你「續攤」要先研究研究。週五晚上和國定假日前一天是個好時間，但是一定要先通知人家，「難得的假日」誰都有些事要辦，最起碼在家享天倫之樂總是要的吧。千萬別安排星期日晚餐，還是那句老話：「第二天要上班」嘛！

第四：就是地點了。都市裡餐館很多，好不好吃？價錢貴不貴？地點交通方不方便？好不好停車？waiter服務態度怎麼樣？還有你請的朋友們口味如何？不吃辣的別約在川、湘、滇。口味清淡的朋友選擇北方館子、上海菜就不如台菜、日本料理。其實家裡地方合適、太太或傭人有兩把刷子、客人又夠自己，家庭小聚是最佳選擇：經濟、衛生、實惠、方便。

小請客「一對一」或兩三同學、同事、鐵哥們「臨時約著嚼穀一頓」是常有的事。這種吃飯通常都是小館子居多，最好先說好誰請客、或者乾脆各付各的狗打雞（Go dutch），免得吃完了為了搶帳單幾個人像打架似的——「難看」（其實心裡都不想當主人）。下這種小館子，點菜應以好吃為優先、夠吃為原則。吃不了剩下的，誰也不願意帶回。好好的東西扔在那兒當廚餘，想想非洲難民不會捨不得嗎！三個人點四個菜一碗湯足夠了。吃麵也是不錯的選擇，一人一碗牛肉麵、加幾碟小菜就很豐盛。台北民生東路二段有一家史記牛肉麵館，東門老張牛肉麵、老鄧擔擔麵，仁愛路上的朱記餡餅，高雄的港園，台中的將軍麵館（三四十年前拍《成功嶺》時，製作人蔣子安帶我們去吃。那時老闆是一位將軍，我們就稱它「將軍麵館」，我不知道確切的店名。）都是值得一吃的小館。人多一點到仁愛路「忠南飯店」。吃個高級關東式日本料理，沅陵街巷子裡的「添財」、衡陽路及忠孝東路216巷的「梅村」、濟南路三段的「蜀魚館」、「上膳若川」也是可以考慮的地方。

請客前置工作最繁雜的就是請「一桌子的客人」，通常除了公事上的交際應酬、公關飯外，一般私人邀約這麼正式，一定有個「說法」，就是前面說的「目的」，這在約請客人的時候要明確告知。人家要知道是什麼場合？穿什麼衣服？帶什麼伴手禮？同席的客人有哪幾位？邀請的時候要問清楚客人能不能來？位子才能確定。不要訂了十二人的大桌，只來了六七位，空空落落就很難看了。也別臨時來了十五六個人，擠十人份的中桌面，磕磕碰碰更寒傖！一般晚宴大多定在六點半到七點，太早太晚都不好。譬如定六點入席，人家五點鐘就得往你這裡趕。Weekday還要溜班不成嗎?!

主人要請客，時間地點都是你訂的，你一定要早到，做好充分的準備。菜單酒品都要先確定好，到了時間當主人的一定要先到達現場。順勢再看一次席位酒菜是否正確、室內冷氣空調理想否、一些小細節都妥當了嗎？點菜又是個學問，同樣的餐館、同樣的價碼，會點菜的讓賓主盡歡，不會點的食之如同嚼蠟，索然無味。中國菜（筵席）上菜規矩通常是第一道冷盤（開胃菜），人多可叫「七星蝴蝶盤」或「五福大拼盤」。主客間夠交情叫個三拼、雙拼，大家吃得過癮，也是比擺場面好。點好拼盤，就要點熱菜了。正式的酒席有「四熱炒」，像韮黃鱔煳、宮保雞丁、炒蝦仁、蜜汁火腿，都可以算熱炒菜。一般十二個人單桌菜就不必那麼規矩了，但是雞、鴨、豬肉、牛肉、魚蝦海鮮，不可重複。大菜、配菜要定清楚，如果以烤鴨、樟菜鴨、脆皮雞為當日的大菜，牛肉即可點個蠔油牛柳，不要再來水煮牛。豬肉菜如肴豬腳，可以一菜兩吃，海鮮有魚可以再叫蝦，但是不可烹調方法相同。如魚是清蒸的，蝦就可以紅燒或清炒蝦仁，切勿再叫白灼蝦。如一般海鮮列為小炒類，魚就可以點乾燒魚頭、沙鍋魚頭、煙燻龍魚，否之每人點半隻「下巴」，不失禮數。在總菜單上一定要有一個「清蔬」，調劑味蕾；一道點心當作主食，如蒸餃、蔥油餅、銀絲卷之類。最後一道的湯羹也是學問，冬季以雞火原湯、沙鍋為主；夏天則可點清爽如兩筋一、冬瓜蛤蜊、西洋菜燉鹹腎。酒席最後的甜點也是不可忽略的，很多人說，不吃甜點好像一篇文章沒有句點一樣。我們家的故友朱磊他就常開玩笑說：「吃喜酒沒吃到八寶飯，主人要退回禮金。」甜點分量不宜多，點到就好。像酒釀湯圓一人一小碗，內裝一粒即足矣。核桃酪、杏仁豆腐、摩摩渣渣也都一小湯碗為度，點綴一下有畫龍點睛之妙。如是乾點如鍋餅、炸元宵，點的時候就要配合當日的「桌菜豐儉」為原則，大家已經吃得很飽了，再來厚實的點心，就不是「點」心了。

酒席當然要喝點酒了，主人備的酒飲也是要看客人情況而定。如男士為主、客人又很海量，不妨來些烈酒，如中國的白酒、好的黃酒如女兒紅、日本清酒或威士忌、白蘭地；女士在座就要備紅酒或其他的輕飲料，有時客人帶了伴手禮也可以打開助興。

「在家請客」是我國千古留下的美傳。在家請客有幾個先決條件：第一，家中客餐廳要夠大，餐具與烹飪器材要夠分量。通常餐具都要成套，我結婚時，朋友集資送了一盒十二人份的瓷器禮盒，日後我請客就很好用。這套餐具是專門宴客用的，平日不可輕意使用。宴客的餐具絕不可以磕磕碰碰，桌上有瑕疵的湯匙、碗、盤是不禮貌的。上桌的大型盤碗使用時要適當、適量、適器。湯碗裝八分滿即可，不可滿而溢，顯得下作。沙鍋、康寧鍋具都是上桌的器皿，經得起長期使用，高貴不貴。在家請客事先的準備要做得很仔細，前一兩天要打掃得窗明几淨，室內的空氣要盡量地保持新鮮，切不可有異味。當天可購些鮮花，一來點綴室內佈置，二來也可增加屋內的芬芳香氣。客用的拖鞋雖不必全部新購，但也需潔淨、衛生。餐前後的茶水要先備好，濃釅適當，熱水瓶要置好所需水量。至於菜單則較餐館點菜的幅度寬廣了許多，可以表現女主人或廚娘的手藝。中國菜、日本料理，甚至西餐都可以適量地呈現，但是雞、鴨、魚、肉不可重複的規則不可違。現在已經不流行民初北京推崇的全豬宴、全羊宴，不擅長燒的，千萬別拿客人當白老鼠。魚翅、燕窩之類高檔食材，一定要配好高級的餐具，才能登堂。不可煨了三天的雞火排翅，裝在不鏽鋼鍋裡上桌，您叫客人怎麼端這個佳餚玉筵入口呢！

我的習慣是每次請客，我都要將客人名單和菜單記錄下來，短期內不重複。譬如我請了某甲某乙吃過滑蛋蝦仁，三年之內我不會再將此菜列入邀請甲乙的菜單。除非客人欽點，上桌時也要特別聲明，免得人家以為我只會燒這個菜呢。在家宴客上菜固然要按先後、冷熱、大小、葷素順序，但下菜（撤菜）就不必這麼嚴謹，吃完的空盤隨時撤下。客人的佈碟在菜過五味、酒過三巡時可作適當的更換，保持餐桌上的清潔是很重要的。

餐罷客人小坐，略事聊天後即告辭離去，主人應送客至門口，客套說「沒吃好」、「菜太少了」、「不成敬意」這種廢話就不必說了，如果「真的不好」，自己閉門思過，客人也許下次就不給面子不來了！

我自一九七六年結婚，或在家中、或在餐館，大小宴客不知幾十回，甚至上百次。每次餐後總是帶給我美好的回憶。最讓我難忘的——女兒小時候，家中常有一些郎雄的老友唐冀、朱磊、孟元，或年輕的小將如蔣維民、梁弘志、張詠詠來捧場。他們根本不在意我為他們準備了什麼菜色，他們要的就是和郎雄聚聚的感覺。如今老的、小的，好幾位駕返天鄉，我再次取出舊時菜單，邀約新的朋友真是別有一番心情……

附錄／包珈在家宴客菜單節錄

2002 10/9 **陳老師、彭○○、美○、陳○○、劉○○**

1 冷盤（辣椒鑲肉、肉末辣椒韭菜、香腸、小黃瓜拌洋菜）
2 蝦仁炒蛋
3 煙燻肉炒青菜
4 溜肉片
5 雜燒豆腐
6 栗子洋菇雞
7 餅
8 砂鍋魚頭湯
9 甜點（八寶芋泥）

2003 11/9 **孫○○、陳○○、王○○**

1 紅燒肉
2 牛奶花菜
3 培根炒青菜
4 肉絲炒豆干
5 排骨蕃茄茼蒿豆腐湯

2003 10/25 **宴請劉○○、林○、錢○○**

1 溜肉片
2 雞油白菜
3 滑蛋蝦仁
4 八寶辣醬
5 鯽魚蘿蔔湯
6 水果酒釀甜湯

2003 8/22 **宴請焦○○、林○、唐○、楊○**

1 火腿拌洋菜小黃瓜絲
2 洋菇栗子雞
3 紅燒牛肉
4 捲穀
5 黃魚燒豆腐
6 培根炒包心菜芽

7 小黃瓜川丸子湯

8 餅

9 水果

2004 3/10

宴請王○○、陳○○、張○○

1 紅燒牛肉

2 硝豬腳

3 涼拌蘿蔔絲

4 黃魚燒豆腐

5 培根肉炒青菜花

6 豆瓣酥泥

7 餅

8 小黃瓜川丸子湯

2004 秋季

宴請林醫師、嚴○○、任○○、楓麗

1 銀芽鴨絲

2 湖南蛋

3 左宗棠雞

4 炒青菜

5 墨魚紅燒肉

6 糖燒茄子

7 排骨青木瓜湯

2005 夏日

林○、劉○○、楓麗、孫○○

1 客家小炒加青瓜

2 芝士培根雞

3 雙冬燒麵筋

4 程氏豆腐

5 開洋炒包心菜心

6 肉釀青椒

7 魚片黃瓜湯

2006 10月

宴請史俊民、林○○、白○○、何○○、安○○（臨時又來了周○○）

1 鴨翅

2 鰻鱉

3 雜拌（火腿絲、柚絲、洋菜、胡蘿蔔絲）

4 肉片炒黃瓜

5 肴豬腳
6 獅子頭
7 清燉牛尾
8 炒青菜
9 餅
10 鯉魚豆腐湯

2007 5/7

宴請初中同學晚宴，這天都是大老爺們，菜比較豐腴

涼菜：蒜拌蛋、糖拌蘿蔔絲
1 滑蛋蝦仁
2 香菇扁尖蝦米炒青菜
3 溜肉片
4 老虎菜
5 豆酥海瓜子
6 咖哩椰漿牛肉
7 鯽魚蘿蔔絲湯
8 甜點

2007 10/5

楊〇〇姐妹、吳〇〇、臺嫂

1 紅燒肉
2 蒜拌蛋
3 洋菇栗子雞
4 蝦米炒青菜
5 黃魚燒豆腐
6 排骨竹筍荸薺湯

2007 12/5

陳〇〇、白〇〇、王〇〇、錢〇〇

1 肘子
2 肉片炒黃瓜
3 鴨翅
4 鰻鳌
5 鄉村蒸魚
6 紅燒蝦
7 炒青菜
8 雞火湯
9 餅

2008
8/19
陳〇〇、唐〇、鄭〇〇、賀〇〇、張〇〇

1 逸華齋大拼盤
2 蝦托麵包
3 醋拌生菜加杏乾
4 小黃瓜塞肉加魚漿
5 豆酥鱈魚
6 炒飯
7 蘿蔔尖筍湯（雞骨頭熬的）

2008
9/4
陳〇〇、唐〇、白〇〇、〇〇〇

1 生菜拖洋火腿炒蘆筍
2 栗子燒白菜
3 小黃魚燒豆腐
4 捲穀
5 核桃炒蝦仁
6 糖燒茄子
7 荷葉雜燴飯
8 排骨竹笙荸薺湯

2012
元旦
宴請白〇〇、何〇〇、劉〇〇、況〇〇、余部長

1 火腿卷
2 涼拌菜心
3 炸土司大蝦
4 咖哩蘑菇豬肋條（備白飯）
5 炒青菜
6 乾燒魚頭
7 原盅雞火湯
8 燒餅
9 水果

二〇二三年年夜飯小記

今年年夜飯在女兒租屋處和她的朋友一起共享。

外購三個菜：東坡肉帶餅（好吃）、蟹粉獅子頭（不及格），我們添加了蛋餃和粉條、干貝長年菜（還可以）；我教她燒：大蒜黃魚豆腐（好吃的不得了）、酒釀燒大蝦（味正確，香氣四溢）；其他都是我老太太在家做好帶去的：十香菜（祖傳秘方）、雙冬麵筋（冬筍太貴筊白筍代替）、糖燒茄子（家常菜、只有包家才會吃）、素紅燒百頁結加大黃瓜（拼拼湊湊，要是有冬瓜就像真的紅燒肉了）。餐後她還準備了紅棗桂圓蓮子羹、上海鬆糕，最後當然端上我包的家傳十香素餃子。女兒還為我開瓶庫存洋酒（他們要開車都以氣泡水代替，難得聚餐卻獨飲佳釀）。因為一位朋友吃素（男士吃素，真很少見）所以除了十香菜，又加了兩個全素。吃得大家好開心。

遺憾的是我們開車回永和，路上排隊如人龍，以致車停好遠。原來是宗教儀式，害我們走一段路……也好，吃太飽，運動運動吧！

2023年年夜飯。（郎楓麗提供）

與你攜手共度的日子

1976年新婚後去拜訪八叔，攝於公路局宿舍巷口。

1989年春節假期全家三人去日月潭度假，女兒幫我們拍照。（郎楓麗攝影）

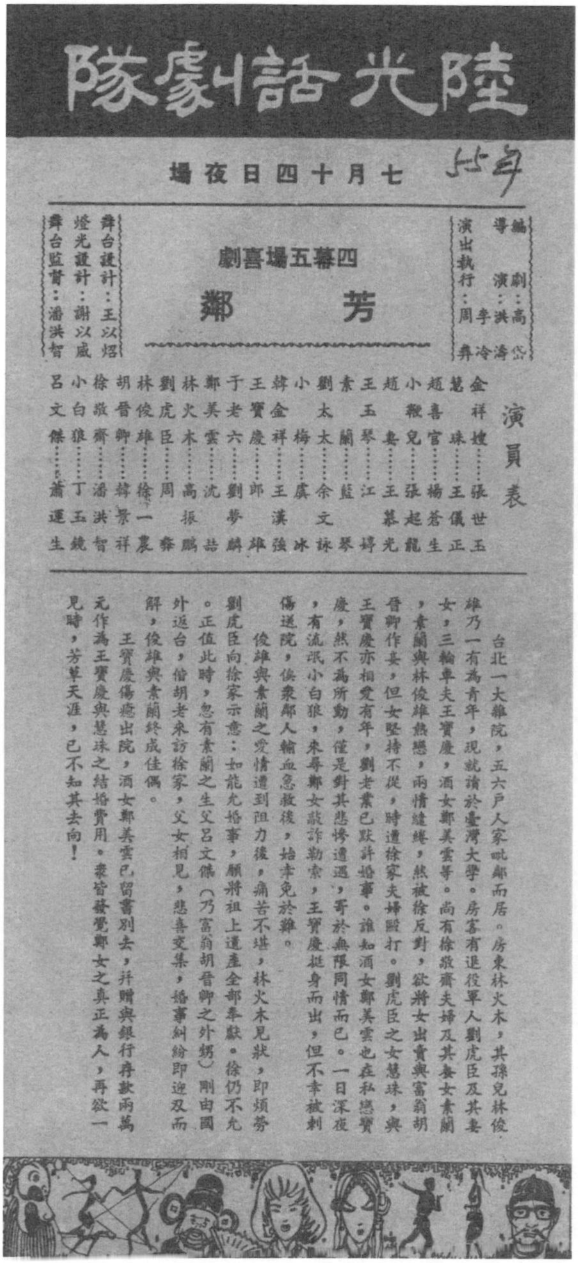

陸光話劇隊

55年

七月十四日夜場

編劇：高公
導演：洪濤
李冷
演出執行：周彝

四幕五場喜劇

芳鄰

舞台設計：王以熠
燈光設計：謝以威
舞台監督：潘洪智

演員表

金祥嫂……張世玉
慧珠……王儀正
趙喜官……楊蒼生
小猴兒……張起龍
趙妻……王慕光
王玉琴……江婷
素蘭……藍琴
劉太太……余文詠
小梅……廣冰
韓金祥……王漢強
王寶慶……郎雄
于老六……劉夢麟
鄭美雲……沈喆
林火木……高振鵬
劉虎臣……周彝
林俊雄……徐一農
胡晉卿……韓景祥
徐敬齋……潘洪智
小白狼……丁玉鏡
呂文傑……蕭運生

台北一大雜院，五六戶人家毗鄰而居。房東林火木，其孫兒林俊雄乃一有為青年，現就讀於臺灣大學。房客有退役軍人劉虎臣及其妻女，三輪車夫王寶慶，酒女鄭美雲等。尚有徐敬齋夫婦及其養女素蘭，素蘭與林俊雄熱戀，兩情繾綣，然被徐反對，欲將女出賣與富翁胡晉卿作妾，但女堅持不從，時遭徐家夫婦毆打。劉虎臣之女慧珠，與王寶慶亦相愛有年，劉老業已默許婚事。誰知酒女鄭美雲也在私戀寶慶，然不為所動，僅是對其悲慘遭遇，寄於無限同情而已。一日深夜，有流氓小白狼，來尋鄭女敲詐勒索，王寶慶挺身而出，但不幸被刺傷送院，俟衆鄰人輸血急救後，始幸免於難。

俊雄與素蘭之愛情遭到阻力後，痛苦不堪，林火木見狀，即煩勞劉虎臣向徐家示意：如能允婚事，願將祖上遺產全部奉獻。徐仍不允。正值此時，忽有素蘭之生父呂文傑（乃富翁胡晉卿之外甥）剛由國外返台，偕胡老來訪徐家，父女相見，悲喜交集，婚事糾紛即迎刃而解，俊雄與素蘭終成佳偶。

王寶慶傷癒出院，酒女鄭美雲已留書別去，并贈與銀行存款兩萬元作為王寶慶與慧珠之結婚費用。衆皆發覺鄭女之真正為人，再欲一見時，芳草天涯，已不知其去向！

郎雄到陸光第一次正式演出三輪車伕王寶慶（重要角色），他每天去街上觀摩三輪車伕的生活，學習他們的行為。

《長白山上》二當家獨眼龍（郎雄飾）、三當家寡婦（劉明飾）。

1974年《一代暴君》荊軻（田野飾）刺秦王（郎雄飾）劇照。

1974年《一代暴君》劇照，左起秦始皇（郎雄飾）、趙高（鐵孟秋飾）、呂不韋（馬驥飾）、甘羅（蔡富貴飾）。

①|②
③|④

① 郎雄劇照：《一代女皇》中飾演長孫無忌。
② 郎雄劇照：《挑夫》。
③ 郎雄劇照：《異域》。
④ 郎雄、李安合影。

①②
③④
⑤⑥

①、② 《囍宴》劇照。

③、④ 《囍宴》參加柏林影展獲獎，李安上台致詞。

⑤、⑥ 《囍宴》參加柏林影展獲獎。⑥右一為好萊塢影星葛雷哥萊・畢克。

①	②
③	④
⑤	⑥

①、② 《囍宴》獲1993年第43屆柏林影展金熊獎。

③ 《飲食男女》由李安執導，郎雄、歸亞蕾參與演出。獲1994年第39屆亞太影展最佳影片、最佳剪輯獎。

④ 柏林影展歸來，當時的行政院長郝柏村接見黃金三角郎雄、李安、徐立功。

⑤ 影展現場，郎雄為影迷簽名。

⑥ 《囍宴》參加奧斯卡影展進場式。

南洋商報 MANTIN, N.S. 71700 MALAYSIA

21/6/1997 （星期六） A 17

谢晋（右）与郎雄（左）分别是《鸦片战争》的导演与演员。

A8

谢晋意外好反应
《鸦片战争》北京首映热烈

〔香港讯〕谢晋导演的《鸦片战争》在北京人民大会堂举行首映时，出席的嘉宾多达千多人，包括国务院副总理兼外交部长钱其琛及国务委员李铁映。

据谢晋表示，他拍戏以来从未试过有这样的高官出席首映礼，顶多是广电部的部长，由此可见国家对影片的重视。虽然影片被安排於香港回归期上映，但事前他是估计不到有如此好反应的，事实上此戏的资金全由民间集资，政府并没有出任何钱，他不明为何外间不信这事实，倒怀疑资金的来源，总之他不必撒谎。他笑道：「或者今次影片票房好，政府会发奖金以示鼓励哩！」

对於有传他今次是抵押房楼以拍戏，他直认不讳，但并非影片不够资金，只是资金周转不灵，并觉此事很普通，在外国常有发生。至於造成资金周转不灵，主因戏中有一艘战舰因地震而沉没，突然需要一大笔钱，虽然他按楼按了百多二百万元，但经电影制作公司开会研究后，觉得这笔钱数目太小，遂立刻为他赎回房子。

又谢晋今次亦属电影的老板之一，如果影片赚到钱，他就可以分账，并相信影响可以拉平不必蚀本，因卖埠成绩很不错。

此片担演林则徐的大陆著名演员鲍国安，也觉得《鸦片战争》受国家领导重视，这种首映礼在中国电影史上是少有的。今次是他的第三部电影，但是首部电影在港上映，然而他没有压力，觉得大家应想了解这段历史。

现年五十二岁的鲍国安，育有两子，其一在北京电视台做记者，另一在做生意，而今年，他刚获一女孙儿，现在已六个月大。

郎雄由太太陪同来港宣传《鸦片战争》，他是做完心脏手术后首次露面，他看来瘦了一圈。他谓今次的心脏病事出突然，自己事前不觉得有不舒服的，可能因拍戏出外景奔波劳碌，加上早前去了美加五大城市传道，当时也不觉得有问题，幸好病发时找到亚洲第一号心脏手术高手替他做手术，十分成功。

他谓手术完成后他不会再做太多工作，不过仍会拍戏会接拍李安的《卧虎藏龙》。

①|② ③

① 《南洋商報》報導《鴉片戰爭》在北京首映熱烈。（1997年6月21日A8版）
② 1995年東京影展與日本影迷合影。
③ 1997年《鴉片戰爭》香港首映。

①|②
③|④

① 1976年10月31日郎雄以《郎牙口》「老哥哥」一角，第一次獲得金馬獎最佳男配角獎，頒獎人為當時的行政院副院長徐慶鐘先生。

②、③、④ 得了金馬影帝後，49師師長邀請我們回娘家（部隊）參加春節晚餐會。

①
②③

① 郎雄感恩會，前排左起張永祥、徐立功、李安、饒曉明（魯雅子）、郎雄、包珈、關毅、李行、余秉中、白國嘉。後排左起李渝、王小棣、陳莎莉、張詠詠、侯麗芳、吳宗琪夫人（吳先生原在陸軍總部供職，早年在一個偶然機會，在澎湖看到「兵演兵」時代的郎雄，特別簽報提攜，調到「陸光藝工大隊」，是郎雄從藝之路的伯樂）。

② 郎雄受封聖席爾維斯特騎士團爵士當日，於朋友家合影。左起女兒郎楓麗、身著騎士團爵士禮服的郎雄、包珈。

③ 彌撒後攝於古亭耕莘堂。郎雄開刀後，包珈奉行當初和聖母約定，由基督新教回歸天主教，行「堅振聖事」禮。

① 媒體報導包珈代郎雄領取金馬獎終身成就獎。

② 包珈、李安、楊貴媚合影（2019年李安《雙子殺手》台北首映後，恰逢李導生日餐敍）。

黃金三角

一九九〇年十一月間，郎雄在中影徐立功副總的辦公室，初次見到了李安。誰也沒想到這歷史性的一刻，竟造就了日後三人長期的合作，並且重新掀起了國片熱的新潮。還記得那天郎雄從中影辦公室回家後對我說：「中影要拍新戲，叫我演一個會打太極拳的老頭，明年三月在美國拍。這幾個月在台北，他們給我找老師，好好學太極拳。如果妳同意，明天早上我去中影簽約。」我一聽思索一下：到美國拍戲是新鮮事，但他這幾年身子不太硬朗，能撐得下去嗎？這幾個月還要學太極拳，練身體是好事，但要這麼辛苦嗎？還有這個導演李安是個名不見經傳的無名小子，能拍出什麼名堂？不過，不管怎麼說，有人找他拍戲總是好事，就這樣，第二天早上十點多，在中影簽下合約後，外子就開始進行《推手》前置作業。第一件大事，宣示除了《童話世界》主持工作外，不再接演任何電影電視。簽約兩三天後，接到中影彭副理通知與拳術老師聯絡。老師說：「每天早晨八點中正紀念堂，一對一學太極拳。」老師嚴格而認真，先由呼吸教起。郎雄的老胳膊、老腿經老師上下左右一修理，一個「蹲檔騎馬式」就叫他回家上不了二樓——腿疼到骨頭裡了！過了大約十天吧，大概老師認為「此老不可教也！」逐「辭館罷教」，可憐彭副理又速速請南港高工李豐章老師執掌鞭策。李老師知道郎雄學拳的目的是拍戲，不需要什麼功夫，

「套招套式」對演員來說只不過是舞蹈的架式，「一二三四、二二三四、三二三四」而已，這樣一來就輕鬆多了，速速地兩人就把楊氏太極拳一〇八式「比劃」得很漂亮了！剩餘一個多月反覆練習，奉師命又買了一卷太極拳錄影帶，在家早也練、晚也練，即使過年那幾天也沒休息。

三月初李安導演傳來一份指示：「拍戲帶去衣物：包括中式衣褲、工夫鞋、運動衣褲，還要一套『土土的西裝』，當然別忘了『太極拳錄影帶』。」李導演非常細心地，特別交代「紐約當地氣候」，要郎雄準備應時衣物，這也是我們第一次接觸到李導演細膩之始。

三月十四日，郎雄終於踏上征途，二十幾個小時飛行，孤孤單單，懷著一顆忐忑不安的心，飛到異邦。為了通關，臨時還惡補幾句英語，結果人家一看他老頭子，一句話也沒問就Pass了！出關就看見導演和一位年輕人在等他，介紹後，原來是名攝影師林贊庭先生的公子林良忠，也是ＮＹＵ（紐約州立大學）碩士畢業生，此君後來二十幾天更做了郎雄同居室友。稍事休息，適應時差、氣候、地理環境，緊張的拍戲工作就開始了！導演要求非常嚴格，每一場在拍之前先走位，也就是排戲。燈光、音訊、攝影師及所有工作人員，都一起進入情況，任何人稍有不順，馬上改善。這一點對電視、舞台出身的郎雄來說，是最舒服、最習慣的工作方式。第一天拍的就是「看守所父子相擁而泣」的那場，演他兒子的藝人是來自大陸、有奶油小生（英俊瀟灑）之稱的王伯昭。在此之前兩人根本不認識，連朋友之誼都談不上，遑論父子親情。這時就是考驗一個職業演員功力的時候了，要發自內心像對親兒子一樣，諄諄教誨、循循善誘、老淚縱橫、語音哽咽。一般試戲的時候都不會拿出感情，當然更不會像平常老哥兒們，在中視時一邊排一邊開玩笑，所以王伯昭對郎雄也等閒視之。誰知正式來時，幾句台詞一下來，把別家離父、遠走他鄉的天涯遊子感動得不得了，一把鼻涕一把眼淚、哭得死去活來，「戲」全帶出來了。他不但當時服了郎雄，日後更尊稱他為「郎老師」。後來去紐約拍《囍宴》，王伯昭又探班又請郎雄吃飯，那一場戲不但造就郎雄與王伯昭私誼，更奠定了郎雄在李導演心中的地位。在美國拍戲是非常講求效率的，人家事先準備工作都做得一板一眼，每天按照一定進度。導演在工作時，旁邊有一位監製，時時刻刻盯著他，幾點幾分要拍到進度的什麼地方，工作成效緊迫得不得了。而且每天還有兩三份進度預定表，一切正常進度為「A」；萬一下雨進度為「B」；演員生病進度為「C」。不像港台：臨時發通告、臨時取消收工，浪費時間和金錢，所以《推手》製作費中影只給五十萬美金（合台幣一千三百萬），李安包拍。不要說遠渡重洋到美國，就是在台北，也是很緊縮的，聰明的李安，就地找到好機器製片公司（Good Machine）合作，老闆之一詹姆士除了現場負責監督外，事先劇本作業也深入參與。先將中文翻譯成英文，李安NYU的學妹劉怡明、周旭薇、劉怡君（郎雄暱稱她「小刀槍」）等人均投入，與之溝通。拍攝時每天一開工到收工止，中間是不休息的，沒有午、晚放飯、夜間宵夜。通常現場空地處準備了各式各樣「垃圾食物」：甜食、點心、三明治及飲料，誰餓了誰就自己拿！工作時導演、攝影師最辛苦，每拍一場戲，場記都用拍立得立即留下紀錄，無需另外沖洗，這點和台灣作業不一樣，加上《推手》是現場同步收音，所以錄音師也是耳機不離頭，稍微覺得不妥，就重來。室內戲還好控制，「橋邊烤肉」那場可苦了參與人員，特別是導演要好、要快，閒雜人等又多，為了製造氣氛，現場還要噴煙霧，那天收工大家好像剝了一張皮。

拍《推手》期間，中影對遠在紐約的攝影大隊幾乎沒有太多的接觸，除了按期劇組會繳工作報告、徐副總定期越洋電話聊聊，只有江總有一次利用赴美出差彎到紐約去巡視一下。直到四月底拍竣，郎雄回到台北，對每次聯絡我去找李崗夫人領錢的鄒偉華先生道謝時說：「拍得不錯，今年金馬獎可能抱幾個獎座回來！」公司才有一點一手資訊。徐副總對李安完全信任，對公司全程負責。

回來以後，郎雄恢復《童話世界》主持工作。一個月後又參加華視連續劇《草地狀元》，家庭生活一切又回到原點：拍戲、錄影、上學，每個人忙每個人的。很快地秋去冬來，李安導演再度現身中影，台北金像獎戲院舉行《推手》首映，我像平常一樣「驗收郎雄演出」的心態去檢視，出乎意料不同於一般國產片，無論色調、運鏡、音感、取景，甚至演員的表演方式，都像極了好萊塢產品，一氣呵成，好看得很，演罷掌聲如雷久久未止，但是我不會給他第一高分，「穿幫了！」有一場郎雄看電視國劇，跟著哼唱，螢幕放的是哈元章、馬元亮的〈問樵〉，唱的卻是〈賣馬〉；而且「〈問樵〉高矮像兒」那段是「念白口」，不是唱。這件事後來導演也很遺憾，瑕不掩瑜，不足道哉！首映完畢，無論影評家、記者、觀眾反應都認為是近年來少有的好片。緊接著金馬獎開始報名，十一月底公布入圍名單，《推手》共九項上榜，一下子郎雄、李安都像窩在牆角的小石頭子兒，忽然躍升到珠寶店，變成耀眼的鑽石。郎雄在台灣演過電視劇，拿過第十三屆最佳男配角，雖然不是偶像藝人，但他也有一定的知名度。李安可慘了！藝專畢業後直飛美國，唸完書時運不濟，最大功名只有《推手》入選新聞局最佳優良劇本。所以當時有一位電視製作人笑謔：「我有一位同學唸了美國大學現在在家洗碗帶孩子。」真金不怕火燒，港台強片當前，輿論卻一致偏向這兩匹地洞裡冒出來的黑馬。果然十二月七日在劇壇耕耘四十多年的老驥，奪下了「影帝」的帥旗！一時之間我們當家的變成當紅炸子雞，記者朋友電話，約訪此起彼落。不善交際應酬的「影帝大人」就請我「內政部兼外交全權大使和新聞發言人」，加上徐立功這位經驗豐富的經紀人，替郎影帝擋掉了許多的應酬場面。

《推手》推出，口碑好到省了很多廣告費，賺到大把銀子，徐副總打鐵趁熱，李安也順勢將他庫存最愛《囍宴》搬上檯面。《囍宴》是一部談去美國留學生和外國人同性戀的故事。男主角要精通英文，女主角是大陸出來的，另外父母兩角也是非常重要的。為了男主角，徐、李二人費盡心力，大凡港、台小生均被「相過親」。張晨光、湯志偉因為檔期，無法配合而錯失。中影苦思無人時，一個空中少爺趙文瑄毛遂自薦，趙公子醫生世家，自幼學習英語，及長遨遊世界，所以英文沒問題；只是他沒有一點表演經驗，先去美國狠狠地被操——受訓。女主角也看了幾位，金素梅會雀屏中選，除了夠亮麗以外，她有一股野勁，這是她血液中與生俱來。劇中人在美生活多年，趙、金奉命也需融入紐約「快速戰場」。李安要他們倆小腿上綁鉛塊走路，這在趙文瑄橋頭遇到老同學那場戲，表達淋漓盡致。有了主角，徐副總專心再為他們「尋爹覓媽」就輕鬆多了，徐副總左思右想，還是挑選「新科影帝」和「老牌影后」搭檔。李安因郎雄特有軍人氣質，而將資深公務員改為退役將軍。歸亞蕾正好是眷村長大，習慣將軍夫人味兒，駕輕就熟。金素梅與郎雄在《挑伕》一起共度約半年時間，交情不錯。亞蕾姐雖然年輕，卻是前輩影后。一九七六年《蒂蒂日記》第一次攜手，一九八〇年後再次合作電視劇《渡》。《囍宴》拍攝期間長期相處，回台後更成了通家之好。

《囍宴》四個演員在李導演眼中，日後有一定的地位：亞蕾姐人好、戲好，值得尊敬；趙文瑄儒子可教，前途不可限量；素梅可以突破自己，走向世界舞台；而厚重的郎雄卻是導演的最愛，一步一腳印彼此忠誠、信義。李安對父親的尊崇，移情到郎雄身上。日後所有劇中「爸爸」角色都落到郎雄身上，「中國爸爸」（Chinese Father）也成為郎雄走遍世界的另一個外號，他也是參與李安片子最多的藝人。《囍宴》製作費較《推手》多一點，但是開支相形亦多了很多，四位藝人都來自台灣，好機器公司就租兩棟房屋給他們居住，謂之男生宿舍、女生宿舍，亞蕾姐又善於廚藝，華裔工作人員常「蹭食」，無形中《囍宴》比《推手》熱鬧多了。真正熱鬧的是「飆戲」！亞蕾姐和郎雄把配角演成主角，卯起來做戲。李導演在走位時非常接受大家意見，兩個「老戲油子」適時地加進不少即興式演出，譬如：媽媽抱著兒子手臂咬一口、媽媽知道兒媳要去墮胎而跌坐地板，以及很多小動作、小表情都是他們自己設計的、自己加進去的，很生活化、很自然、更加討好。郎雄時常沒戲時也往現場跑，天性好為人師，私人教了不少文瑄的戲，素梅也會問問他意見，一來有垃圾食物可吃，二來是和一群小朋友聊天，這群小孩差不多是來自台灣、會說國語的留學生，他們無薪酬、自願實習，大部分是NYU，也有其他學校，每一個都有遠大心願，以李安為宗師，小刀槍是箇中高手，一年後回台灣，曾到東森、大愛電視台工作，李安拍《臥虎藏龍》特別邀她擔任場記，《臥虎藏龍》頻頻得獎，小刀槍功不可沒！

郎雄平常不喝咖啡，一天亞蕾姐好心好意遞一杯咖啡給他，沒想到喝完咖啡頓時天旋地轉、呼吸困難，把大家嚇壞了！趕快送醫急救，洋人醫生說他心臟不好，以後每工作一小時要休息十分鐘。當時自認為沒那麼嚴重，醫師囑咐當耳邊風，果然到一九九六年十一月二十九日心臟病發，差半小時就天人永隔。事後我推論：咖啡是導火線，而真正因素是吃太多垃圾食品！李安拍《囍宴》，中影還是沒太多「問安」，徐副總這次可比《推手》要篤定多了，他摸清楚李安的功力，對郎雄有信心，對亞蕾姐放心，對素梅肯定，唯一擔心的只有趙小生，但是他是新人，觀眾總是會寬容他的演技、欣賞他的外型。

一九九二年八月二十九日，《囍宴》殺青，劇組正安排參加僑界一大堆應酬，李安與郎雄不及參加；風塵僕僕飛了十幾個小時，趕到漢城，參加37屆亞太影展。李安搭著郎雄肩膀說：「我們是最佳拍檔。」忘年之交的鐵哥兒們，兩人雖然很疲倦，但是氣色都不錯。那時中韓剛斷交，《推手》卻抱回最大獎最佳影片，對全國同胞因政治低迷的情緒，稍微紓解一點。而我個人因郎雄未奪得亞太影帝，不免遺憾！九月五日影展結束，導演趕回紐約《囍宴》後製，郎雄也搭機回台北。難得早餐兩人相聚，郎雄學劇中「老張」（飯店老闆）倚老賣老對李安說了幾句重話：「無非是苦了這麼多年，能有眼前的成績已然不錯，要好好把握。影劇團是一個萬花筒，酒色財氣誘惑連連、陷阱處處。太太只有元配是真情，孩子要生在家中，才能名正言順報戶口。所謂『家和萬事興』……」李安默默地吃東西，嚼嚥的卻是郎雄的苦口婆心！分別時李安特別抱住郎雄，答應他一生謹言慎行、遵守法旨。多年來李導演只有拍戲、得獎的新聞，從未沾染半點緋聞，足以證明他是一個好男人，影劇圈出淤泥而不染，少有！少有！

《囍宴》在全國影迷盼望中出場了！首映典禮在中國戲院舉行，那時我和李安的父母及弟弟李崗夫婦、亞蕾姐的先生張大哥及徐副總夫人已是很好的朋友。我們這一夥結隊入場，像參加嘉年華會似的，浩浩蕩蕩，比起《推手》真是不可同日而語。導演帶領著四位藝人，如同一盤一盤的菜餚，饗宴觀眾，真正大師傅是捲起白襯衫的袖子，站在門口，忙裡忙外，壓著嗓子張羅的徐副總，宴會的主人則由江總領導中影團隊，李安的魅力、幽默的對白、精彩的故事、美麗的畫面、好聽的音樂，金童玉女加上「金爺玉婆」難得的排列組合。從「郎雄看著金素梅的屁股：『嗯！能生能養。』」一開啟觀眾的笑點，接下送禮物、看房間裝潢，莫不引起共鳴，笑聲連連，隨後劇情因同性戀而高潮迭起，最後竟有多位觀眾紅著眼睛離去了！次日媒體又是全壘打，再一次不花半文錢廣結善緣，票房不需擔心，好！好！好！

主管當局趁勝追擊，抓住李安，快馬加鞭再拍幾部大戲，加強演員陣容、不惜增加成本、志在振興國片！四方藝人也紛紛爭取演出，希望能共襄盛舉。徐副總在盛宴過後，馬上動腦筋約李安集思廣益，再拍第三部：李安擅長、合適郎雄的好片子。不多時歸類於「飲食類」，類似「芭比盛筵」形式，《飲食男女》就這樣產生了！李安六年家庭煮夫燒菜心得，終於可以呈現在他喜愛的電影版圖了。《飲食男女》以「老男人」為主軸，搭配「中影」當紅小生、小旦，加入《囍宴》功臣歸亞蕾、金素梅及剛捧出來的趙文瑄。徐副總找到電影劇作家王蕙玲和李安合寫劇本，初稿甫成，徐副總逐字校閱，李安翻譯英文，好機器詹姆士再用外國人特有幽默感、思緒方式、好萊塢語言、動作參入，融會貫通才定稿。李安第一次在台灣拍戲，仍然慣用ＮＹＵ工作方式，中影也盡量配合，譬如說前製作業演員集訓，金素梅因軋到電視劇、電影，就換成吳倩蓮。楊貴媚、王渝文等已經是一線藝人，毫不意外地到羅北安教授那裡接受肢體、語言嚴格的密集訓練。李安要楊、王兩位本省籍的女孩，國語說的和郎雄一樣，規定楊貴媚念《國語日報》，對吳倩蓮稍微客氣一點，但也要跟著趙文瑄做功課。要亞蕾姐學湖南家鄉話，至於郎雄呢，導演倒沒設定，他自己卻四處尋訪名廚，觀摩廚技，主要揣摩他們的神情、氣質、味道。永福樓會計周小姐（胡少安先生姨妹）特別介紹江浙菜鼻祖復興園阿唐老師傅，我們三番兩次造訪，復興園掌案師父還傳授郎雄片魚刀法。一天我在報上看到YMCA開班教授外籍女傭中國烹飪，趕快報名，郎雄也放下身段、擠在一群菲傭中，乖乖地上了十二堂課！鼎鼐調和之外，學到一些竅門技巧。我們常去光顧的鼎泰豐、朱記餡餅粥、彭園大小館子等差不多都去問問看，一般人家是祕而不傳的，但是大家都知道郎雄是為了演戲，所以願意傾囊相援。

《飲食男女》籌備期間，一九九三年二月《囍宴》代表台灣參加柏林影展，很幸運地入圍了！代表團就由新聞局副局長吳中立先生帶隊，組員包括徐副總、郎雄、歸亞蕾、趙文瑄、李力群、蔡明亮及新聞局和中影的工作人員，李安則帶著米契爾（《囍宴》片中趙文瑄的同性伴侶）由紐約直飛柏林。公關就靠吳、李兩人的生花妙嘴，徐則帶著眾人佈置會場——自己當場務，把偌大的會場裝飾成一個中國人吃喜酒的地方，滿牆壁掛滿喜幛、桌面鋪上大紅檯巾，唬得眾多老外一愣一愣，未演先轟動。唯一的女角亞蕾姐更是猛打扮一番，合身的旗袍凸顯玲瓏身材，東方女性的高雅氣質，吸引了不少歐美藝人羨慕的眼神；趙公子英姿煥發，早已風靡美男、美女，深邃的眼眸子不知敲響多少人的心弦；郎雄的行頭簡單、莊重，中式藍色長袍，沒想到他這套裝扮，竟贏得了「中國爸爸」的雅號，張藝謀導演為文稱讚：「最有中國文化、最能代表中國人。」

那天在柏林賺到太多友誼和讚賞，《囍宴》和「李安」打出了名號。及至電影放映時，一票難求、全場坐滿，還有很多人擠在兩側看站票，演畢掌聲如雷。果然頒獎典禮時，奪得金熊獎，與大陸《香魂女》並列「最佳影片」！消息傳到台北，舉國歡騰。代表團返國日，桃園機場影迷、記者、歡迎者好不熱鬧，徐副總帶著李安、郎雄、亞蕾姐、文瑄直奔新聞局，拜會胡志強局長，夫人邵曉鈴也趕來，設宴洗塵。次日又去總統府、行政院，蒙李登輝總統及郝柏村院長接見，社會各界也紛紛與中影公司聯絡宴請代表團。徐副總公務繁忙，一切宴請就由李導演權充領隊，個性拘泥、靦腆的李安，對這種交際應酬，是打鴨子上架——「苦不堪言」。

一陣子火紅過去了，導演回美國，郎、歸、趙三人也各自繼續準備《飲食男女》前製學習。當年十月二十五日，《飲食男女》開鏡，挾持國際影展勝利餘威，架勢可大了！男主角仍以郎雄掛頭牌，配上硬裡子演員金鐘獎得主王瑞、老將王玨、配音皇帝杜滿生。小生小旦包含了港台兩地：張艾嘉、吳倩蓮、楊貴媚、王渝文、陳昭榮，再加上亞蕾姐、趙公子。花團錦簇，一時俊彥，內行人來看門道、外行人湊熱鬧，為了進度，一律擋駕。拍戲期間正值一年一度的金馬獎，《囍宴》再度得了很多大獎：郎雄開紅盤，第一個拿到最佳男配角；亞蕾姐最佳女配角；接著最佳原著李安、馮光遠；最佳導演李安及最佳劇情片，那天中影總經理江奉琪風光得不得了！最開心是徐副總，他對品味的堅持及努力，終於得到大家的肯定！

《飲食男女》進行得頗為順利，頂著金字招牌的李安，借到從不外借拍戲的圓山大飯店，運用鏡頭巧妙剪接，將五個廚房連成一個大廚房；拍攝到「真正宴會場面」，將幾位達官顯要客串成了不支酬勞的臨時演員；正牌的廚師們也貢獻了他們懷有絕技的雙手，代郎雄捉刀；鼎泰豐少東更刮掉手臂上的汗毛，只為了包湯包那個鏡頭。這幾位大師、師傅後來隨團一起參加坎城影展，大顯身手。《飲食男女》整個工作團隊，除了錄音師湯姆、化妝師葉錦添、攝影師林良忠外，大部分都是在台灣就地取材。中影藍大鵬製片出了很多力，李安導演再來台北，藍製片總是忙前忙後的，深得李導演信任。後來李崗拍《條子阿不拉》也是請他幫忙。

《飲食男女》主景，老朱（郎雄飾）的家，設在新生南路某政要的舊宅，房子非常殘舊，經過美術指導設計、整理，拍出來感覺還不錯。為了找這堂景，徐副總煞費苦心，不知看了多少可用的房子。要考慮的太多了：大小、格局、庭院、廚房設備、交通等，最重要的是租金！陽明山有合適的但是價錢貴，每天大巴士附加費用開支，都是徐副總考量之處，最後朋友介紹這棟快拆的老屋，經導演看過就決定了。有人說這房子和郎雄真配：灰頭土臉——同一色系。化妝師一聽：「不對呀！這老頭『悶騷』，從出場就偷偷地給張艾嘉打電話，Ending才宣佈要結婚。」所以要郎雄打破《推手》、《囍宴》正經八百「老夫子」樣子，就特地為他作造型：飛機頭、夾克，連西裝褲都燙得挺挺的。這部戲拍攝期間，徐副總自己跳下去擔任執行製片，一次吃飯聚會場合他特別和我說：李安、郎雄跟他經過三次合作，產生一種甘苦與共、榮辱相連的交情，今後將是一輩子工作伙伴、終生的朋友。他欣賞他們共同的特點：認真、執著、努力投入、個性靦腆、謙恭、忍辱負重、沒有大牌架子，李安斯文、郎雄血性。以演員而論：郎雄即使拿到金馬獎，成為當紅炸子雞，仍然與當初硬裡子「苦哈哈」沒有兩樣，不爭排名、不搶戲、不計片酬；而李安多年來不拍戲在家，依舊作飯帶孩子；徐副總直說未來三人是製、導、演永結同心「鐵三角」！任何人蒙此機緣必歡欣鼓舞，郎雄卻對記者講：「我和李安戲緣已盡。」（見一九九四年四月《中國時報》。）因郎雄認為李安拍父親三部曲已達極點，下一部戲一定要變化花樣，突破自己。

《飲食男女》拍竣，《囍宴》也入圍奧斯卡。郎雄應新聞局中影之邀，數度隨團參加影展，順便宣慰僑胞，那幾年可謂揚名四海，除了影視戲約，其他演講、剪綵，各式各樣的活動都找來，我主要工作就是「謝謝」、「推辭」、「婉拒」。接著又拍了幾部電影、電視。徐副總製片功力和名氣在國際間亦愈來愈響亮！《飲食男女》未演先轟動，坎城影展又是代表國家參展，並得了在澳洲舉行的第39屆亞太影展最佳影片。當時在國際上兩岸三地中國影片，也著實風光，無論是《霸王別姬》、《阮玲玉》還是《活著》，好幾部都躍身世界各大都市的銀幕，饗宴各式各樣影迷。

一九九四年底，徐副總再一次運用「金爺玉奶」搭配小生、小旦的組合，有了《今天不回家》構思，李安忙於拍《理性與感性》，故由李崗編劇、張艾嘉導演，原本構思主力放在老父臨老入花叢、老媽一氣之下也離家出走，後因大牌太多，戲份平衡，郎雄展現「舞國一匹狼」的機會就被卡掉，換成在游泳池色瞇瞇地看辣妹戲水。記得拍那場戲是十一月初，台北進入初冬，又恰逢寒流蒞臨。可憐六五老翁「色狼症候群」未及染上，卻因天冷水寒，幾度身體不適，全身顫抖回家立即送醫。一九九五年一月四日第一次病發，經大夫診治為小腦幹阻塞，這次生病只有徐副總知道，他急得不得了！所幸醫師醫術高明，三月下旬病況好轉。坐著輪椅，赴美參加《飲食男女》奧斯卡最佳外語片。經此大病再見李安，李導演要郎雄特別為電影王國保重，「黃金三角」還有很多的片子要拍。

美國回來後，徐副總接任中影總經理，行政方面管理的事務更多、更煩！一天主管會報時他也昏倒了，急送台大，是腦溢血中風。昏迷不醒數日，醒來第一句話竟是：「我的武俠小說呢？」原來郎雄隨徐總赴日本參加福岡影展，二人在旅館詳談王度廬的《臥虎藏龍》。想拍武俠電影，一直也是李安的幼年時代的夢想之一。徐總出院沒多久，中影改組，徐升任副董事長，總經理由邱清順先生接任。徐總和郎雄由《推手》推出人生第二春、奪得柏林金熊、進軍奧斯卡，到雙雙生病、再由病床上爬起來，相知相惜。特別是徐總病後明升暗降大權旁落，更刺激了徐老闆退下來自組公司，挾持著幾年來工作實力，走向國際舞台的雄心！

一九九六年十一月二十九日，郎雄拍完《鴉片戰爭》、金鐘電視劇《夢土》，積勞成疾心臟病發。震驚各界國內外媒體爭相報導，大病初癒的徐總是最先知道幾位，感同身受，給我和女兒很多幫助。李安在美國得到消息，急速寄一卡片慰問及鼓勵，最受用的一句話就是：「趕快好起來，明年一起去北京拍戲！《臥虎藏龍》已有兩個角色適合你。」翌年徐老闆組縱橫國際公司，第一部在台視播製《四千金》，原構思為郎雄、亞蕾姐帶著幾位少男少女擔綱演出，但是因郎雄身體孱弱，陣前易將。該劇播出恰逢本土劇興旺時，收視率未達理想。徐老闆出師不利，我們常自責：人家「養兵千日，用兵一時」時，我們就跟不上趟。後來等郎雄身體稍微可以工作時，只要老闆有約，從不計戲份、不談價碼，二話不說拎著行李，飛北京、去天津。一九九九年《臥虎藏龍》北京開鏡日，郎雄也衝著老闆和李導演的面子共襄盛舉。李安到大陸拍戲，北京人很重視，導演要求也很高，不論主角、配角NG多少次，任誰也不敢言語。直到拍郎雄那天，李導演突然變輕鬆了，有說有笑。劇組頻傳說：「導演最愛的演員來了，看看人家『國際巨星』怎麼演！」結果「水得很！」隨便、鬆散、平常一次OK，即使NG，導演還在琢磨，郎雄就嚷：「不能再好了！」導演也就笑笑：「好了！好了！」，後來這句「不能再好了」，便成了《臥虎藏龍》的慣用語，連楊紫瓊也「大膽地小聲」說，最後導演也受到傳染：「唉！不能再好了。」《臥虎藏龍》郎雄戲真的很少，但是北國的冬季實非住慣亞熱帶老者所能適應，十二月回台後因感冒引起了一連串後遺症，再去北京拍《金錢本色》，就移駕北京醫院，小住半月。

《臥虎藏龍》上映，全世界都傳出好評、高票房，在美國創下超過一億美金紀錄，得到無數獎項，同時再度入圍奧斯卡，風光之極！李安親自打電話邀請郎雄參加，無奈當時郎雄體力不佳，無法搭乘二十幾小時飛機，遂婉謝導演盛情。終於皇天不負苦心人，《臥虎藏龍》得到四項大獎，李安得獎時，郎雄住院日，記者來訪，郎雄道：「我由《推手》

主角、《囍宴》配角，到《臥虎藏龍》的跑龍套。一路走來，跟著他起步、陪著他流血流汗，到現在總算看著他啜到收成的果實！我已經是七十一老翁，戲劇的壽命指日可數；而李安正值黃金年華！希望他保重身體、邁開大步，為自己、為觀眾，多拍幾部好戲，也讓中國人拍的電影，在世界影壇佔一席之地。」

＊珈按：郎雄在二〇〇二年五月二日早上六點病逝台北振興醫院。八點徐老闆親至太平間探視，李導演在美國得到消息，台灣時間九點多立即來電慰問。泣不成聲。

我夫郎雄

楔子

一九七〇年夏夜，當時中視當紅的導播湯以白現場播完國語電視劇《馬家寨》，由副控室飛奔而下，一路驚叫：「不得了了！這個演員演得太好了。翟瑞靂妳一定要馬上和他簽約……」被讚美藝人就是飾演歪脖子劉的郎雄。在那個時代，一個演員能讓上面誇一聲好，就是很不容易的事。何況被女強人如此囂張地叫嚷，做為一個新人即使臉面不形諸顏色，內心洶潮澎湃不知翻了幾個滾。但是酷酷的郎雄卻一點不為所動，自在地卸妝，連一句招呼都不應酬，悄然離去；因為他覺得我本來就演得很好，是你們電視台沒門路找不到我。這是郎雄給中視第一次的印象，也是當時跟著王益秋見習ＡＤ的我，第一次聽到郎雄這個藝人！

假洋人

郎雄的先祖是純正的蒙古人（如果將元朝蒙人服飾穿在郎雄身上，那不是故宮「成吉斯汗」畫像活龍活現了嗎！可惜郎雄一輩子就是沒扮演過蒙古人，也未詮釋過元朝的故事。），郎氏祖宗在五胡亂華的時候南遷到山東維坊，滿清入關郎家屬於鑲藍旗、也曾吃皇糧、享帝恩。郎雄祖父年輕時因山東發大水（大概是黃河氾濫）再次率族人南下江蘇宿遷。那是一個窮鄉僻壤的江北小縣，古時候專出土匪的地方；有名的悲劇英雄西楚霸王項羽就是該地方人士，至今仍有一座項王廟為攬勝古蹟。雖然五穀不豐，但地近長江、南北大運河穿越縣界，所以早在同光年間就有歐美人士進軍宿遷、徐州、揚州一帶。郎家爺爺思想先進、好新奇事務、聽外國神父「講道理」總覺得比中國老和尚「說法」人性化，就帶著一大家子人信奉天主教。

郎雄父親一輩兄弟四人，祖老爺子過世後即各分家業，但仍然共居祖宅。郎父頗具商業頭腦，大運河有船五六十艘、當起「船東家」搬運銷售南北兩地農作物及畜產品。一九二〇年代到抗戰前為生意巔峰期，套句現代名詞即是運河上的「大貿易商」，因而賺到了一些銀子，後來又在家中開染坊，在當時宿遷縣內成了豪富人家。郎雄母親是一位賢慧善良的農村婦人，除了《聖經》沒唸什麼書，但是思想非常時髦，可能是信奉天主教與西洋神父、修女接觸多了有關！她是家中最虔誠的一位教友。舉一個例子：郎雄小時很頑皮，一日跑到附近一個廟裡，與小和尚玩耍、也學著打坐、參禪，還說如果出家當和尚，可以不上學，就出家吧！回家被母親知道了，一頓痛打、並告誡：身為郎家子女永不准去廟寺！「要當神父可以，可是得唸很多書。」抗戰時日本飛機掃射蘇北，郎媽媽帶著小郎雄逃難，等飛機飛過了，母親拍拍兒子的小屁股，看他仍有一口氣在。媽媽第一個動作並不是摟著兒子親呀、抱呀，而是雙手合十感謝天主、聖母瑪麗亞庇佑！郎雄譜名益三、聖名保祿、也是他的乳名。手足四人，大哥在他八歲時娶親生下一女，就離家工作，不知去向（據說是被土共給殺戮了）！大嫂待他如子，兩位姐姐也長他數歲，所以嚴格來說郎雄小時家裡是無玩伴的，再加上身體不好、在學校又頑皮、招人討厭。沒辦法家裡就把他送回山東老家，待了一年再回來，身體是好了，調皮卻加一番，學校無奈之下（郎大戶的小少爺多少要擔待些）就把他編入女生班。到了念初中家裡再次送他到揚州震旦中學，這是一所天主教辦的學校。在那兒他遇見一生影響他最大、改變他最多、受益最深的恩師美籍杜華神父。杜神父教他作人處事生活小規範、帶著他唸英語、讀法文、更指導他吃西餐的餐桌禮儀，也養成他喜歡吃西方食物的癖好！（好多演藝圈好友如王瑞、王昌熾等戲稱他為假洋人。）杜神父及幾位外籍神父潛移默化堅定了郎雄對天主教信仰理念的追求。也在這段日子因為爸爸、舅舅在揚州作生意，常常帶著這個小兒子「見世面」：早上皮包水（吃早茶），下午水包皮（泡澡堂）。少年的郎雄從中學會了一些生意場面上的進退應對之方。

差點進入共青團

抗戰勝利一兩年間，蘇北鬧土匪。母親楊氏怕唯一的小兒子又遭不幸，就令他一定要走出去。十六歲那年與兩個同鄉伙伴穿過國共兩軍封鎖線，到鎮江投奔嫁給義大利僑民的大姐，待了一陣子。在一九四八年底又跑到上海，借居在大伯父家。每每吃著大伯母燒的香噴噴的紅燒肉，就想起家鄉的母親和大嫂。而這時同住的表哥、表姐拉著他，希望他加入共青團。他一直記住母親的話：「走出去」，就這樣一九四九年陰曆四月加入國軍。說起這段故事也是非常戲劇性的：表哥表姐那時像一般年輕人一樣，熱衷而積極地喜歡參加他們認識並不很深的社團——共青團，並要求郎雄也加入。而郎雄以為加入共產黨，就不可以信奉天主教而拒絕。表哥他們怕他跑了，時刻不離地跟著他。一日表哥外出，刁鑽的郎雄即利用此機會「上廁所」欲擺脫表姐。表姐也不是省油的燈，她心想男生「方便」無法跟進去，就叫他去三樓的廁所，並守在門外；郎雄告訴她「上大號」要很久，表姐看他身穿一件薄襯衣無分文金錢，不是跑路的行頭。誰知郎雄鎖上門，就由窗戶爬出，沿著下水道外管攀滑而下，搭乘免費公共巴士（此時上海已亂了）到虹口機場。正好看到陸軍招生，他就加入國軍。等表哥回家，他小人家早已不知去向。在他失蹤後，家人很著急，四處刊登尋人啟事。誰知他進軍隊就要求改名，長官看他身強體壯即為他取名為「雄」，郎雄並告知：如有人找郎益三者，一律說「查無此人」。

從軍約半個月，陰曆五月初四他們終於到了寶島台灣。初到時，他們基本訓練是在鳳山，隸屬孫立人將軍麾下，後來編入陸軍四十九師，又叫「龍虎師隊」，曾駐防台南、苗栗、澎湖等地。在美援沒來之前是非常苦的：九個大小伙子圍著一盆空心菜，裡面偶有幾塊肥肉，還不夠大家搶的。一條短內褲白天出操穿、夜裡睡覺穿。汗水溼透、風吹乾、再濕、再乾。營養不良致使有些人得了夜盲症。軍中生活苦而無趣，有的人得了思鄉症，悶鬱而開小差。郎雄幸好心中有「主」，偶爾星期日放假他一定到附近的教堂望彌撒。即使非「主日」他也去找他的神父師長聊天（混些西餐吃吃）。那時軍中開始倡導體育，他加入足球隊，由於幼年在揚州他就是校隊，所以很快地嶄露頭角。教練私下滿讚許他，但是到比賽卻讓他蹲冷板凳。由於他嘴巴不甜、不會巴結奉承。三四次下來他就不玩了，因為他找到比足球更好興趣！

靠邊站的演員

軍中在推行體育成功後，又提出：兵演兵、兵唱兵、兵寫兵、兵畫兵的文藝活動。天生有運動細胞的郎雄，從小愛「現」，就加入「兵演兵」的行列。開始他們是很克難的，所有的大小道具都是自己作，妝自己化，木炭是黑色最好的顏料：可以畫鬍子、畫眉毛、畫皺紋。找一個比較秀氣的袍澤扮演女生，蚊帳、被單都成了他們服裝的布料。（不可以剪裁、只能象徵性的縫製，第二天還要內務檢查呢！）就這樣他們一路由班與班比賽，進入排代表、團代表、連代表、營代表、師代表。郎雄這個人做事只要他有興趣，就會專心深入研究。他在啟蒙導演康廉先生教導下：不但肢體運用靈活、舞台語言抑揚頓挫、伸縮自如，更看了很多書籍。那時餉俸少得可憐，他就跑到「酒矸倘賣嘸」去翻，挑一些人家不要的垃圾書。在這些寶物中他就讀到許多絕版書，甚至還撿到幾本俄國「史坦尼斯拉夫斯基」表演理論之類的禁書。郎雄駐守苗栗山區時代，天真的坐在山林間，就自編、自導、自演地扮演了各種角色：山野村夫、奸臣巨賈、大眾情人、忠勇武將、義僕……其中最愛的莫過於「一代梟雄的皇帝」——歷史上有名從黃帝大戰蚩尤起，商湯、周武王、秦始皇、漢武帝、成吉思汗一直到清朝皇帝，他都過過戲癮。他每每把無知覺的樹木當做群臣，他對它們臨朝、對它們訓示。同袍們都認為他太投入了！直到他駐守澎湖時，遇到藝術生命中的伯樂、也是他的貴人吳宗琪上校：提拔推薦他到陸光藝工隊，才使他這塊埋在土礫堆中的礦石被挖掘出來！

他到陸光應該是一九六二年以後的事，因為在那年他曾被選派去「非洲文化訪問團」。他擔任的工作是舞蹈藝員，一起去的有名作家鄭向恆、名歌星倪賓、大鵬劇團武生陳玉俠、武二花康炳銓、武旦林萍等人。那次的行程他們足跡遍及歐亞非數十個國家。他到陸光報到時並無演員的缺，他的工作是道具。宿舍床位也是與一位木匠同仁住在一室，後來這位「老于哥」也成了他的知己好友。他在陸光又「呆」了好久，終於有一次叫他演一個三輪車伕，他可把握住這個機會：每天站在台北街頭，觀察三輪車伕們的形形色色、舉止行為、抽煙、打棋，對一些小動作特別用心，果然上台時轟動台北劇界。一九六五年到台視演出，趙振秋導播親自下樓對他說：「小郎呀！你來演電視必然『前途無量』。」誰知話說不久，陸光即下命令不准參加隊外演出，於是懷才不遇的「小郎」，五年在大直陸光劇隊看山看水，真是前途無「亮」！一九六九年中視成立，陸光顧問王生善教授特別推薦年已四十的「中郎」給製作人翟瑞瀝，並向陸光長官要求請大隊長洪濤（也是名演員）一起參與演出，大概沾了洪老闆的光，陸光不得不放人。一齣《馬家寨》贏得觀眾的掌聲，更獲得一紙電視台的合約。王教授是中視的基本編劇，郎雄雖有這樣一位「靠山」，並不是演出機會馬上就一步登天。《心橋》連續劇播出時，臨時缺一個角色邀他，他到了還有一位仁兄說：「啊呀！你在家等電話？怎麼一叫，你就來了。」演出時主角關勇還說：「你靠邊站一點，不要擋了我的鏡頭。」所以後來郎雄一直自稱為「靠邊站的演員」。七〇年底中視推出強檔好戲《長白山上》，郎雄飾演「獨眼龍」二當家的，由於造型戲路各方面搶眼，後來接著《萬古留芳》、《大路》才有頗重的演出。

一九七四年《一代暴君》秦始皇，是郎雄演藝生涯另一個里程碑。這部連續劇集當時影視當紅的藝人為重要角色，如：田野飾荊軻、馬驥飾呂不韋、葛香亭飾李斯、劉明飾皇太后，每一個角色都有戲、每一個演員都在飆戲，但是全劇重點在秦始皇身上，郎雄自自然然、不溫不火，立於群雄中，如同一個鄉下丫頭站在都市美女中，他無所為而為。該劇不僅收視率之高不敢說是絕後，起碼是空前。街頭巷尾到了播出時幾乎萬人空巷，大家都學著說「殿前武士」、「殺！殺！殺！」郎雄亦成了「偶像明星」。全劇播映結束後，中視在四樓陽台開酒會，宴請當時的達官顯要。我們這些小職員也湊熱鬧，白吃、白喝、全公司比延平區「霞海龍王生日」吃拜拜還歡欣快樂。從此中視迷信「一代〇〇」是收視的萬靈丹，但大家卻說一代不如一代。中國文藝協會當年要頒發「電視最佳文藝獎」給郎雄，無奈有人反對，理由是秦始皇是歷史上的暴君——焚書坑儒，怎麼可以領取文藝界最高榮譽呢？但是大部分的評議委員都覺得對不起演得實在太好的郎雄，於是只有以待來年！

一九七五年公司又推出為郭小莊量身打造的《一代紅顏》，真是眾星拱月——當紅小生江長文之順治帝、關勇之冒辟疆、影壇前輩葛香亭飾多爾袞、田野飾洪承疇、劉明飾皇太后大玉兒、李芷麟飾皇后葉赫那拉氏、王瑞飾大學士范文程、鐵孟秋飾鰲拜、王昌熾飾索尼、高飛飾肅親王，洪濤、陳慧樓二人飾太后和攝政王邊的兩個大太監（二人搶戲搶得嗆！嗆！嗆！），馬之秦、孫嘉琳跨刀演出江南名妓柳如是等，可憐的孟元演皇帝貼身的太監陳泰，一天沒兩句詞、但是場場都須「杵」在那兒，四十八集下來，腿都站出靜脈瘤了。至於郎雄又是靠邊站的豫王爺多鐸，但是這時郎雄挾「秦始皇」餘威、戲份還是有的。而且他的詞又溜、又正確、氣勢又強人，很多藝人怕和他「對啃」；一天上午十一點錄「豫親王欺壓肅王爺」的戲，「嗓門大、詞順」的郎雄擠對「低姿態詞拙」（劇中人的詞本來就很繞口又冗長）高飛一直NG。拖到十二點多該放飯了，仍然錄不好。導播王中強就說：「先吃飯，高大哥緩一緩！」午休時，我這個雞婆助理導播還幫高飛對了幾次。下午依然到節骨眼兒他又卡住！最後只好作小抄才過關。第二天排戲我就十三點的當眾罵郎雄：「為什麼不稍微收一點！」他是沒敢反駁我什麼，只是輕輕的藐我一眼，心裡大概想「妳懂得什麼！」這齣戲是我第二次和他合作，第一次應該是《苦情花》。那齣戲我幾乎和所有的演員都有很好的友誼，唯獨演山賊的郎雄除了公事，沒講過一句話，因為我覺得這個人不是「演」山賊，他根本長得就像一個山賊！而像我這種人微言輕的小女生，他根本不會拿正眼看我們一眼的。

《一代紅顏》錄完時正值先總統蔣公逝世，舉國悲傷。公司又請周遊製作一連串的《親情》、《愛心》等名劇，當時硬裡子郎雄飾演的大四海武術團長楊海天，又著實吸引很多戲迷的心弦。當時正好中影公司要拍《狼牙口》，需要一位「鹽隊隊長『老哥哥』」的角色，導演張佩成先生親自禮賢下士約訪，於是郎雄撥出兩週時間，到南部月世界拍攝。次年，該片張導演與郎雄雙雙得到第十三屆金馬獎最佳導演及男配角獎。趁勝跟著又拍《密密相思林》、《老虎崖》及陳耀圻的《蒂蒂日記》，這也是他第一次與歸亞蕾合作。在這期間還拍了《黑龍會》，演日本特務頭子土肥原，女主角是劉玉麟之女、原復興劇校武旦、後專演武俠片的嘉凌。恰逢中製廠是原藝總總隊長劉伯祺先生調過去，劉先生是郎雄的老長官，也是　先父包緝庭先生多年好友。他們要請張佩成導演拍《成功嶺上》，特別叫郎雄介紹。這部片子上演時賣座很好，造就諸星許不了，並開本土軍教片先驅。這是郎雄演藝旅程又一個高峰期，但跌落的也很快！電視演出雖然沒有間斷，但除了《戰國風雲》、《大漢天威》幾部群戲，並沒有什麼代表作，更談不到賺大錢。主要的軍職未退、每週四一定要去上政治課。華視還有一個《勝利之路》在播出，想軋電影幾乎很難；後來是他真的演的不錯，像李行、白景瑞、丁善璽這幾位天王導演，也會派戲給郎雄。反正只要劇本到了他手上，他一定仔仔細細讀好幾遍，他不僅關注自己的角色、連相關的人物，他都作表作傳記。對於他飾演的，他就會在演出那段時間「走入角色」：日常生活就變成那個人，所以他演什麼像什麼。服裝、造型、隨身小道具等，他也是喜歡自己設計。《汪洋中的一條船》、《早安台北》、《皇天后土》、《少年十五二十時》、《成功嶺上（電視版）》等，一九八四年到一九九〇年這段日子是郎雄的沉潛期，為了生活什麼戲都接：神怪、武俠劇、連續劇內中及近「路人甲」有的沒有的，他都捏著鼻子勉為其難；唯一的好處就是天天可以和好朋友相聚，吃吃喝喝、拱豬、打屁。《長巷》、《挑伕》以外景為重的戲，一週要工作五天，暑熱寒冬、曉風夜露，辛苦倍至。

他比較喜歡《天涯赤子情》，該劇他飾演山賊竇寶敖劫法場、搶民婦，最後死在仇家之子的刀下。一個非常傳統惡有惡報的「民初劇」，但是郎雄把它詮釋的很人性化：一個萬惡的匪徒卻抓住每一位觀眾的心坎，最後編劇只有把他這配角寫成主角。那也是第一次參加金鐘獎，並入圍最佳男演員，不幸鎩羽！那年正逢　先父去逝。兩椿不愉快的事，我知道他心中倍加煎熬。至於《一代女皇》的長孫無忌他就是隨便玩玩，因為那時能有一個還算像樣的戲、收視率也不錯，大家都偷笑了！到一九八九年應朱延平導演之邀拍《異域》，那是國共戰爭、流落金三角孤軍的故事，他扮演一個上士班長。造型、個性他只要把自己顯現出來就夠味了！是一部男人味極重的群戲。雖然有劉德華、庹宗華票房小生，柯俊雄、顧寶明等金馬金鐘影帝，但是郎雄還是很搶眼；據傳聞那屆本來男配角提名有郎雄，後來因某些評審反對，連入圍資格都沒有！

因緣際會他當了《童話世界》的「郎爺爺」。這是他第二次主持節目，第一次是一九八四年左右的《觀眾怕怕》，那是一個收視不太好的小型綜藝、短劇。導演俞凱爾先生玩郎雄玩的很辛苦，但是郎雄卻自得其樂；他露了多項他的才藝，特別是舞蹈，每次回來都興奮跟我分享他的喜悅。《童話世界》製作人汪瑩女士要求完美：台詞幾乎一字不可以錯、服裝要郎雄打扮得很花枝招展。幸好她們幫他借衣服，否則我真是「賠本賺吆喝」。就這樣撐到一九九〇年十一月天上掉下餡餅：郎雄參與了李安、徐立功的《推手》，就這樣時來運轉，才開了最後十年大運。這段故事已經在〈黃金三角〉談過，就不再重複。因為李安、徐立功的片子造就郎雄演藝第二春，所以最後十年也是郎雄演藝巔峰期，不但金馬獎、金鐘獎頻頻得標，還參加了許多的國際影展，大獲展勝！海內外電影、電視製作人不停地向他招手。因為健康關係我們總是「推的比接的多」。而且自《推手》以後，就請徐老闆作經紀人，郎雄對徐老闆是言聽計從。縱橫公司成立後，更有專人負責。我們結婚後他演的每一部作品，我都用專業的眼光去驗收，當中也有一些我是不滿意的，他就說我是雞蛋裡挑骨頭！他過世後《天脈傳奇》和《雙瞳》首映，我以遺孀身分應邀參加，觀賞後覺得他演得真是很盡力！特別是《雙瞳》，雖然只有兩場戲，但他把那位宗教學教授表現的活靈活現，那些專門用語到了他嘴裡，好像他真的是研究了幾十年的道教學家似的！這是我非常佩服他的，更是後來他能享譽國際原因之一！

恩人同志

郎雄感情受到「中國大男人」思想影響，性格內斂。自幼對父親只有敬畏、恐懼，對母親則是黏得不得了，對母親的訓示奉為聖旨，深記腦海。另外就是他大嫂和小姪女及最近十年相聚的甥男、甥女，他也是很疼愛的。其他三位親兄姐可能是年齡差距太多，反而不那麼親。來台後與軍中袍澤相處，反而有生死與共、打虎親兄弟的感情；加入康樂隊他人緣還不錯，他真是可以為朋友「兩肋插刀」，起碼在錢方面他很四海的。有了女同事：青年期不能免俗，交往過十幾二十位女友，有的是看看電影、聊聊天的普通朋友，有的當然放了很多感情下去。但是在未演電視前，他一直不敢有結婚的念頭，原因是他認為如果要成家過日子，軍人待遇太少，他自己一個人怎麼苦都可以，不能讓妻子委屈。雖不需天天山珍海味，但是他不希望他的家人過著「豆腐青菜」的日子。而且他不住眷區，他不允許他的家人「東家長、西家短」、打麻將，他要的妻子是高格調、知識分子，有正當職業。在他當一個「純」陸軍上士時，他認為是不可能娶到大專畢業生。經濟寬裕後，他選擇婚姻的對象更是嚴格。他交往的女友大都須經過他兩年的考驗，曾經有一位很漂亮的朱小姐與郎雄交誼非淺，但是後來發現她另有一位追求者，馬上快刀斬亂麻——不給人家回頭的機會。這是一九七五年春夏的事，暑期他在好友葛小寶等人介紹，同時與八位女士認識，有電台播音員、有空姐、有模特兒、也有朝九晚五公司職員，共同條件是：美麗、大方、好動……剛被蛇咬過，他很理智地選擇。那年底他們幾位在錄《愛心》的演員，坐在棚外聊天，聊他理想中的對象，正好我從旁經過，難得我面帶笑容的和他們打招呼。郎雄就對旁邊的李芷麟、謝玲玲說：「哎！這個、這個、這就是我所要的！」一個說：「你癩蛤蟆想吃天鵝肉！」一個說：「沒問題，包在我身上！」很快地這個石破天驚的消息，傳至我耳邊。當時我已是年過三十、談過N次戀愛的高手，因此我根本沒當一回事，並且端出我擅長「退敵法」：「誦唐詩、背古文」，沒想到這傢伙比國文系還讀得精！後來我又和他「談清史」，嘿！他早在演《一代紅顏》時就仔細研究滿洲人的地理、歷史、人文、生活習性，而且他讀書讀得很「氾濫」，特別是歷史；這門學科也是我家歷代傳家最愛，套句老話：「話不投緣半句多、酒逢知己千杯少」，我和別人交往，大都去咖啡館、郊外、海邊，而與郎雄談戀愛，最愛去的地方是故宮博物院；我喜歡玉器、瓷器，他喜歡國畫、以宋代為最。我們也發覺宋朝國貧民窮，但文藝素養卻是豐盛得很。有一次我們聊天，郎雄說：「徽宗皇上如果不生在帝王家，一定是一位了不起的藝術家。」我問他：「如果你是徽宗，你要當高貴的皇帝呢？還是作貧窮的藝術人？」他說：「不管我做那一個，我只做一個，我都要把它做到我的最佳！」真的後來二十多年相處，他要做一件事，我從未見他半途而廢或敷衍了事！

我們都不相信命運，但是我們兩結合，還真是緣分到了。在一九七六年報章雜誌登出：「劇評人包緝庭之女、中視名導播下嫁秦始皇郎雄。」轟動九城，一時傳言預測、紛至沓來。連家母都不看好這段姻緣！當時郎雄的室友孟元是第一個知道我們交往的（第一個是我好友白汝珊），他對郎雄說：「你小心她的脾氣！」我也有一位同事出於善心地勸我三思：「一個阿兵哥、演戲的，能配得上嗎？」也許是黃昏之戀沖昏了頭，也許是我們都沒交過這麼另類的男（女）朋友，他不再堅持「兩年考驗」，我也覺得他滿合乎我的十大條件（＊珈按：見本文文末）。我們在眾人驚愕多於祝福聲中走進聖家堂。婚後夫妻間小吵鬧是避免不了的，但是從未涉及離異分手，而且幾乎每次最後的勝利者一定是我，並非他脾氣特別好，而是他信仰天主。《聖經》上寫著：「作丈夫的要愛妻子，不可離家出走。」郎雄常對年輕人說：「愛是愛她的缺點，譬如說她的嗓門大、她的壞脾氣、性子急……」當他被我氣得牙癢時，他就認為這是天主叫他背十字架。一九九五年他第一次生病以後，我們就沒有紅過臉，而且從那時起我真的成了他的「妻（棲）媳（息）」。九六年心臟病發，我更成了他口中的「恩人同志」。後來七年無論他去那裡，我都隨侍左右。他戲稱我們「雙宿雙飛」，感情也隨同更增進許多！

由於我們是同行、朋友也可以共融，每年的正月初四（中視團拜）幾位老藝人朋友定期在我們家聚首。二十六年大概只有四、五年未舉辦，一次是孟元剛去世，一次是我們年卅才拍完《不夜城》從日本歸來，其他就是郎雄身染重病。我做的菜並不是很好吃，但是大家都會來捧場，理由很簡單：聊聊天、拱拱豬、把酒言歡「人生一大樂也！」這些人也是口中從不奉承他、讚美他，心裡卻以他為榮的苦哈哈、硬裡子、表演藝術家，如朱磊、王昌熾、王瑞、林照雄、孟元、許文全及中視早期的導演唐冀，還有我娘家的異姓兄長孫元坡。其他時間我們也喜歡請一些小朋友來家裡聊天，譬如作曲家梁弘志、《長白山上》的小丈夫蔣維民、小花旦張詠詠等，及最後十年去美國拍戲認識的留學生。

郎雄身體還可以時，每年家中總要請五、六次客，有的比較客氣一點的，不方便請到家裡，我們喜歡在忠孝東路永福樓擺宴。我自幼庭訓：好見世面，喜交友，所以當與郎雄結婚後，我們和一些影劇界朋友、教會的兄姐，有很密切的友誼。不過我們都是以真心、誠心、熱心、關心來面對每一位，在我們的眼中沒有貧富、沒有大小牌、沒有尊卑、更沒有省籍情結，我們贏得了友誼，換到了愛心與尊重。至於拍戲結成的通家之好，如徐立功、李安、歸亞蕾、趙文瑄等，他們的家人與我們已然是甘苦與共、無血緣的親戚了！特別是徐老闆：他們倆幾次一起出國，同居共室，常共話衷腸，談人生、談文學、談歷史、談宗教、更談戲劇；《飲食男女》是在德國旅途中構思出來的、《臥虎藏龍》則是在日本福崗影展時吃拉麵、聊武俠小說《玉釵盟》人物造型，而訂出的拍片計劃。徐老闆雖作公務員半輩子，又有一位大官哥哥，但是一點都沒有歧視演藝人員，特別當他不得意時，郎雄是他吐苦水的對象，因為他認為他嘴巴很緊，而且還會真心地勸慰他！他亦以郎雄是一個義薄雲天的兄弟：在徐老闆離開中影、自己開縱橫公司時，第一批賀客就是我們，老闆看到病歪歪的郎雄來時，心中的歡喜完全形諸顏色。《人間四月天》未錄播前，公司一度為「新台幣」緊張，老闆親自打電話約郎雄，先談戲、談角色，最後才很靦腆講到酬勞，郎雄二話不說：「老闆只要你有用到我，我身體還行，你給我兩張商務艙的機票，讓包珈陪著我去玩玩。其他你不必費心。」也許郎雄賺到的新台幣不是很多，但他享用了數不清的無形財富。郎雄活著時候在台灣和海外大家稱他「郎叔」（連導演李行拍戲時都叫他郎先生），在大陸從導演到場務尊崇他「郎老師」、「國寶級表演藝術家」，每一位和他合作過的工作人員或演員，都變成好朋友。我們去上海、北京、日本、馬來西亞、東京拍戲，送行的朋友差不多都要坐中型巴士啦。

二〇〇二年五月二日他過世那天，第一時間、第一地點，親朋好友擠滿了小小的追思禮堂，世界各地傳來慰唁，我幾乎無法接聽。五月二十九日舉辦殯葬彌撒，偌大的聖家堂坐無虛席，十二位同年老友為他執紼，十位青年朋友為他扶靈。好多位朋友專程從國外趕來參加葬禮。我的好朋友熊旅揚說：「這種場面在影劇界是少有的！」

痼疾纏身

郎雄自幼身體不好，在山東老家養好了，才正式念小學。當兵初來台灣，營養差又愛喝烈（劣）酒，還學會抽煙，以致三十多歲就血壓高！結婚後我發現他有一極壞的毛病：耳根太軟！——只要有人說什麼東西有益健康，他不管它真的有用，還是江湖郎中騙財，他都買來吃！就算有很多東西是好的，但是也要合體質，不對時、有可能會產生反效果。我勸他，他不聽，甚至認為我捨不得錢！因為高血壓，他一直有一兩位固定診所的醫生，每星期拿一次藥（沒有健保給付）。我是不認同那兩位江湖郎中，一九九六年十一月二十九日心臟病發，果然是庸醫耽誤。若談他病歷，除開血壓高外、拍《挑伕》時他已經檢查出有遺傳性糖尿病，如那時候能嚴格控制，應該不會造成後日的遺憾。自認軍人出身，每每未加注意，孩子小、家庭經濟當然也須他的收入，一週工作五天；春秋還好，到了冬日雨季，用餐時是最苦的：通常在陽明山或三峽山區拍戲，午餐是台北訂的，送來的便當雖談不上冰冷，但已索然無味。他們自架營火把湯熱熱吃，後來郎雄叫我燉一鍋墨魚紅燒肉、辣椒炒蘿蔔乾，大菜小菜配著吃。這下好了！大家就再加些啤酒、高粱的，苦中作樂。好了！本來輕微糖尿病，就變得越來越嚴重。當時就有很多同事向我打小報告：說他啤酒喝得太兇，我即刻勸導、管制，並告之親朋好友嚴加防範。這下他反而——在我的眼皮下他乖乖的，沒有憲兵時，哈哈！他可自由了。不拍戲時，每天早晨望彌撒後，有一個早餐會；兄姐們都會帶一些早點，偶爾也會將昨晚剩下滷菜、油飯、炒米粉充做牙祭，再配點茶水。享用後，回家再睡個回籠覺！血糖急速增長，而我一無所知。《囍宴》中一杯咖啡已經第一次住進美國病房，醫生警告他工作一小時要休息十分鐘，他根本當耳邊風。《今天不回家》十一月天拍泳池戲，凍得他回家蓋了兩床棉被、薑湯直直灌才挺過來。《鴉片戰爭》夏日拍「囚房賜鴆」，工作人員各個打赤膊，而他仍須冠帶袍服，謝晉導演看了都佩服他的敬業精神。

一九九五年一月四日，他忽感頭暈目眩，經送醫急治判為暈眩症——小腦血管阻塞，靜心休養三月復原。除徐立功、杜滿生外，無人知道他生病。時值春節，一大堆特別節目請他，為免除無謂的干擾，對外宣稱他到彰化靜山「避靜」，恢復後隨中影為《飲食男女》赴奧斯卡宣傳，徐副總親自為他推輪椅一路照顧。六月自認為ＯＫ！就去高雄拍李佑寧《流浪舞台》，接著上海《鴉片戰爭》、日本《不夜城》，九六年秋他跑到美加五大城市傳福音兼拍戲。「累」加「急」，好友孫鵬萬看他言語無狀、大汗珠子一顆顆的滴落，就覺察到他身體欠佳。果然十一月二十九日病發！幸好送醫送得快，三總急診室醫生醫術高明，如果晚半小時神仙也沒辦法。穩定後，十二月二十四日轉振興醫院，請魏峥院長開心臟繞道手術。經此大病後，郎雄是真嚇到了！每月乖乖到魏大夫醫院檢查、取藥。六個月後醫生鼓勵他要動一動，因應自己興趣，他又接一些輕鬆小戲，從此也開啟我長相左右「跟包」生涯。飛東京、去上海、回北京、奔檳城、遊香港！七年下來，只要有戲拍，他精神就亢奮，沒戲在家他除了躺著，就坐著絕不運動。每次一回台北，我就逼他去醫院報到，謂之「進場維修」，少則一週、多至十天半個月住院調養。一年頂多也只能接一兩部戲，通常我們推掉的戲，總比接的多多了！原則是製作人、導演不熟，絕不接觸。價碼不一定要很高，但是工作時間（每天不能超過六小時）、飲食作息有專人伺候，因此我常和靜葦（他經紀人徐老闆的祕書）說：「這些人找郎雄真是找個祖太爺。」而李小婉他們也有一套說法：「郎叔國際馳名，為卡司增值很多，最重要他敬業、專業精神，可以帶動整體劇組人力活躍、物力精簡。」

二〇〇〇年十一月在北京拍《金錢本色》，他再一次聽信當地中醫勸說，服用他們的藥劑而住進醫院。我聞訊速速趕去，他還堅持不能耽誤人家時間。拍完內景才請假！幸好製作人通情達理，空出幾天，讓我們回台北。經魏大夫加工後，才保住老命！後來李安《臥虎藏龍》進軍奧斯卡邀他共享榮耀，他就不敢去了！但戲蟲仍然在他腦內作祟，還是忍不住跟著楊紫瓊《天脈傳奇》去一探敦煌古城。十月二十日回來，我請他一如往常立即到魏醫師那裡報到，他就嘴硬說：「我知道自己的情況，沒事！」拖延至十一月中旬發覺有一點不妙，才去驗血。這時又有一位製作人邀約到上海，與黃磊、劉若英合作。我堅持先住院，等眾位醫師批准才能通行！沒想到這次進場維修發現他這輛老牛破車須鈑金的地方太多了！十二月五日因我要去花蓮轉播金馬獎而勉強出院（家母也生病住院，當時我是奔走振興、宏恩兩家醫院）。沒料想六日台北寒流來襲，他自作聰明逕自到小診所打感冒預防針，七日就覺得不舒適，八日我工作完成搭夜車趕回來，九日清晨再送他進醫院，腎臟科宣佈腎功能已失，須洗腎。

二〇〇一年十二月十六日起，每週一、三、五上午開始了他的洗腎生涯。我們清晨五點多起床，六點二十包了一輛固定計程車，那位楊司機非常好，準時不算，還到二樓扶他下去。中午十一點洗完後，再來送他回家。這時家中也請了女傭幫忙，再加上女兒畢業在即、投考北京研究所（須先行拜老師）專程赴港報名，家中開銷特別大；郎雄個性內斂，雖然外表不顯，其實心中急得不得了。過完陰曆年沒多久，一個星期六早上他坐在客廳想去洗手間，站起來一下腿無力跌倒！我急忙扶起，臥床休息十分鐘後，又想起來，再次不支。我馬上意識：「他中風了！」速速送醫急診，果然我判識正確，住院十天後須復健，從此一、三、五洗腎，二、四、六復健。據醫生說「情況還可以」。又過兩三週，因糖尿病引起了白內障，視力模糊開刀，洗腎照舊，但復健停擺了一星期；這下就完了！回家後心跳每分鐘一百次以上，腿腳一點力氣都沒有。四月十七日在醫院洗腎，七點多醫護發現情況不對，經眾科主治醫生會診，立即辦理第十四次住院。我心裡已經作最壞的打算。下午我回家拿衣物，好友張詠詠陪他時，醫師為他抽取腹水四百毫升，次日移住加護病房，隔一天抽一次腹水。消息已然在影劇圈內傳開，朱磊、王昌熾、孫越、徐立功都來探望，最為感人的是他軍中老友，搭幾小時火車從中南部趕來。而郎雄意識一直清醒，在加護病房實難忍受鄰床病友往生、電擊等。二十五日醫院把他移回普通病房，但是按照加護病房的照顧方式。雖沒有一位專屬護理師二十四小時陪伴，但也十幾二十分鐘巡視一次。何況我們家人二十四小時不合眼的觀察他，最辛苦的當屬我和印傭卡雅，我們採取輪班制：每兩夜有一人可以回到家睡覺，我白天還要趕到公司上班。四月三十日是我值夜，郎雄因為腹水漲痛壓迫、呼吸困難，抽水已經抽到膽汁。我幾乎整夜不停的替他推肚子，真是手痠脖子痛。

五月一日那天我累的不得了，到公司上班時只有一個希望：快點下班回家睡覺！三點多醫院來電話：「郎先生不能吃東西、沒有營養、沒有體力，這樣很危險，我們要給他裝管餵食。」我匆匆忙完公事，趕回醫院。看他情形不穩定，當下決定我再陪他過一夜。當時他肚子鼓鼓的但是情緒很平靜，晚上七、八點鐘醫護巡房也覺得沒什麼異狀，十點我還和他開玩笑說：他今天抱著個大籃球、違規地太厲害！到十一點他小睡片刻，我也昏昏睡著。十二點護理師來看他發現心跳緩慢、血壓降低，隨即請示住院醫師，急速送往二樓加護病房。主治醫生趕到後，告訴我盡速聯絡家人，拖不過今夜！職業訓練我遇到大事時出奇的冷靜，想到住在輔大校外的女兒，半夜三更她怎麼來？開車嗎？心一亂如果發生意外，連聯絡人都沒有！搭計程車？單身女子危險！我想找一位她認識、我相信、又住在新莊附近的好朋友，於是靈機一動想到了神師嚴神父。我又想到郎雄的「上路衣服」，我還沒帶來呢！我自己怎麼回去？又翻電話本，找來杜滿生夫婦開車載我。另外我住天母的四十年老友吳佑之也被我電話叫醒來陪楓麗。就這樣痛苦難忘的一夜，終於在四點五十分；醫護請我們進去送郎雄；只見他眼睛睜得好大、似在尋找什麼人，我說：「丫丫在這兒，你放心，她會聽話、會用功。」郎雄點點頭，還意有所掛念瞪著兩眼看著我，我馬上告訴他：「我很能幹的，你放心。」他眼光仍然在掃描什麼人，我腦筋馬上反應到，脫口而出：「快請嚴神父。」神父一進來就帶著大家唸經，我也在誦經聲中，對郎雄說：「你放心的去，一路好走。天主會來帶你（應該說是天使）、神父送你、我們都陪伴你。你一生為善，去享平安、受富貴……」說著、說著，我就看見他眼睛慢慢的閉上，也跟著我們默頌經文。五點二十八分，醫生說他心跳停止，又過幾分鐘，醫師鄭重宣佈：「現在是中華民國九十一年五月二日清晨五點三十六分，郎雄先生已經無生命現象，心跳、血壓、腦波一切均已停止，我以醫師身分、宣佈他死亡。」我和孩子接受這個事實，為避免吵到其他病友，強忍住滿眶的淚水，默默看著護理師小姐為他清洗、為他穿衣。杜先生還用力合上他微開的嘴唇。他走的非常地安詳，我可以感覺到他步履緩慢，但是一步一腳印，踏踏實實、無懼的向前行！是他的安詳的遺容止住了我們淚水、壓住了我們悲慟！

七點左右，地下室服務人員執禮甚恭地來接他，隨即就在那裡，神父找來慰靈教友們為亡者祈禱。杜滿生也在我示意下，第一時間電話通知各媒體。八點不到，親朋好友聞訊關心的情誼全到了！政府單位有新聞局電影處處長親臨致意。中影公司則由董事長率總經理、副總全員到齊。中視公司我三十多年老同事更不在話下，教內的兄弟姊妹、徐總公司、我異姓姐妹們……把一間小小禮堂擠得滿滿的。當時就有幾位記者問我：「郎雄有什麼未了的心願？治喪委員會要如何辦理？」幸虧是我見過大世面，我壓抑住極難過的情緒，冷靜而理智一一回答：「郎雄未去『路德聖地』朝拜聖母、未演『五柳先生陶淵明和國醫李時珍大師』、未製作『抗戰老人雷鳴遠神父傳』，是一生的遺憾。葬禮以宗教儀式，不設治喪委員會。」女兒也在此大事發生後，表現得很鎮定，在未請假情況下，還跑到學校上課。第二天開始就陪著我看墓地、設置家中靈堂。我在人前雖表現得很堅強，但是因重殤後，我無法進食、無法睡眠。後事工作千頭萬緒，須我一人作主、議價、定奪。五月二十九日我們在聖家堂為「聖席爾維斯特騎士團爵士、一代影帝郎雄保祿弟兄」舉行安息追思彌撒。當日真是冠蓋雲集，黨政軍各界首長、影劇界老、中、青、國、台語；演員、導演、製作人、工作人員全都到齊，郎雄卅八年一起來台的軍中弟兄，組團由北中南趕來。更有許多位朋友搭機，自香港、大陸、澳門專程來台。十二位與他同齡好友為他執紼、十位青年藝友扶棺。更光榮的請求樞機主教和南北兩位總主教主禮，彌撒「司禮」是前輔仁大學校長楊敦和先生，公祭則情商名演員龐祥麟、謝晉和李安導演專文悼哀。我中視同事不分職位、身分，鼎力相助。這場葬禮在此人情淡如水的社會，能辦得如此盛況，真摯之情，銘記在心!!

魂夢相依

郎雄過世後我才體會出什麼叫孤獨、什麼叫無依。半個多月啦，沒有安眠藥我就不能闔眼。走到哪裡我都會看到我倆手攜手同遊的影像，甚至到北京我都嗅到郎雄特屬氣味。女兒好怕我會患上憂鬱症，一直鼓勵我要面對現實，去看醫師，好好的作心理治療。但是我自己知道，自己可以挺過來!唯一不能放下的是：「沒有郎雄的消息……」以前他出國拍戲，幾乎每晚都會通電話報平安，現在完全沒消息；我又無法得知他的電話號碼、地址……除了五月四日那夜，我感受到他蹦手蹦腳來看看我，以後就不見蹤影。我們好幾位朋友都在夢幻中感應他出現，連印傭卡雅都聽到郎雄叫她服務，唯獨我上窮碧落下黃泉，兩處茫茫尋不見……

一天我站在靈桌前對他說：「你好歹也讓我知道一下，你過得好不好？我好關心你!!」嘿！就這麼神奇！那晚我們魂魄相通：在我們家裡，房子好高好高！家中好多書架，擺滿了中、英、法文，還有拉丁文的書籍。他穿著藍色小棉襖（爵士服內的另一件壽衣）坐在舒服的單人沙發看書，小茶几上放著一杯白蘭地和一支煙斗。有朋友來訪，郎雄令我拿酒招待。我正在尋酒時，一個備酒輪桌推來，上面有好多瓶白蘭地與威士忌！「你喝什麼？白蘭地還是威士忌？」「我喝紅酒！」我想這下完了，我到哪裡去找紅酒呢？只見郎雄嘴一掀指向右後房。我開門一看，嚇死我了！滿屋子都是酒，比「紅酒屋」的酒還多！

頓時我醒了，我好高興，我不認為這是一個夢！這是郎雄真的告訴我：他已生活在他愛的美酒、香煙、好書環繞中。我從此真的放心了，只待完成生之旅，再與他團聚共享福樂!!

二〇〇二年六月初稿

後記

郎雄過世後兩年，住在隔壁一百〇二歲高齡　先母郝氏夫人，也在睡夢中走完怹人生旅程。辦完殯葬大事後，我決定搬離這傷心地。喬遷租屋北市某國宅十九樓，住到第四年時，猛想起夢中情景：那間「高高屋子」裝修配置不就是這間「屋子」嘛！那間「紅酒庫房」就是我的臥室（紅酒是主的寶血，我是郎雄口中的「恩人同志」，當然是臥在主寶血內啦！），書架和他坐著看書的地方，是窗外懸空的幻影……原來郎雄早就告訴我，要搬到這裡來了……才想通沒多久，房東回台要自住。這才不得已依依不捨搬離那「高高的屋舍」。

*珈按：我三十歲以後選擇男友有十大條件：

1要絕對男子氣概，娘娘腔溫吞水的我看都不看（此點郎雄最合，他在螢光幕上都演男人中的男人！）

2孤家寡人最好，兄弟姐妹多事非多！（我最怕大家庭妯娌姑婆勾心鬥角。）

3不一定要什麼博士、碩士，但是一定要博古通今。（郎雄好讀書、不求甚解，自封為五柳先生傳人！）

4兩人相處，要有話題、興趣要一致。（結婚二十七年感情好，這是主要原因。）

5要能接受我的工作時間，作起連續劇可能三兩個月不能過正常家庭生活。（同行彼此擔待。）
6身體健康，無不良嗜好。（當時我並未認為抽煙是壞習慣，更不知血壓高有多嚴重！）
7可以接受婚後我仍要扶養父母。（婚後郎雄根本不問家庭出納！）
8能容忍我的壞脾氣。
9曾經談過戀愛，失戀過（是被拋棄的一方）。因為「失戀」過後才知道「再被愛」的可貴。
10不必大富大貴，但是也不要為隔日食糧著急。有正當職業，不要為錢財煩惱。

二〇一〇年續完

不遲的榮耀

郎雄五月二日過世後沒幾天，我就從報紙上看到：導演協會理事長朱導演延平先生追念郎雄，為電影戲劇，數十年來不問戲份、酬勞，盡力演出，守時、守分、守紀；特別是最近十年，因參與李安、徐立功的「父親三部曲」，將已成黃昏企業的台灣電影文化，推向國際舞台。一九九三年後在工作空檔奔走於亞、澳、美、歐各大影展；不但個人揚名世界，更創造了華人電影的暖陽。而且在身染重病開完心臟大刀後，仍搏命遊藝於中國大陸及東南亞，乃至二〇〇一年十月下旬，方從敦煌拍戲歸來，十一月隨即因身體不適住院。十二月腎衰竭、洗腎、中風，不足半年終告不治。一生除獻身軍旅，只有投注影藝。朱導演與郎雄合作多年，深知他的工作態度、敬業精神，早就認為：他是最欣賞的演員。經導演協會決定，提名參加第二十九屆金馬獎終身成就獎。

我當時正值重孝在身，也沒把這件事當一回事，甚至連一個「謝謝」的電話都沒有打。過了兩三個月，好像又是從報上看到金馬獎評審通過了。也在這個時候曹健、張徹、羅文接二連三地向西方極樂報到！我還想：郎雄真是趕早、不趕晚，這幾位先生，那一位不比他功勞大。這麼大的獎要不是朱導演早提出，哪輪得到他呀！當然後來也有專家告訴我一些他得獎的理由啦。不過我心裡總認為是天主幫忙多多！

到了十月中旬吧，我接到金馬獎執行委員會正式的通知：叫我十一月十六日到高雄參加一年一度金馬盛會，而且因為電視轉播的關係，製作人還要我提供有關郎雄的舊資料、舊影片。我自己作電視三十多年了，這種事情應該比一般人更能配合。我也開始為自己準備準備：首先我就要想想上台說什麼？以前郎雄在，無論我們倆誰上台，都會彼此互相推敲，所以每每贏得不少口碑。現在我孤雁獨飛，總不能太丟臉；因而我自思自忖：看電視在想、坐捷運在想、想呀想呀，想了好幾套詞：要精緻、要合適、要簡短、要讓人記得、要……最重要是要好背誦，在台上忘詞就丟人現眼了!!

日子一天天的過去，很快的正日子到了。金馬獎符小姐又來電話了：「您要搭哪班飛機呀？」「我不坐飛機，我坐火車。」「坐火車！好、好，我們給您買火車票。」嘿！我只管拿火車票了，也不問問下車怎樣去旅館。我想管他呢！反正到時候一定會碰見許多熟人。誰知道一到高雄，一個電影人也沒有，只有我老姐一人坐火車。幸虧我聰明，還帶有符小姐電話，總算沒留落街頭……

我報到時穿著一件T恤一條牛仔褲，人家怎麼看也不覺得我像「郎媽媽」，甚至大概有點擔心：「這人會不會是冒名頂替的?!」當然也沒人特別招呼我，領了飯票、鑰匙，我就自行打理：找朋友遊高雄、吃吃喝喝好不快樂。但是等到夜深人靜獨自躺在大床上時，不由得我又思念起昔日與郎雄「雙宿雙飛」的美麗時光。次日下午五點多與專程回國的國際大導演李安、影后歸亞蕾（也是郎雄的銀幕伴侶）見面。除了問候致謝，我與亞蕾姐還對了詞。當我們再次報到時，工作人員看到我的打扮，都一一咋舌：「昨天那個老太妹怎麼變了?!」大會安排我們三人一組，配給一輛中型休旅吉普車，底盤之高呀！導演還好，我們兩位女士就很辛苦了！特別是穿旗袍的我可麻煩大了，上下車都是李安推上、扶下。高雄的街道比台北寬廣，一路倒不覺得塞車，只有臨到會場禮車一輛一輛按次序排列，稍稍等了一下。我們三人就擺起龍門陣：李導演特別關懷我們母女的生涯規劃。下車後亞蕾姐特別體恤，讓我走中間，因此所有攝影機都無法將我撇掉。事後一班很久沒見的朋友都說：「哎呀！妳怎麼瘦了這麼多呀。」進場後王曉祥主席請我們三人到貴賓室休息，盡地主之誼的市長謝長廷先生，與我們這些台北來的影人哈啦約十分鐘，倒也賓主盡歡。時間到準時開始，導演與影后坐在左側第二排、方便進出。我被安置在第一排貴賓席：電影處處長與王曉祥主席之間，幸好這兩位都是舊識，還不覺得不自在。節目一項一項進行，有的還算不錯，有的藝人話語冗長真是不會表現自己、虐待觀眾。差不多時間過了三分之二，王童、陸小芬頒完攝影、編劇獎以後，終於主持人蔡康永說：「在這段時間有好幾位影人離開了我們！」嘟嘟鄭裕玲接著說：「如香港的羅文、羅烈、陳寶蓮、張徹……」蔡康永宣佈：「今年（二〇〇二）的終身成就獎頒給中國男人代表，他除了有人生價值觀，外在英俊，內有氣質……」反正都是一些讚頌揚的話語。

現場電視牆就播出電視製作群剪輯了一段郎雄拍攝過的電影片段，眾家藝人在影片一聲聲「爸爸」帶出郎雄「中國父親」形象；畫面下方還有跑馬字幕介紹郎雄演過的電影片名。定格在《囍宴》亞蕾姐與郎雄看相片大特寫時，亞蕾姐隨著音樂翩然而出：「多少的往事已難追憶，多少的恩怨已隨風而逝。兩個世界、幾許痴迷，幾載的離散，欲訴相思……」很感性地娓娓道來：「郎大哥已經離開了我們，對家庭而言失去了一位好丈夫、一位好父親。對電影界而言，失去了一位傑出的表演藝術家。對廣大的觀眾而言，失去一位優秀的好演員。他走完了戲劇人生，而人生戲劇終究散場。但是他留給大家的是：敬業精神和謙虛待人、處世的態度。他留給我們他表演的絕活，他把他一生奉獻給表演藝術，無論在舞台、電影、電視，他都是後輩的典範。」然後請李安導演上台，李導演他對郎雄的懷念特別多，郎雄是他開疆闢土苦哈哈時期的老戰友，他們倆的情誼比任何人都要深遠。郎雄陪著他在寒冷的紐約，趕出一片定生死的《推手》，是年金馬獎郎雄封王，片子得了一大堆獎，然而閉鎖的本土派就不肯肯定李安的功力。《囍宴》再度合作，郎雄除了演出外，在異邦還得擔任調和鼎鼐——溝通演員之間的橋樑、緩和新人趙文瑄的緊張和顧慮，帶著他作戲、激發他的感情。電影拍峻，導演、郎雄臨危受命，一路趕飛機到漢城。亞太影展結束，早餐會郎雄更以虛長幾歲的口吻和李安談話。後來《飲食男女》、《臥虎藏龍》從拍攝到參展，從台北、北京、柏林、雪梨到奧斯卡，他們都是工作在一起、榮耀在一起。李導演哀傷低調帶著磁性的聲音道出：「我聽到這首歌曲，和郎叔生前片段時，心中感觸良多。他生動的演技，讓中國電影生生不息。他父親形象是台灣電影父親的典型。他過世是中國影壇永遠的懷念，更是後輩學習的典範。」李安眼眶有淚水浮動，說盡了他心中的波濤洶湧。這時坐在台下的我已經有點快崩潰了，我多麼希望此刻在家，窩在沙發抱著郎雄相片痛哭！就在不能自已時，該我上台了。

上台對我並不是難題，我也不會太緊張，但是這次與往常情況不一樣：心裡哀痛的不得了，但是我總不能把人家金馬盛會弄成追思彌撒，所以我一上台接過獎，臉上就承現笑容，盡力地平靜地說：「在我們天主教基督思想，『死亡』並不是最悲傷的事，因為義人必得永生。我不是在傳教，只是向大家報告郎雄的近況。郎雄一生的榮耀與才藝，除了是天主所賜，感謝陸軍四十九師在『兵演兵』時代的培育。今天這個大獎，謝謝導演協會提名、評審委員肯定，更謝謝大會在郎雄卸甲歸田時，安排兩位老戰友萬里來歸，共享殊榮。最後我跟各位講一個八卦：『今夜郎雄將擺下喜宴，宴請四大天王馬驥、孟元、雷鳴、曹健共享此獎！』」說完我不等掌聲結束，匆匆和李導演、亞蕾姐奔往後台。因為我自知情緒已經快決隄了，誰知走出後台、下樓梯往前台經過一個無人的地下室，李安抱著我與亞蕾姐痛哭失聲，我反而壓抑住悲傷安慰他。這時我也更體會出郎雄與導演的感情！

晚會結束後眾人回到飯店，參加一惜別自助餐宴。我們這幾個好友接受完記者訪問，即在楊貴媚召集下到一家餐廳，共話衷腸到午夜三點。次日清晨六點李導演已在李良山先生陪伴下飛往ＬＡ！

當然第二天報紙影劇版全都是金馬盛會的報導，最特別的是《自由時報》居然有一段標題為「向包珈致敬」：

中華父親郎雄生前演技精湛，人情禮數更是周到。他的遺孀包珈女士昨天的四大天王一席話，就將郎雄生前精神發揮的淋漓盡致。向影壇後輩示範了什麼叫典範。過去一年演藝圈花落飄零，和郎雄一起從軍中藝工隊崛起，而且成名更早的曹健，繼昔日夥伴雷鳴、孟元和馬驥的足跡後，也離開了人間。固然，郎雄成就最高，獲得「終身成就獎」實至名歸，理應在金馬盛會上獲中外影人的誠心追思，但是電影是集體作業，影壇沒有個人英雄，紅花感人綠葉也不可少。就在大家把目光關注在郎雄身上時，包珈卻能引領大家也去想及念及先後辭世的曹健，那是何等的胸襟、何等的深情！曹健生前也演過無數的電影，金馬盛會不能播出一格他的照片聊表追思之情，實在是疏陋失禮；幸好有包珈補上影史這一頁缺角，讓我們深刻感受到包珈實踐了郎雄一貫人情練達美德。她在郎雄生前默默扮演幕後推手，也在郎雄身後繼續弘揚郎雄精神，天人無間，那是昨夜最讓人動容的一刻！（藍祖蔚先生撰文）

二〇〇二年十二月

後記

這篇致詞，到二〇〇三年一月二日還被《自由時報》推舉為「年度最感人真心話首獎」，我真是愧不敢當!!其實我致詞的原稿是：

今夜郎雄將在七星壇上擺下「喜宴」，宴請兩位客人和四大天王。兩位客人是剛才主持人所說的香港「二羅」，羅烈先生是郎雄《五湖四海》時的同台藝友，羅文生前雖然不認識，但他上過我錄影的節目，當然也就是我們家的朋友，至於四大天王呢：

第一位天王道貌岸然、穿著長袍馬褂，是一位「金馬老人」，曾經叱吒影壇，但是民國六十二年（一九七三）為《一代暴君》跨刀，演出秦始皇郎雄之父呂不韋。若不是他的提攜，初生之犢日後怎能稱郎稱雄。他是第二屆金馬獎最佳男配角——馬驥先生！

第二位天王穿著非常普通，一件泛黃的白襯衫一條舊西裝褲，他與郎雄交情匪淺，昔日同台而演、同桌而食、同室而居、情同手足，劇中他的溫文儒雅、彬彬有禮，凸顯了郎雄囂張跋扈、飛揚浮躁。「金鐘影帝」——孟元先生！

第三位天王他的造型就很突出：一頂聖誕老公公的帽子、一襲作秀的禮服：金光閃閃、賊光萬丈，他也是一位「金鐘影帝」，不過他專攻「尖酸、刻薄、損，嘎雜子、琉璃球，巨賈、奸商、死太監。」劇中他小人、小語、小動作，表彰了郎雄的大忠、大義、大奸、大惡。他就是享譽港台、邵氏老人——雷鳴先生！

第四位天王他滿頭華髮、西裝革履，不過他步履蹣跚、比郎雄還晚幾天報到。是郎雄尊敬的前輩好友，但是生前和他同台的機會不多，他是台灣有電視以來，到「二秦二林」時代的「爸爸No. 1」。他的演技早受到華語觀眾肯定，他的形象是「影帝中的影帝」。但是因緣際會金鐘、金馬從未沾過邊。他就是人稱「俠肝義膽曹六爺」的曹健先生！

在座的佳賓請用熱烈的掌聲，給四大天王、兩位客人「終身成就獎吧」！

如果我當時用此稿，臨場效果一定加分。但是會搶走大會其他頒獎人、得獎人的風采，而且我是以一個矜哀莫喜「未亡人」身分參與，怎能脫序演出呢！不管怎麼樣，如能給錢璐大姊（曾健之妻）些許的安慰，「愚願足矣」！

釀時代34　PC1081

白頭「工」女憶前塵
──看戲、聽歌，郎雄貼身助理包珈台前幕後的故事

作　　者　包　珈
照片提供　包　珈、嚴莉華、呂憲光、陳協冨
責任編輯　孟人玉
圖文排版　陳彥妏
封面設計　王嵩賀

出版策劃　釀出版
製作發行　秀威資訊科技股份有限公司
114 台北市內湖區瑞光路76巷65號1樓
電話：+886-2-2796-3638　傳真：+886-2-2796-1377
服務信箱：service@showwe.com.tw
http://www.showwe.com.tw
郵政劃撥　19563868　戶名：秀威資訊科技股份有限公司
展售門市　國家書店【松江門市】
104 台北市中山區松江路209號1樓
電話：+886-2-2518-0207　傳真：+886-2-2518-0778
網路訂購　秀威網路書店：https://store.showwe.tw
國家網路書店：https://www.govbooks.com.tw
法律顧問　毛國樑　律師
總 經 銷　聯合發行股份有限公司
231新北市新店區寶橋路235巷6弄6號4F
電話：+886-2-2917-8022　傳真：+886-2-2915-6275

出版日期　2023年8月　BOD一版
定　　價　650元

讀者回函卡

Printed in Taiwan

國家圖書館出版品預行編目

白頭「工」女憶前塵：看戲、聽歌,郎雄貼身助理包珈台前幕後的故事/包珈著. -- 一版. -- 臺北市：釀出版, 2023.08
面； 公分. -- (釀時代；34)
BOD版
ISBN 978-986-445-831-8(平裝)

1.CST: 包珈 2.CST: 傳記

783.3886 112009925